KB071514

해결중심상담 슈퍼비전 사례집

슈퍼바이저 : 김유순 · 김은영 · 어주경 · 이경희 · 이영분 · 정문자 · 정윤경 · 최중진

슈퍼바이지 : 고이숙 · 김광태 · 김아영 · 김유호 · 김인순 · 서명석 · 이재원 · 임행정

학지사

저자 서문

한국단기가족치료연구소는 1996년에 설립된 이래 해결중심상담의 교육과 실천, 슈퍼비전을 해 오면서 국내에서 해결중심상담의 확산에 기여해 왔다. 2002년부터 단기가족상담 전문가 과정을 운영하면서 해결중심상담 슈퍼비전을 체계적으로 진행해 왔으며, 현재까지 전문가 과정에 참여한 인원은 총 오백여 명에 이른다. 이 책은 그동안 한국단기가족치료연구소가 오랜 시간에 걸쳐 쌓아 온 해결중심상담 슈퍼비전 경험의 결과물이며, 이러한 경험을 독자들과 공유하고자 한다.

이 책은 해결중심 슈퍼비전에 대한 간략한 설명과 여덟 개의 상담사례에 대한 슈퍼비전 내용으로 이루어져 있다. 슈퍼비전 사례를 다루는 각 장은 내담자 가족에 대한 간략한 정보와 상담과정이 축어록과 함께 제시되며, 상담에 대한 슈퍼바이저의 피드백, 슈퍼바이지의 질문에 대한 슈퍼바이저의 대답과 슈퍼바이저가 슈퍼바이지에게 전달하는 메시지로 구성된다.

여덟 개의 슈퍼비전 사례에서, 첫 두 사례는 청소년 대상의 상담에 대한 슈퍼비전이다. "학교가 좋아질 수 있을까요?"는 부모의 불화 및 언어폭력과 무관심으로 상처받은 청소년이 부모와의 갈등과 학교생활의 어려움으로 교내 상담사에게 의뢰된 사례이다. "내가 하고 싶은 일을 찾고 싶어요."는 학교생활의 어려움으로 자살과 자해 시도를 하는 청소년을 어머니가 의뢰한 사례이다.

그다음 두 사례는 대학생 대상의 상담에 대한 슈퍼비전으로, "밝게 웃던 과거의 나를 다시 만나고 싶어요!"는 세 명의 아버지와 헤어지는 과정에서 심리적인 상처가 많은 여대생이 어머니와의 관계 개선을 목표로 진행된 사례이다. "우울에서 벗어나고 싶어!"는 청소년기부터 가정폭력에 노출되어 성장해 온 내담자가 대학생이 되어 어느 날 부모의 싸움 중에 어머니가 자해하는 장면을 목격하고 외상후 스트레스 증상으로 시달려 상담을 의뢰한 사례이다.

다섯 번째 사례인 "좋은 엄마가 되고 싶어요."는 장애아동을 둔 어머니가 자녀양육 과정에 나타나는 여러 어려움으로 가족 갈등이 심화되어 이를 해결하기 위해 상담에 참여한 사례이다. 여섯 번째 "내가 나를 지켜야겠다!"는 배우자의 오래된 정서적 학대로 이혼을 결심하고 상담소를 찾은 부인을 대상으로 한 상담에 대한 슈퍼비전 사례이다.

마지막 두 사례는 부부상담에 대한 슈퍼비전이다. "평범한 가족처럼 대화하고 싶어요."는 남편의 폭력 성향과 분노조절 문제로 아내가 이혼을 생각하는 상황에서 부부와 성인자녀 대상의 가족상담 사례이며, "남편, 슬프면 울어도 괜찮아."는 원가족에서 트라우마를 경험한 후 감정표현을 하지 않는 남편과 부부간 대화를 희망하는 부인을 대상으로 진행한 부부상담 사례이다.

이 슈퍼비전 사례집의 발간을 기획할 때에는 오랜 시간 축적된 슈퍼비전 경험에 비추어 크게 어렵지 않을 것으로 예상했다. 그러나 주로 구두로 이루어지는 상담 슈퍼비전을 활자화된 책으로 엮어 독자에게 전달하는 일은 예상보다 까다롭고 매우 힘든 작업이었음을 고백한다. 저자들은 1년여에 걸쳐 수많은 토론과 원고 교독을 하면서 이 책이 해결중심상담 슈퍼비전의 과정과 핵심을 제시할 수 있는 하나의 지침서가 될 수 있도록 노력해 왔다. 저자들은 이 책을 통해 독자들이 슈퍼바이저와 슈퍼바이지의 협력 과정을 함께 경험할 수 있기를 희망하며 임상 현장에서 활동하는 해결중심상담 슈퍼바이저와 상담자들에게 실질적인 도움이 될 수 있기를 바란다. 미흡한 부분에 대해서는 독자들의 애정 어린 비판과 조언을 기대하며, 추후 더 나은 슈퍼비전 사례집을 위해 노력할 것을 약속드린다.

새로운 도전에 동참한 우리 자신에게 박수를 보내고 싶고, 무엇보다 상담에 참여하신 내담자와 가족에게 깊이 머리 숙여 감사를 전한다. 끝으로 이 책이 나올 수 있도록 도와주신 학지사의 김진환 사장님과 편집부의 김준범 차장님에게도 감사를 드린다.

2017년 9월 저자 일동

차례

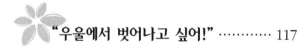

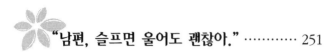

해결중심 슈퍼비전의 이해

상담의 효과를 극대화하려는 상담자의 노력과 기대가 큰 현대 상담에서 슈퍼비전은 매우 중요하며 상담수련생과 상담자는 효과적으로 상담을 진행하기 위하여 적절한 시점에서 슈퍼비전을 받는 것이 필요하다. 슈퍼비전의 내용과 방법은 상담이론과 유형만큼이나 다양하다. 예를 들어, 문제중심 슈퍼비전과 해결중심 슈퍼비전은 원칙과 가정에서 차이가 크다. 이 장에서는 슈퍼비전의 일반적 정의를 먼저 다룬 후 해결중심 단기상담 슈퍼비전의 원칙, 기법, 효과성을 간략하게 설명한다. 이를 통해 이 책에 소개되는 사례를 읽을 때 독자들은 슈퍼바이저들이 제공하는 슈퍼비전 방향과 내용을 이해하는 데 도움이 될 것이다.

이 장은 정문자·이영분·김유순·김은영(2017)의 『해결중심 가족상담』의 12장을 수정, 보완한 것임.

1. 해결중심 슈퍼비전의 정의

일반적으로 슈퍼비전은 상담자의 상담수행을 지도하거나 감독하는 활동이며 'super(위에서)'와 'vision(관찰하다)'의 조합으로 '감독하다'의 의미를 갖고 있다. 슈퍼비전은 경험이 적은 상담자의 직무수행 능력을 향상시키기 위해 상담자의 상담수준을 장기적이고 반복적으로 감독하는 활동이며(Bernard & Goodyear, 1992), 평가적인 요소를 갖고 있다. 슈퍼바이저가 되기 위해서는 상담자가 상담의 역동에 대한 통찰과 능력을 갖도록 도움을 줄 수 있는 기술과 자격이 필요하다. 슈퍼바이저는 상담자가 도움을 필요로 하는 영역에서 상담자보다 숙련되어야 하며, 상담이 잘되고 있는지를 평가하기 위한 나름대로의 판단기준을 가지고 있어야 한다.

그러나 해결중심 슈퍼비전은 '위에서' '관찰하는' 관점보다는 상담자와 "함께"라는 관점에서 협동적으로 의사소통하면서 개입의 내용과 방향을 조정한다. 그러므로 평가의 의미보다는 슈퍼바이지가 상담자로서 자신의 강점과 역량을 충분히 발휘하도록 하여 내담자의 문제해결에 도움이 되도록 하는 활동이다. 해결중심 슈퍼비전은 상담자의 어려움에 초점을 두면서 원인을 분석하기보다는 상담이 효과적으로 잘되고 있는 상황에 초점을 맞춘다. 즉, 해결중심 단기상담의 가치와 접근이 슈퍼비전 상황에서도 적용된다. 따라서 해결중심 슈퍼비전의 목표는 슈퍼바이지가 슈퍼비전에 가져온 어려움과 문제에 대한 예외와 대처 능력을 탐색하여, 슈퍼바이지가 유능한 상담자로 성장하도록 돕는 것이다.

2. 슈퍼바이저의 태도와 역할

일반적으로 슈퍼바이지가 슈퍼비전을 요청할 때, 슈퍼바이저는 슈퍼바이지에게 조언을 하고 상담자로서 부족한 면을 발견하여 채워 주는 것이 자신의 역할이라고 생각하기 쉽다. 그러나 이러한 문제중심 접근은 오히려 슈퍼비전에 참여하는 슈퍼바이지에게 자신이 실수할 것 같다는 부적절감을 느끼게 할 수 있다(Wetchler, 1990). 슈퍼바이지가 자신이 상담 중에 실수하거나 놓친 것에 대해 슈퍼바이저에게 평가받을 것이라고 예상하면 되도록 슈퍼비전에서 자신의 실수를 드러내지 않으려 하는데, 이는 슈퍼바이지가 성장할 수 있는 기회를 빼앗는 결과를 초래한다. 뿐만 아니라 슈퍼바이저의 조언을 슈퍼바이지가 상담에서 실제로 활용하는지를 알기는 어렵다. 슈퍼비전 이후 상담에서 내담자에게 무슨 말을 하고 무엇을 할지 결정하는 것은 결국 슈퍼바이지이기 때문이다.

　그러나 호기심을 갖고 슈퍼바이지의 이야기를 듣는 것은 지시하는 것보다 더 효과적이다. 해결중심상담이 상담자가 내담자의 기적을 이해하는 데 시간을 투자하듯이, 해결중심 슈퍼바이저도 슈퍼바이지의 기적, 즉 상담자가 전문가로서 지향하는 목표를 이해하는 것이 중요하다. 토마스(Thomas, 1996)는 해결중심 슈퍼비전이 다른 가족상담 슈퍼비전 모델과 다른 점으로 슈퍼바이저의 역할을 꼽았다. 즉, 해결중심 슈퍼바이저는 슈퍼바이지의 머리에 지식을 쏟아붓는 사람이 아니라 슈퍼바이지가 갖고 있는 지식과 능력을 끌어올리는 사람이라는 것이다. 그러기 위해 해결중심 슈퍼비전에서는 상담자에 대한 존중과 무조건적인 수용이 전제되어야 한다. 슈퍼바이지의 능력과 상담진행에 부족한 점이 있더라도, 이를 수정하려 하기보다는 슈퍼바이지가 잘해 온 것을 탐색하여 이를 더 많이 더 자주 사용하도록 격려한다.

　슈퍼바이지가 효과적이라고 평가하는 슈퍼비전의 요소들은 슈퍼바이저가 슈퍼바이지의 자율성을 격려하고, 슈퍼바이지와 긍정적인 관계를 형성하며, 상담에 대해 개방적인 토론을 할 수 있고, 슈퍼바이지에게 건설적인 도전을 제공하는 것(Landy, Mori, & Mehr, 2013)이며 이러한 요소들은 해결중심 슈퍼비전에서 볼 수 있다.

　포스트모던 상담모델의 슈퍼바이저는 슈퍼바이지와 협동적인 관계를 형성하는데, 슈퍼비전 시간에 자신의 생각을 잠정적이거나 가정적인 언어를 사용하여 표현하는 것이 특징이다(한국가족치료학회 편역, 2008). 슈퍼바이저는 슈퍼바이지의 발전을 촉진하는 지식과 기술, 경험이 있는 사람이지만, 내담자와 문제에 대한 상황과 정보에 대해 '알지 못함의 자세'를 유지한다. 그리고 슈퍼바이지가 활용한 접근 방법에서 그의 자원과 강점을 발견하도록 돕는다. 즉, 해결중심 단기상담에서 상담자의 '한 발 뒤에서 이끌기'의 태도가 슈퍼비전 상황에서도 그대로 적용된다. 슈퍼바이저가 보여 주는 경청, 질문, 격려하기 등의 기법은 슈퍼바이지가 자신의 상담에서 사용할 수 있는 좋은 모델이다.

3. 해결중심 슈퍼비전의 가정과 원칙

해결중심 슈퍼비전에서 슈퍼바이저는 슈퍼바이지가 스스로 성장할 수 있는 잠재 능력과 자원을 갖고 있다고 믿으며 그의 이야기를 귀 기울여 듣는다. 이를 통해 슈퍼바이지는 자신만의 독특한 상담기법과 스타일을 찾을 수 있게 된다.

해결중심 슈퍼비전에서는 슈퍼바이지가 자기 문제에 대한 해결책을 스스로 찾는 데 도움이 되는 질문을 한다. 이 질문은 슈퍼바이지의 시각을 긍정적으로 전환하고 문제해결에 유용한 생각들을 촉진한다. 특히, 슈퍼비전의 시작에서 좋은 질문으로는 "오늘 내담자와 함께 작업하면서 가장 잘했던 것은 무엇이었나요?" "요즘 상담을 하시면서 뭐가 좀 더 잘 되고 있는 것 같아요?" 등이 있다. 슈퍼바이지는 이런 질문에 대한 답을 생각하는 동안 자연스럽게 자신의 긍정적 행동에 초점을 맞추게 된다.

토마스가 제시한 이상적인 해결중심 슈퍼비전을 위한 여섯 가지 원칙들을 살펴보면 다음과 같다.

첫째, 교훈적이 되지 않는다. 즉, 슈퍼바이지는 자기 상담의 전문가이다. 슈퍼바이지가 독립적으로 사고하고 스스로 통찰하여 변화를 일으킬 수 있도록 슈퍼바이저가 전문가가 되어야 한다는 틀을 깨야 한다.

둘째, 저항을 '정체(stuckness)'로 간주한다. 슈퍼바이지가 슈퍼바이저의 피드백과 제안에 저항을 보이면 일부 슈퍼비전에서처럼 이를 극복하려 하기보다는 새로운 대안과 가능성에 대해 개방할 수 있는 협력적인 분위기를 만든다.

셋째, 슈퍼바이지의 긍정적인 행동 변화에 주목한다. 슈퍼바이지가 잘하지 못하는 것, 실수, 행동상의 문제점에 주목하기보다는 잘하고 있는 것과 문제 행동이 나타나지 않을 때를 포착하여 강화한다.

넷째, '눈덩이' 효과와 파급 효과를 이용한다. 짧은 시간에 슈퍼비전 효과를 극대화시키기 위해서는 작은 변화에 주목한다. 여기에서 작은 변화란 간단한 것을 가능하게 하는 것을 말한다.

다섯째, 성격을 변화시키려 애쓰기보다는 가능한 것만 다룬다. 슈퍼비전은 슈퍼바이지를 치료하는 시간이 아니라 슈퍼바이지가 상담을 더 잘할 수 있도록 도와주는 것이다. 슈퍼바이지의 개인적인 과거 경험이나 문제에 몰두하기보다는 상담이 성공하기 위해서 어떤 것들이 가능한지를 살펴보는 것이 더 중요하다.

여섯째, 정답은 하나가 아니라 하나 이상이다. 해결중심접근은 사회구성주의에 입각한 이론이기 때문에 정답이 하나만 있는 것이 아니라 다양한 해결책을 이끌어 낼 수 있다. 슈퍼바이저가 상황에 대해 조언을 하는 것은 자신의 시각에서 하나의 정답만 있다고 가정하는 것과 같다.

4. 해결중심 슈퍼비전의 기법

1) 첫 상담 전 슈퍼비전

첫 상담 전 슈퍼비전(pre-session supervision)은 슈퍼바이지가 첫 회 상담을 하기 전에 실시하는 슈퍼비전으로 슈퍼바이지가 자신감과 안정감을 찾을 수 있도록 돕는다(Juhnke, 1996). 구체적으로 슈퍼바이지의 임상적·상담적 기법이나 경청하는 태도, 자신감을 고취시킬 수 있는 행동 등을 점검하며, 상담에 도움이 되는 슈퍼바이지의 강점과 자원을 재점검하고 강화한다.

2) 슈퍼바이지의 목표 설정

슈퍼바이저는 슈퍼바이지와 함께 시간목표와 회기목표를 설정함으로써 앞으로 전문가로서 자신만의 목표를 설정하고 발전해 나갈 수 있도록 도울 수 있다. 시간목표 설정이란, 슈퍼바이지가 어떤 목표를 특정 시간 내에 완수하겠다는 목표를 세우는 것이다. 슈퍼바이저는 슈퍼바이지가 구체적이고 현실적인 목표를 세울 수 있도록 도와야 한다. 예를 들어, 슈퍼바이지가 '넉 달 후 좀 더 자신감을 가지고 상담을 한다.'는 목표를 세운다면, 슈퍼바이저는 '자신감 있는 태도'를 구체적인 행동으로 묘사하도록 돕는다. 슈퍼바이지에게 척도질문을 사용하여 목표가 얼마나 성취되었는지 확인할 수도 있다.

회기목표 설정은 매 상담회기에서 달성해야 할 목표를 세우는 것을 말한다. 예를 들어, 자신의 말이 빠르다고 생각하는 슈퍼바이지는 '다음 회기에는 말을 좀 더 느리게 하는 것'을 목표로 삼을 수 있다. 슈퍼바이저는 슈퍼바이지가 목표를 갖도록 도와주고, 그 목표를 이루기 위해 무엇을 해야 하며, 목표가 성취된 것을 어떻게 알 수 있을지에 대해 생각하도록 도와야 한다.

3) 기적질문

드쉐이저는 "일어날 것으로 기대하는 일은 실제로 그 기대만으로도 우리의 행동에 영향을 미친다."(de Shazer, 1985: 45)고 하였다. 기적질문은 슈퍼바이지가 전문가로 성장하기 위한 목표를 설정할 때에 유용하게 사용할 수 있다. 또한 슈퍼바이지가 문제의 해결책보다 문제의 원인에 초점을 맞추고 있을 때에도 효과적으로 사용될 수 있다.

기적질문의 예

"오늘밤 기적이 일어났다고 생각해 보세요. 선생님이 지금 상담을 하면서 고민하고 있는 일들이 모두 사라지고 오로지 기대하는 일만 생긴 겁니다. 그러나 선생님은 잠들어 있었기 때문에 기적이 일어난 것을 모릅니다. 내일 아침 일어나 상담소에 나와서 상담을 할 때, 선생님의 어떤 행동을 보면 기적이 일어난 것을 알 수 있을까요?"

4) 척도질문

척도질문은 슈퍼바이지가 자신의 행동에 문제가 있다고 생각할 때 (Presbury, Echterling, & McKee, 1999), 자신이 진행한 상담의 효과와 자신의 발전 정도를 측정하고자 할 때(Juhnke, 1996) 사용할 수 있다. 예를 들어, 상담자로서 자신의 능력에 회의적인 슈퍼바이지가 있다고 하자. 이 슈퍼바이지에게 10점 척도상에 목표점수를 표시하게 하고 그것을 성취할 수 있는 방법을 물음으로써 능력 향상 방법을 모색하는 데 집중하게 할 수 있다.

척도질문의 예

"1점은 상담을 아주 못한 최악의 상태이고 10점은 상담을 정말 잘 진행한 최상의 상태라고 할 때, 선생님은 지금 몇 점 정도에 있습니까?"
"몇 점이 되기를 원하십니까? 어떻게 하면 목표점수에 도달할 수 있습니까?"

슈퍼바이저는 슈퍼바이지의 척도점수가 한 단계씩 올라갈 수 있도록 작은 변화에도 민감하게 반응하고 격려해야 한다.

5) 예외질문

예외질문은 슈퍼바이지가 자신에게 문제가 있다고 생각하여 변할 수 있다는 자신감을 갖지 못할 때 사용할 수 있다(Presbury, Echterling, & Mckee, 1999). 이런 경우 슈퍼바이지는 자신의 행동을 문제로 생각하고 그것에 집착하거나 좌절하게 되지만, 예외는 분명 있게 마련이다. 슈퍼바이저의 역할은 바로 예외상황을 찾아내어 그때 어떻게 다르게 행동했는지를 탐색하도록 도와주는 것이다.

상담을 마친 후 자신의 행동에 문제가 있다고 생각한 상담자가 상담 후 슈퍼비전(postsession supervision)을 받는다고 하자. 이때 슈퍼바이저는 예외질문을 통해 상담회기 중 슈퍼바이지의 문제 행동이 언제 나타나지 않았는지를 묻고, 문제가 없었던 상황에서 했던 행동을 발견하도록 돕고 지지한다.

척도질문의 예
"당신이 생각하는 문제 행동이 상담 중 언제 나타나지 않았습니까?"

5. 해결중심 슈퍼비전의 효과

슈퍼바이지에게 해결중심 슈퍼비전을 실시하는 것은 초보 상담자의 불안을 감소시키고 해결중심접근에 대한 신뢰를 높이는 것으로 알려져 있다(Watkins, 1996). 해결중심 슈퍼비전은 협동과 격려, 그리고 성장을 강조하기 때문에 슈퍼바이지의 행동이나 언어 사용의 실수보다는 내적인 자원에 더 주의를 기울이게 하여 내적 통찰력 증진에 도움이 된다(Presbury, Echterling, & Mckee, 1999). 내적 통찰력은 슈퍼바이지의 자기 효능감, 자신감, 신뢰 등 현재에 초점을 맞추는 것과 전문가로서의 미래에 초점을 맞추는 것의 두 가지에 대한 통찰을 의미하는데, 이것은 긍정적인 자원을 강조하기 때문에 슈퍼바이저와의 신뢰 형성에도 기여한다. 이처럼 슈퍼비전에서 협력적이고 존중하는 관계를 경험한 슈퍼바이지는 자신의 내담자에게도 협력적이고 존중하는 태도를 보일 것이다.

"학교가 좋아질 수 있을까요"

1. 사례 정보

1) 내담자의 인적 사항

- 찬이(가명, 남, 17세, 고등학교 1학년)

2) 의뢰 경위

- 학교 담임선생님이 의뢰함.
- 의뢰내용
  - 지각, 결석을 자주 함.
  - 학교에서 수업 시간에 거의 엎드려 잠.
  - 선생님들과 자주 갈등을 빚음.
  - 거짓말을 자주 함.
  - 학교에서 점심과 석식을 잘 안 함.

3) 상담횟수

- 면접상담 7회

4) 호소문제

- 엄마의 잔소리가 너무 심하다. 잘하려다가도 엄마의 잔소리가 시작되면 모든 게 싫어진다.
- 학교가 재미없고 싫다. 담임선생님은 사소한 일로 자주 야단치며 잔소리가 길어져서 빨리 벗어나기 위해 거짓말을 자주 하게 된다. 학과목 선생님들과도 자주 갈등을 일으킨다.
- 학교에서 급식도 거의 안 먹고 점심과 석식 시간에 교실에서 혼자 음악을 듣는다.

5) 상담목표

- 지각, 결석을 하지 않기
- 거짓말을 하지 않기
- 수업 시간에 잠을 자지 않고 공부에 집중하기
- 학교에서 밥을 잘 먹기
- 교사, 부모님과 관계를 개선하기

6) 내담자의 가족 관계

- 아버지(49세): 세차장 운영. 외도를 하여 어머니와 관계가 좋지 않음. 두 아들에게 폭력과 욕설을 많이 함. 최근에 부부 관계는 예전보다 좋아짐. 아버지 원가족의 정보는 없음.
- 어머니(45세): 아버지의 외도로 자살 기도를 하였고 내담자가 발견하여 살려 냄. 내담자에게 잔소리가 많아서 내담자와 관계가 좋지 않음. 어머니의 원가족 정보는 없음.
- 형(22세): 대학생. 현재 군 복무 중. 내담자와 관계가 좋은 편이며 동생을

이해하고 군 입대 전에 대화도 많이 하였음. 내담자가 많이 의지함.

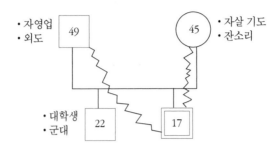

7) 내담자의 강점과 자원

- 큰 키에 날씬하고 곱상한 외모로 잘생긴 편이다.
- 다변은 아니나 또래에 비해 질문에 성실하게 잘 답변한다.
- 자신의 생각을 조리 있게 설명을 잘 하는 편이다.
- 부모에 대해 관심이 많고 배려한다.
- 아빠 일을 열심히 잘 도와준다.
- 책임감 있게 맡은 바 소임을 다한다.
- 친구 관계가 좋은 편이다.
- 형과 사이가 좋다.
- 변화하려는 적극적인 의지가 있다.

2. 상담과정

1회기

◎ **일시**: 2016년 ○월 ○일 (50분)

◎ **참석자**: 내담자

◎ **개입 방향**: 신뢰 관계 형성과 주 호소문제 파악

◎ 회기 내용

• 호소문제와 예외탐색　내담자는 중1 때 아빠의 외도 문제로 엄마가 문을 잠가 놓고 목을 매달아서, 망치로 창문을 깨고 들어가 엄마를 살렸다고 한다. 병원에서 조금만 늦었어도 죽었을 거라 하면서 그 사건 이후로 엄마·아빠는 내 엄마·아빠가 아니라고 생각하고 있다.

• 상담자가 내담자의 용기와 빠른 판단력을 칭찬해 준 후, "엄마가 지금 겉으로 표현은 안 하지만 속으로는 그때의 사건을 어떻게 생각할까?"라고 질문하였더니 내담자는, "엄마가 미안하다고 생각은 할 것 같다."고 대답하였다. 엄마·아빠는 그 후에도 매일 싸워서 너무 괴로웠는데, 몇 달 전부터는 갑자기 안 싸우고 요즘엔 내담자에게만 심하게 군다고 하였다. 아빠는 지금까지 내담자의 이름을 불러 준 적이 없고 "야." 또는 화날 때는 "이 새끼야." 라고 부르고 작년에는 눈을 때려서 한쪽 눈이 잘 안 보인다고 했다. 친구들에게는 사실대로 말도 못하고 교통사고 때문이라 말했다고 했다. 휴일에는 아빠 세차장에서 일하기도 한다고 했다. 형은 군대에 가서 못 본 지 오래 됐지만 예전에는 사이가 좋은 편이었고, 대화도 많이 나눴다고 했다.

• 상담자는 내담자가 아빠에게 서운함이 많음에도 친구들로부터 아빠를 보호하고 도우려는 따뜻한 마음이 보인다고 지지하였고, 휴일에 아빠가 내담자에게 일을 맡기는 것을 보니 아빠가 속으로는 내담자를 많이 믿는 것 같다고 칭찬하였다.

• 학교생활 파악　지금 학교생활 만족도는 2점(10점 만점)이며, 3~4점인 상태는 엄마나 선생님들이 나를 가만히 두는 것이라고 하였다.

상담자는 기적질문을 하였고 내담자는 "기적은 나 혼자 사는 것."이라고 대답하였다.

슈퍼바이저 피드백

상담자는 목표를 설정하기 위해 기적질문을 하였으나 내담자의 답변 이후에 확장질문을 하지는 않았음. 따라서 기적질문과 답변이 상담목표 설정이나 해결방안 탐색으로 연결되지 못한 것을 볼 수 있음. 이 사례에서처럼 기적질문에서 내담자의 답변이 비현실적이거나 목표하는 것과 다른 내용일 때 상담자는 당황하기 쉬움. 이때에는 먼저 내담자에게 공감을 해 주고, "혼자 산다면 지금과 무엇이 다를까?" "무엇이 어떻게 좋을까?"와 같은 질문을 하여서 내담자가 정말 원하는 상황이 무엇인지 발견할 수 있음. 예컨대, 내담자가 원하는 것은 혼자 사는 것 자체가 아니라 혼자 살 때 느끼는 편안한 감정, 부모에게서 듣는 잔소리로부터의 해방, 현재 학교나 가정에서 겪는 심리적 고통의 해소일 것임. 내담자의 대답을 통해서 내담자가 진정으로 원하는 상태를 발견하고, 내담자의 감정에 공감해 주고 확장질문들을 함으로써 목표와 연결시킬 수 있음. 또한 상담자가 기적질문을 하고 내담자가 대답을 하였는데 상담자가 그 대답에 아무런 반응을 보이지 않는다면, 내담자는 상담자가 왜 이런 질문을 했는지 의아하게 생각할 것임. 기적질문은 내담자에게 예외상황이 없거나 목표가 분명하지 않을 때 사용하게 되는데 내담자 입장에서는 대답하기에 어렵게 느껴질 수 있음. 그러므로 상담자는 내담자가 답변에 대해 매우 공감적인 태도로 반응할 수 있도록 기적상황에 대한 질문들을 확대해 나가는 것이 중요함.

◎ 메시지

중1 때 그렇게 큰일을 겪었음에도 아빠 일도 열심히 도와주고 엄마하고도 잘 지내고 싶은 따뜻한 마음이 느껴진다. 또 형과 사이가 좋은 것으로 봐서 형은 너를 기특한 동생으로 느끼는 것 같다. 형과 사이가 좋은 이유가 무언지 생각해 보고 다음 상담 때 말해 주면 좋겠다.

2회기

◎ **일시:** 2016년 ○월 ○일 (50분)

◎ **참석자:** 내담자

◎ **개입 방향:** 구체적인 상담목표 정하기, 진로목표 설정하기

◎ **회기 내용**

• **지난 상담 이후의 변화와 강화하기**   내담자는 이번 중간고사는 예전보다 공부를 더 하여 준비를 잘한 것 같은데 망친 것 같다고 하면서, 그래도 이제 흐름을 알았으니 기말에는 자신이 있다고 하였다. 예전에는 수업 시간에 거의 엎드려 잤었는데 이번 시험 전에는 수업 시간에 안 자고 선생님들이 중요하다고 알려 주는 것은 밑줄도 치고 공부도 했다고 하여 상담자는 "이렇게 달라진 학습태도를 알아차린 사람들이 있니?" "만약 나중에 엄마가 네가 수업 시간에 달라졌다는 말을 담임선생님께 들었다면 어떤 반응이실까?" 또 "그 이야기를 아빠가 엄마에게 전해 들었다면 아빠는 어떤 반응이실까?"를 질문하여서 변화를 강화하였다.

• **학교생활과 진로목표 탐색**   방송작가가 꿈이고, 그 준비로 책도 열심히 읽고, 그림도 가끔 그리고 있다고 하였다. 학교에서는 같은 반 여자 친구를 한 달쯤 사귀다 헤어졌는데 신경 쓰이고 아직 마음이 불편하다고 하였다(불편함의 척도점수는 5점 정도인데 6~7점 정도의 상태는 사귀기 전처럼 의식이 안 되는 것임).

내담자와 함께 상담목표를 다음과 같이 설정하였다.

1. 지각, 결석을 하지 않는다.

2. 거짓말을 하지 않는다.

3. 수업 시간에 잠을 자지 않고 집중한다.

4. 학교에서 밥을 잘 먹는다.

5. 교사, 부모님과의 관계를 개선한다.

• 프로그램('토끼를 이기는 거북이처럼') 시작　이 프로그램은 상담에 올 때마다 내담자의 변화를 점검하고 점수를 부여하는 것으로 내담자가, ① 발전한 것이 있는지, ② 다른 사람으로부터 칭찬들은 것이 있는지, ③ 자신에게 칭찬해 줄 것이 있는지, 각 항목에 대해서 5점 만점으로 점수를 주게 되며, 세 항목 모두 잘했을 때에는 15점을 주기로 하였다.

◎ 메시지

2주 만에 많은 긍정적인 변화가 보여서 놀랍다. 다음 상담 때까지 방송작가가 되기 위해서 지금 할 수 있는 일이 뭐가 더 있을지 생각해 오면 좋겠다. 그리고 반에서 전 여자 친구와의 관계가 신경 쓰이고 불편하다고 했는데, 하루 중 신경을 안 쓰고 있는 때는 언제인지 생각해 보고, 와서 얘기해 주기 바란다.

◎ 담임교사와 면담 (2016년 ○월 ○일)

담임선생님께 지금 wee클래스에서 프로그램('토끼를 이기는 거북이처럼')을 진행 중이므로 거짓말을 해도 당분간 지적하지 말고, 작은 긍정적인 변화행동에도 크게 칭찬해 주기를 부탁하였다.

> **슈퍼바이저 피드백**
>
> 내담자의 긍정적인 변화를 강화하기 위해 담임교사의 협조를 구하는 모습이 좋음. 학교 세팅에서는 교사의 역활이 매우 중요하므로 상담의 효과를 높이기 위해서는 교사와 협력적 관계가 필요하다고 봄. 이것은 상담내용을 모두 공유하는 것을 의미하는 것이 아니라 상담목표를 달성하기 위해 내담자의 지지체계를 강화하는 것으로 이해할 수 있음.

3회기

◎ 일시: 2016년 ○월 ○일 (50분)

◎ 참석자: 내담자

◎ 개입 방향: 긍정적인 변화 탐색과 강화하기

◎ 회기 내용

• 지난 상담 이후의 변화　형이 휴가를 나와서 주말에 형과 놀이동산에 다녀왔다. 형과 많은 이야기를 하였고, 부모님이 원래 이상하지만 참을 수밖에 없지 않느냐고 형이 말하였는데 그 말이 도움이 되었다고 하였다. 쇼핑도 하고 구경도 하고 좋은 시간을 보냈다고 하였다. 학교에서는 원래 석식을 먹지 않았었는데 지난주에는 석식을 계속 먹었다고 하였다. 그동안 우울해서 밥도 먹기 싫었고 그 시간에 혼자 우울한 음악을 들었는데, 기분이 나아져서인지 밥이 먹고 싶어졌고, 이런 변화에 대해 담임선생님이 아시고 칭찬을 해 주셨다고 하였다.

• 프로그램('토끼를 이기는 거북이처럼') 점검　15점. 놀이동산에서 길을 잃어버린 아이를 사무실까지 데려다 주었는데 좋은 일을 한 것 같아 뿌듯했다. 지난주에는 부모님과 한 번도 안 싸웠다. 엄마가 별로 잔소리를 안 해서 좋았고, 좀 더 넓은 집으로 이사를 가서 기분도 좋았다.

◎ 메시지

열흘 정도 지나고 만났는데, 지난주에 이어 이번 주도 많은 변화가 느껴지고 표정에서 자신감이 느껴진다. 그리고 아이를 도와준 것이 놀라웠고, 부모님이 형제를 참 잘 키웠다는 생각이 들었다. 지금의 이 변화를 그대로 유지하고, 다음번 상담에서 또 만났으면 좋겠다.

4회기

◎ **일시**: 2016년 ○월 ○일 (10분)

◎ **참석자**: 내담자

◎ **개입 방향**: 긍정적인 변화 확인(학교행사 관계로 10분 동안 프로그램 점검과 메시지 전달만 함.)

◎ **회기 내용**

• 프로그램('토끼를 이기는 거북이처럼') 점검

1) 지난 일주일 동안 내가 발전한 일은? 자기주도 학습을 열심히 했다. (5점)

2) 지난 일주일 동안 다른 사람이 나를 칭찬한 일은? 학원선생님이 요즘 공부를 열심히 한다고 칭찬하셨다. (5점)

3) 나 자신에게 칭찬할 일은? 스스로 생각해도 일주일을 열심히 산 것 같아 칭찬한다. (5점)

 – 요즘 상담 이후 스스로 생각해도 열심히 살고 있는 것 같아 뿌듯하다. 지금의 척도점수는 5점 정도는 되는 것 같고, 6~7점인 상태는 이대로 잘 유지하는 것이다.

◎ **메시지**

이번 주도 긍정적인 변화를 잘 유지하고 있으며, 여전히 발전하고 있음이 느껴진다. 잘하고 있음을 칭찬해 주고 싶고, 다음 주도 기대가 된다.

5회기

◎ **일시**: 2016년 ○월 ○일 (50분)

◎ **참석자**: 내담자

◎ **개입 방향**: 학교생활 및 부모님과의 관계에서 긍정적 변화와 강화하기

◎ 회기 내용

• 지난 상담 이후의 변화　요즘 부모님과는 거의 안 싸웠고, 예전에는 엄마 잔소리에 말대답을 하였는데 요즘은 내가 그냥 알았다고 하니 금방 끝나는 것 같다고 하였다. 상담자가 어떻게 그게 가능했는지 질문하였더니 내담자는 그런 여유가 생긴 것 같다고 하며, 학교에서 요즘도 계속 석식을 잘 먹어 담임선생님과 다른 선생님들로부터 칭찬을 들었다고 하였다. 예전에는 쉬는 시간에 혼자 음악만 들었는데 요즘은 아이들하고 어울리고, 지난 주말에는 친구 생일이라서 친구들과 같이 밥 먹고 노래방에 가서 재미있게 놀았다고 하였다.

• 부모님과의 관계 탐색과 긍정적 변화　네 살 때 엄마가 아빠를 찾으러 간다며 가기 싫어하는 나를 데리고 늦은 밤에 아빠를 찾으러 다닌 일이 있었는데, 그때 차에 치였던 적이 있었다. 부모님은 싸우면 한 사람이 나를 데리고 며칠씩 다른 곳에 갔는데 그게 너무 싫었다. 초등학교 때는 애들끼리의 싸움이 있었는데 엄마가 학교에 찾아와서 난리를 부리는 바람에 그 후의 학교생활이 매우 힘들었다. 엄마가 왜 그랬는지 묻고 싶다.

상담자: 지금 이렇게 묻는다면 엄마는 뭐라고 하실 것 같은가?
내담자: 화를 내실 것 같기도 하고, 미안하다고 말할 것 같기도 하고….
상담자: 어릴 때 겪었던 아픔에 대해서 많은 이야기를 했는데, 하고 나서의 지금 기분은 어떤가?
내담자: 마음속의 이야기를 털어놓고 공감을 받을 수 있었다고 생각해요.

• 프로그램('토끼를 이기는 거북이처럼') 점검　15점.

◎ 메시지

오늘 어렸을 때부터의 많은 이야기를 들으며 마음도 아팠지만, 그럼에도 불구하고 잘 자라고 있는 모습을 보며 회복탄력성이 참 좋은 아이라는 생각이 들었다. 어려움 속에 주저앉아 있지 않고 일어나 앞으로 나아가고 있는 모습이 보여서 칭찬해 주고 싶다. 이 변화를 잘 유지하고 다음 주에 다시 만나자.

> **슈퍼바이저 피드백**
>
> 　내담자가 아프고 힘들었던 과거의 이야기를 꺼내 놓았을 때, 상담자가 그런 이 야기를 하고 난 후의 내담자 마음 상태가 어떠한지 질문한 것이 좋음. 내담자가 부정적인 감정을 표현하고 나서 상담자로부터 충분히 공감을 받지 못하면 말한 것을 후회하거나 공허하게 느낄 수 있음. 이 내담자가 공감을 받았다고 대답한 것 을 볼 때 상담자가 충분히 공감을 표현하였고, 그 결과 내담자는 꺼내 놓은 감정 들을 스스로 정리하고 부정적인 감정을 해소하는 데에 효과가 있었다는 것을 알 수 있음.

6회기

◎ **일시:** 2016년 ○월 ○일 (50분)

◎ **참석자:** 내담자

◎ **개입 방향:** 선생님들과 관계에서 긍정적 변화와 성장 확인

◎ **회기 내용**

• **지난 상담 이후의 변화**　　수업 시간에 열심히 하고, 수행평가도 한 달 전 보다 매우 잘 받았고, 선생님들이 요즘 열심히 한다고 칭찬하셨다고 하였다. 그리고 같은 학원에 다니는 여자 친구가 생겼는데, 여자 친구가 있어서 좋은 점은 혼자 있을 때도 혼자가 아니란 생각이 들고 주변 사람들에게 잘해 주게 된다고 하였다. 담임선생님과의 관계도 상담 전에는 내 인생에 없는 사람이 었는데 지금은 친해져서 많이 가까워진 느낌이 든다고 하였다.

　상담자는 확장질문을 하여 내담자의 긍정적 변화를 강화하였다.

　　상담자: 담임선생님과의 관계 개선을 위해서 찬이가 노력한 것은 무엇이 있 었을까? 어떤 노력이 이런 변화를 가져오게 했을까?

　　내담자: 공부도 열심히 했지만 가끔 교무실에 들러서 담임선생님과 이야기 를 했어요. 그랬더니 많이 친해진 느낌이 들어요.

　　상담자: 너의 이런 변화를 눈치챈 사람이 주변에 또 있을까?

• 프로그램('토끼를 이기는 거북이처럼') 점검   11점.

◎ 메시지

변화가 확대되어 주변 사람들과의 관계가 점점 좋아지고 있는 게 느껴진다. 그런데 갑자기 너무 많이 좋아져서 살짝 불안하기도 하다. 이 변화를 계속 유지하려면 어떻게 해야 하는지 생각해 보고 다음 시간에 이 부분에 대해서도 이야기 나누도록 하자.

> **슈퍼바이저 피드백**
>
> 상담자는 내담자가 변화한 것과 변화를 위해 노력한 것을 찾아낼 수 있도록 확장질문을 하여서 구체화하고 강화해 주었음. 내담자는 답변을 하면서 자신의 변화로 인한 긍정적인 결과들과 그러한 행동들이 효과적이라는 것을 더 잘 인식할 수 있었고, 나아가 그러한 행동을 계속할 수 있는 동력이 되었으리라 봄.

7회기

◎ 일시: 2016년 ○월 ○일 (50분)
◎ 참석자: 내담자
◎ 개입 방향: 긍정적인 변화 유지 방법 탐색

◎ 회기 내용

• 상담 후의 변화   상담 후 많은 변화가 있었고 요즘 그 변화를 잘 유지해 나가고 있다고 하였다. 성적도 좋아졌는데 수학이 특히 발전해서 상급반으로 옮기게 되었고 담당 선생님이 변화를 놀라워 하셨다고 하였다. 엄마의 잔소리는 지금도 때로는 짜증나지만, 요즘은 말대꾸를 안 하면 빨리 끝난다는 것을 알기 때문에 그 방법을 쓰고 있다고 하였다.

상담자는 그동안 상담을 통해 변화된 것들과 유지하기 위한 방법을 탐색하였고, 학기말이 되어 상담을 종결하였다.

축어록(7회기)	슈퍼바이저 피드백
상1: 상담을 진행하면서 이제 찬이가 많은 발전을 했고, 이제 선생님이 마음을 좀 놓아도 되겠다고, 찬이를 하산을 시켜도 되겠다고 (웃음) 느껴지는데….	
내1: (웃음)	
상2: 네가 느끼기에는 어때? 요즘 네가 느끼고 있는 변화는 뭐가 있을까? 어떤 점이 처음 상담 왔을 때보다 좋아졌다고 말할 수 있을까?	<상2> 종결회기이므로 상담을 통해 변화한 것을 구체적으로 질문을 한 것이 좋았음.
내2: 처음이랑 달라진 것이 많아졌어요.	
상3: 어떤 점이 달라진 걸까?	
내3: 선생님들과 친해졌어요.	
상4: 선생님들과 관계가 개선이 됐다는 것은 무얼 보면 알 수가 있어?	<상4> 변화를 구체화하기 위해 확장하는 질문을 하여서 내담자가 변화를 스스로 확인하도록 도움을 주었음. 특히, "무얼 보면 알 수가 있어?"라는 질문이 효과적이었다고 보임.
내4: 예전에는 선생님들과 사이가 안 좋았고, 특히 수학선생님과 사회선생님과 사이가 안 좋았어요.	
상5: 왜 그랬을까. 특히, 수학은 네가 A반이고 수학도 좀 잘하고 하는데….	
내5: 그때는 B반이었어요.	
상6: 아, 그때는 B반이었구나. B반에서 A반으로 올라간 거구나. 어떻게 해서 올라간 거니?	
내6: 수학 원래 진짜 못했는데 많이 노력했어요. 수행평가도 잘 보려 노력하고, 그래서 친해지게 된 것 같아요.	
상7: 수학선생님이 너를 보면 네가 달라졌다는 걸 알아차리셨을 것 같은데…. 너는 무얼 보면 수학선생님이 알아차리셨다는 걸 알 수 있을까?	<상7> 관계성질문으로 내담자의 변화를 타인의 관점에서 변화를 인식하도록 도와줌.
내7: 예전에는 저를 없는 사람 취급하고, 저는 졸고 있고, 수행평가도 맞추지도 못하고, 이제는 거의 다 맞거든요. 수업태도도 떠들지도 않고 자지도 않고 하니까.	

상8: 네가 예전과 다르게 행동했기 때문에 수학선생님도 너에게 다르게 행동하셨을 것 같은데, 어떤 변화가 있었을까?

내8: 예전에는 제가 수학에 관심도 없었기 때문에 질문을 아예 안 했는데 이제는 모르는 것을 질문도 하고 하니까. 저에게 대답하실 때 분위기도 달라지시고….

상9: 그리고 나중에 보니까 시험성적도 오르고 하니까, 아 얘가 확실히 달라졌구나 느끼시겠다.

내9: 네, 수학선생님이 저에게 왜 이렇게 달라졌냐고 몇 번 물어보신 적도 있어요.

상10: 그래서 뭐라 그랬어?

내10: 원래 잘한다고. (웃음)

상11: (웃음) 재미있다. 맞아. 그럴 때는 그렇게 말하는 거야. 원래 잘했는데 중간에 잠깐 어디를 가셨다 왔지만 "원래 잘하는 애예요." 하는 거야. (웃음) 그렇게 말하니까 선생님이 뭐래?

내11: 장난치지 말라고.

상12: 장난치지 말라고 그랬어? 그래 그렇게 말했겠다. 그런데 원래 그랬다는 말도 맞는 거야. 상담이 너를 다른 아이로 만든 게 아니고, 너의 원래 모습을 찾도록, 보도록 만든 거라고 말할 수 있지. 원래의 너로 돌아오도록 상담이 방향을 약간 틀어 줬다고도 말할 수 있지. 수학선생님이 "너 왜 이렇게 달라졌어? 무엇 때문에 이렇게 달라졌어?"라고 말하셨다는 게 나에게는 음…. 내가 이루고 싶었던 어떤 것을 이룬 것 같은 느낌이 드네. 너를 처음 상담하면서 이루고 싶었던 어떤 것이 이루어진 느낌 같은 것 말야.

내12: ….

상13: 사회선생님하고도 안 좋았다고 했는데 어떤 변화가 있었나.

내13: 제가 친한 척을 많이 했어요.

상14: 어떻게?

<상8> 자신의 변화가 상대방의 변화를 일으킨다는 변화의 상호성을 인식하도록 도와줌.

<상11> 내담자 말을 그대로 인용하면서 간접적인 칭찬과 함께 긍정적인 측면을 강화해 주었음.

<상12> 내담자의 변화를 내담자의 노력으로 인한 성취라는 점을 강조하고 인정해 주는 칭찬을 잘 해 주었음.

내14: 제가 책 이야기도 했고, 시험도 열심히 봤고, 서술형에 많은 걸 쓰고 해서, 그래서 친해진 것 같아요.

상15: 아, 그랬구나. 시험공부도 열심히 하고, 성적도 오르고, 선생님과 말도 많이 하고. 사회선생님은 네가 좀 달라졌다고 느끼시는 어떤 계기가 있었나?

내15: 사회선생님은 그런 말 잘 안 하시는데 제가 예전에 밥을 안 먹을 때 걱정을 많이 해 주셨어요. 사회선생님이랑 담임선생님이랑. 그래서 감사해서 더 열심히 했던 것 같아요.

상16: 그랬구나. 수학선생님과 사회선생님이랑 사이가 안 좋았었는데 사이가 많이 좋아진 것 같고…. 예전에 내가 마음이 아팠던 게, 네가 밥을 잘 안 먹는다고 그래서 안 먹는 동안 뭐하냐고 했더니 네가 그냥 귀에다 이어폰으로 음악을 듣고 가라앉은 상태로 있다고 그랬는데, 상담을 시작하고 얼마 안 돼서 밥을 먹기 시작했다고 이야기했어.

내16: 그래서 살이 좀 쪘어요.

상17: (웃음) 아, 그런데 살이 좀 쪄야 돼. 살이 쪘다가 키로도 가고. 그리고 지금 하나도 찐 것도 아니야. 되게 건강해 보여. 요즘에는 식사에 변화가…. 어때?

내17: 점심, 저녁도 먹고 중간에 간식도 먹고.

상18: 난 그 말이 반가운 게…. 사람이 우울하면 물론 스트레스로 막 먹는 사람도 있지만 너는 우울하면 안 먹는 그런 스타일이었던 것 같아. 그러니?

내18: 네.

상19: 그런 것 같았어. 그래서 밥을 먹는 것에 신경을 썼는데 우울감이 없어지니까 잘 먹게 되었고, 그래서 그게 반가워. 이번에 시험결과는 나왔니? 어땠어?

내19: 결과는 나왔는데…. 생각보다 그렇게 오르지는 않았는데 그래도 잘 나온 것 같아요. 이번 시험이 워낙 어려워서….

<상15> 내담자가 선생님들과의 관계에서 좋아진 것들이 많이 있는데 상당히 놀라운 변화라고 보임. 상담자가 내담자의 노력에 좀 더 칭찬해 주고 머물러 주는 것도 좋겠음.

<상16> 내담자에 대해 걱정하는 마음을 솔직하게 표현해 주어서 내담자가 관심을 받고 있고 소중한 사람이라는 느낌을 받았을 것으로 생각됨.

상20: 이번 시험이 어려웠어?

내20: 네 수학이 평균이 34점이었어요 저번이 43점이었는데.

상21: 와, 평균이 34점이야? 굉장히 어렵게 내는구나.

내21: 네 수학뿐만 아니라 국어랑 영어도 이번에 많이 어려웠어요.

상22: 그러면 전체 평균이 많이 내려갔겠네.

내22: 네.

상23: 그러면 아이들이 이번 시험 망했다고 난리겠네.

내23: 네.

상24: 그래, 나도 아이들이 이번 시험 어렵다고 하는 걸 들은 것 같아.

내24: ….

상25: 너는 전체 평균은 어때?

내25: 좀 내려갔는데 퍼센티지는 올라간 것 같아요.

상26: 그렇구나. 어차피 평균보다 퍼센티지가 중요한 것이지. 등급을 그거로 하니까. 특히, 너는 수학의 경우는 B반에서 A반으로 올라간 거니까 의미가 크지. 많은 발전이 있었네.

내26: 네.

상27: 지난번에 학원에서 여자 친구 생겼다고 했는데, 4일 되었다고 이야기를 들었는데 요즘도 만나?

내27: 네. 가끔 만나고 시험이 끝났으니까 요즘은 조금 더 자주 만나고 있어요.

- 중략 -

상45: 처음에 왔을 때 담임선생님과 힘들어서…. 그래서 담임선생님이 의뢰를 해서 상담을 오게 되었잖아. 상담을 처음 시작할 때와 지금 담임선생님과는 어떤 변화가 있었어?

내45: 그냥 친구처럼 편해졌어요.

상46: 처음에는 담임선생님과 어땠는데?

<상20~상26> 내담자가 성적 결과를 이야기하는 것이 쉽지 않았을 텐데 상담자가 내담자의 눈높이에서 내담자의 관심사에 공감을 잘 해 주면서 대화를 이어가는 것이 내담자의 마음을 편안하게 해 주었다고 보임.

<상45> 내담자에게 상담목표를 다시 상기시키면서 변화한 것을 확인함.

내46: 처음에는 어려웠어요. 담임이 국어인데 어쩌면 그 게 제가 가야 하는 길이잖아요. 그리고 안 좋은 일이 자꾸 있다 보니까 나중에는 선생님이 뭐라 해도 그 게 다 짜증이 났어요. 안 좋은 일도 많았고 그게 다 짜증이 났어요. 그게 좀 바뀌어 가지고 제가 먼저 가 서 있었던 일도 이야기하고 하며, 그러면서 친해졌 어요.

상47: 예전에 담임선생님과의 거리가 1점이었고 최고로 좋은 게 10점이라면 어느 정도일까?

내47: 10이 안 좋은 거예요?

상48: 아니 가까운 게 10.

내48: 거의 10이죠.

상49: 와, 굉장히 가깝게 느끼네. 담임선생님과의 관계를 10점으로 느끼는 아이들이 아주 드문데. 처음에 네 가 왔을 때 담임선생님과의 관계가 거의 1점이었는 데 지금 10점으로 느낀다는 것은 그동안 엄청난 발 전이 있었다는 거네. 관계란 것은 서로 영향을 주는 것이기 때문에 상대방도 너를 그런 눈으로 보고… 가까움을 그렇게 너에게 표현해 주기 때문에 네가 이렇게 느끼는 거거든. 담임선생님께 물어봐도 선 생님도 그때는 찬이가 내가 말만 하면 짜증 내고, 반 항하고, 눈도 안 마주치고 그랬는데 지금은 누구보 다 가깝게 느껴져요 그럴 것 같아. 처음에 네가 담임 선생님하고 관계가, 담임선생님이 찬이가 자꾸 뻔히 보이는 거짓말을 자꾸 해요. 그래서 힘들어요라고 담임선생님이 그랬었잖아.

내49: 네.

상50: 그런데 내가 너에게 물어보자. 너는 내가 사실대로 이야기하면 안 믿어 주고 말이 길어지니까 빨리 벗 어나고 싶어서 나중에 들통나든 말든 거짓말을 한 거라고 했는데, 요즘은 모면하기 위해서 습관처럼 하던 거짓말…. 그런 습관은 어떤 거 같아?

<상47> 척도점수를 활용하여 내담자의 긍정적인 변화를 확 연히 느낄 수 있도록 도와줌.

<상49~내51> 척도점수를 구 체적으로 변화한 모습과 연결 해서 변화를 구체화하여 줌으 로써 내담자가 변화를 재확인 하도록 도와줌. 또한 담임선생 님의 생각과 반응을 대변하여 서 내담자의 변화를 선생님 입 장에서 어떻게 느낄지를 간접 경험하게 도와주었음. 또한 상담목표 중 하나였던 '거 짓말 하지 않기'를 상기시켜서 질문을 한 것이 좋았음. 그리고 그 습관이 어떻게 변화되었는 지 확장질문을 하여 변화를 확 인하도록 도와줌.

내50: 사실 상담을 하고 나서 그래도 가끔은 그런 일이 있었는데 제가 요 근래 한 달 전부터 생각을 해 보았는데 거짓말을 해 보면 너무 허무한 거예요. 사실 저한테 도움이 안 되는 거니까. 그래서 규칙을 하나 정했어요.

상51: 어떤 규칙?

내51: 저랑 어떤 약속을 정하면, 그 약속을 안 지키면 그 다음에 무엇을 하겠다는 걸 정해요. 예를 들어, 운동을 3시간 하겠다라고 정하면 그것을 안 지키면 러닝머신을 5시간을 뛰겠다라는 약속을 같이 해요. 사실 그거는 말이 안 되잖아요. 그래도 그렇게 해요. 진짜 그렇게 한 적이 있어요. 한번은 친구에게 거짓말을 해서 넘어갔는데 집에 와서 생각해 보니 너무 짜증나는 거예요. 그래서 진짜 러닝머신을 5시간을 했어요 진짜.

상52: 와, 와, 어떻게 고1짜리 아이가 그런 생각을…. 그렇게 본인을 채찍질해 가면서 나쁜 습관을 고치기 위해서 어떻게 그렇게까지 할 수가 있니. 너무 감동적이고 놀랍다.

내52: ….

상53: 그래서 그런 식으로 해서 지금은 습관처럼 하던 거짓말을…. 네가 그때도 어떤 나쁜 의도를 갖고 하기보다는 습관처럼 하던 거짓말이었는데…. 지금은 결과가, 요즘은 어떤 것 같아?

내53: 거짓말은 아예 안 하고요. 아무래도 나와의 약속을 잘 지키다 보니까 학습 능력도 되게 올라간 것 같아요.

상54: 나랑 스스로 하는 약속까지도 지키려고 하니까 학습 능력도 올라간 것 같다는 거네. 주변에서 신뢰감도 올라갔을 것 같고. 예전에 거짓말의 척도가 1점이라면 지금은 몇 점 정도를 줄 수 있을까.

내54: 10점이라고 할 수 있어요.

<상52> 내담자의 노력에 감탄과 칭찬을 매우 잘 표현하여서 내담자가 자신의 노력에 지지를 많이 받은 느낌을 가졌을 것임.

<상54> 거짓말을 하지 않는 변화를 척도점수로 질문한 것이 좋았음. 다만, 이 맥락에서는 '거짓말의 척도'보다는 '거짓말을 하지 않는 척도'로 질문을 하는 것이 더 적절하다고 보임.

상55: 와…. 음 그런데 네가 거짓말을 했을 때 너에게 가혹
　　할 정도로 벌을 준다고 하니까…. 음 사람 마음이란
　　게 참 요상하네. 찬이를 샘이 사랑하고 아끼는 마음
　　에…. 음 또 살짝 염려가 되는 거야, 이러고 싶은 거
　　야 음…. 내가 무슨 말을 하고 싶은지 알겠어?

내55: 네.

상56: 그럼 네가 말해 봐.

내56: 그런데 저는 그걸 벌이라고 생각하지 않아요.

상57: 내가 무슨 말을 하려고 했던 것 같은데?

내57: 너무 심하게는 하지 마. (웃음)

상58: (웃음) 그래 네가 선생님 마음을 정확히 읽었네.

내58: (웃음)

상59: 그것 말고 또 너하고의 약속을 어겼을 때 또 뭐를 해
　　보았어?

내59: 학원에서 거짓말을 하면 학원에서 집에 갈 때 버스를
　　타지 않고 뛰어간다. 정말 그렇게 한 적이 있어요.

– 중략 –

자신에게 부끄러운 거짓말과 하얀 거짓말의 예에 대해서 이야
기함.

상60: 어쨌든 분명한 것은 찬이가 내가 상상한 것 이상으
　　로 잘하고 있다는 거야. 거짓말 부분도.

내60: ….

상61: 집에서 요즘 부모님하고의 관계는 좀 어떤 것 같아?

내61: 요즘은 안 싸워요. 부모님끼리도 안 싸워요.

상62: 어떻게 그렇게 됐어?

내62: 요즘 아빠는 허리가 좀 안 좋으시고, 엄마는 눈이 좀
　　안 좋으시고. 그래서 그런지 요즘은 별로 안 싸워요.

상63: 그렇구나. 요즘 두 분이서 사이가 좀 좋아지셨구나.

내63: 네. 그래서 아빠 허리가 안 좋으시니까 같이 사우나
　　도 같이 가고.

<상55> 상담자가 걱정하는 마음을 우회적으로 표현하여 내담자가 좀 더 편안하게 대답할 수 있게 해 주었음.
다른 측면에서, 내담자가 스스로에게 벌칙을 정하고 약속을 지키는 내용이 가혹하다기보다는 자신에게 도움이 되어서 하고 있으므로(운동을 한다든지…) 그런 아이디어에 칭찬해 줄 수도 있었을 것임.

<상59> 내담자가 거짓말했을 때 스스로 사용하는 방법들에 대해서 좀 더 질문하여 내담자의 노력을 확대시켜 주었고, 이에 내담자는 격려받는 느낌을 받았을 것임.

<상62> '어떻게'로 시작하는 질문을 하여서 내담자로 하여금 풍부한 답변을 이끌어 낼 수 있었음.

상64: 아. 같이 싸우나도 같이 가고 그러니까 아빠랑도 사이가 좋아지고.

내64: 네.

상65: 예전에 아빠가 찬이를 대하는 게 다정다감함이 좀 적다라고 느껴졌었는데 요즘은 좀 어때?

내65: 요즘도 별로 잘 그러지는 않는데 제가 하죠.

상66: 네가 좀 달라지니 아빠도 좀 달라질 것 아냐, 너를 대하는 게.

내66: 달라지죠.

상67: 예전에는 찬아라고 부르는 적이 잘 없고 그랬다고 했는데 요즘은 어때?

내67: 요즘은 이름도 잘 부르세요.

상68: 예전에는 엄마가 잔소리가 심하다고 했었는데 엄마라는 사람들이 그렇게 쉽게 변하는 사람들이 아닌데 나를 비롯해서…. 그런데 찬이 엄마는 좀 심한 편이라고 했는데 요즘은 어때?

내68: 엄마가 바뀌려면 제가 달라져야 된다는 생각을 많이 했어요. 학원에서 열심히 하려 노력하고 또 학원에 그렇게 해 달라고 이야기도 하고…. 그래서 요즘 되게 사이가 좋아요.

상69: 와, 그래? 네가 학원에서 잘도 하지만 또 학원선생님이 바쁘니까 네 엄마에게 이야기를 잘 못할 수도 있는데 학원선생님께 우리 엄마가 좀 예민하니까 우리 엄마에게 나 잘하고 있다고 이야기해 주세요라고 이야기했어?

내69: 네.

상70: 어쩜 그렇게 현명해…. 사람이 잘 안 하면서 해 달라고 하면 그렇지만 잘하면서 그렇게 해 달라고 하면 그것은 학원선생님도 기분 좋은 일이거든. 좋은 소식을 전하는 일이니까.

내70: 네. 세 군데서 전화가 왔대요.

상71: 세 군데서? 어디 어디?

<상66> 내담자의 변화가 아버지의 변화를 가져온 것을 인식하도록 도와주었음.

<상68> 내담자의 아버지와 관계 변화가 놀라운데, 좀 더 머물러서 내담자 스스로 엄마 얘기로 넘어갈 때까지 충분히 확장질문을 해 주었으면 좋았을 것으로 보임.

<상69> 상68과 같은 맥락에서 내담자의 노력이 엄마와의 관계에서 변화를 가져온 것을 더 확장해 주었으면 좋았겠음.

내71: 영어, 수학, 한자.

상72: 와, 영어, 수학, 한자에서 전화가 왔어? 엄마가 살다 가 보니까 우찌 이런 일이… 하겠다. 집에 오니까 엄 마 반응이 어땠어?

내72: 그날 모의고사 성적을 들고 왔는데 등급이 3등급, 2등급, 이렇게 올라서 나왔는데 기분이 좋으셨어요.

상73: 엄마는 아시나? 어떤 계기로 네가 방향을 틀었다는 걸.

내73: 모르시죠. (웃음) 그러니까 더 신기해하세요.

상74: 어떤 이유인지는 모르지만 엄마가 참 뿌듯해하시겠 다. 아빠도 엄마에게 전해 들으셨을 거고.

내74: 네.

상75: 찬이가 1학기를 마치며 너 자신한테도 좋은 어떤 너 자신을 만나는 계기가 되었고 선생님도 너를 바라보 며 너랑 같이 성장하는 기분이 들었거든. 때로는 상 담을 하며 너무 진전이 없으면 선생님도 다운되는 느낌이 들거든. 그런데 너를 보면서 매번 매번 달라 지는 너의 모습, 노력하는 너를 보며 자신감도 얻고 에너지를 받았던 것 같애. 나도 성장하고 또 너도 성 장하는 것을 보는 느낌. 오늘이 종결상담인데 너는 상담을 통해서 어떤 것을 얻고 간다라는 어떤 느낌 이 있을까? 네가 종결하며 하고 싶은 말을 한다면.

내75: 자신감을 얻고 가는 것 같아요.

상76: 상담을 통해서 자신감을 얻었다?

내76: 네.

상77: 자신감을 얻었다…. 그것을 조금 풀어서 설명하면?

내77: 제가 뭘 할 수 있는지 몰랐어요.

상78: 무얼 할 수 있는지를 몰랐었다?

내78: 제가 뭘 잘하는지를 몰랐는데 이제는 못하는 것도 할 수 있다는….

<상72> 관계성질문으로 엄마 의 반응을 물어봄으로써 엄마 와의 관계가 긍정적으로 변화 하였음을 확인할 수 있었음.

<상75> 상담자 자신이 이 상담 에서 성장을 경험한 것을 내담 자에게 표현하여 상담을 통 해 내담자만 도움을 받은 것이 아니라 상담자에게도 좋은 경 험이었다는 말이 내담자에게 큰 칭찬과 격려로 느껴졌을 것 이라고 생각함.

<상77> 내담자의 추상적인 표 현을 구체화하도록 질문하여서 내담자의 인식을 끌어내는 데 에 효과적이었음.

<상78> 내담자의 말을 그대로 반복하면서 질문을 함으로써 관심을 표현하고 더 많은 이야

상79: 아, 상담을 하기 전에는 내가 무얼 못하는지, 뭘 잘 할 수 있는지, 얼마나 괜찮은 아이인지를 잘 몰랐는데 상담을 하면서 못하는 것도 할 수 있다라는, 나도 잘할 수 있다라는 자신감을 갖게 되었는데 그래서 진짜 노력을 하니까 진짜 잘하는 게 많이 생겼고. 물론 지금 완벽하지 않으니까 당연히 못하는 것도 있지. 그런데 그것도 노력하면 된다라는 자신감을 갖게 되었다라는 거네.

내79: 제가 할 줄 아는 게 많아졌다라기보다는 하고 싶은 게 많아졌어요.

상80: 하고 싶은 게 많아졌다.

내80: 네.

상81: 아, 그게 중요한 거지. 사실 고1이 할 줄 아는 것보다는 하고 싶은 게 많아진 것이 더 중요하지. 네가 할줄 아는 것이 많아졌다라고 말하는 것보다 하고 싶은 게 많아졌다라는 그 말이 나에게도 굉장히 기분 좋게 와닿네.

내81: ….

상82: 그런 것 같아. 하고 싶은 게 많아지면 우리가 행복해지지 않니? 하고 싶은 게 많아지면?

내82: 네, 노력하고 싶어지는 것 같아요.

상83: 상담은 이것으로 종결을 하고, 방학 잘 지내고, 2학기 때 가끔 놀러 와도 되고, 또 상담을 할 사항이 생기면 상담도 하고 하자.

내83: 네.

기를 끌어내었음.

<상80> 여기서는 내담자의 말을 반복함으로써 그 말의 의미를 더욱 강조하여 주었음.

<상83> 종결하면서 추후 상담의 기회를 열어 놓아 주어서 내담자가 필요할 때 주저하지 않고 재상담을 받을 수 있게 해 줌.

3. 슈퍼비전을 위한 질문과 응답

1) 슈퍼바이지가 슈퍼바이저에게

(1) 이번 경우처럼 빠른 변화가 이루어진 경우, 상담을 종결하면서도 다시 예전으로 돌아갈까 봐 불안한데 이에 대한 가르침을 받고 싶습니다.

☞ 해결중심상담은 내담자의 과거보다는 현재와 문제가 해결된 미래에 집중하기 때문에 단기에 문제가 해결되는 것을 볼 수 있습니다. 이것은 단기상담모델로서 해결중심상담의 장점이기도 합니다. 이처럼 비교적 단기에 놀라운 변화를 경험하기 때문에 상담자의 입장에서 기쁜 일이면서도 종종 상담종결 후에 후퇴하지 않을까 하는 염려를 갖게 될 수 있습니다. 이 사례의 상담과정을 통해서 볼 때, 내담자는 문제를 해결하려는 노력에 적극적이었고 문제와 관련된 주변 인물들에서도 변화를 확인할 수 있었기 때문에 예전으로 후퇴할 것으로 생각되지 않습니다. 만일 후퇴한다고 하여도 예전 수준이 아니라 현재 변화된 수준에서 다소 후퇴할 수 있을 것입니다. 이런 점에서 상담자가 조금이라도 염려가 된다면 내담자에게 종결 시에 다음과 같은 언급을 할 수 있습니다. "지내다 보면 지금 좋아진 것에서 조금 후퇴할 수도 있지만 이미 찬이가 스스로의 힘으로 여러 가지 변화 노력을 해 왔고, 그 결과 성공적으로 목표를 달성하였으므로 그 힘과 회복력으로 다시 앞으로 나아갈 수 있다."라고 격려를 해 주는 것입니다. 상담자가 그에 대한 확신을 갖고 내담자에게 말을 해 준다면 내담자는 후퇴하는 것에 대한 두려움보다 헤쳐 나갈 수 있을 것이라고 자신감을 갖는 데에 도움이 될 것입니다.

(2) 내담자가 학생 신분으로 염려스러운 취미활동을 하고 있는데 상담에서 그것을 문제 삼으면 라포 형성이 깨질까 봐 염려가 되어서 그냥 넘어갔는데 그래도 되는지 지도를 받고 싶습니다.

☞ 상담을 할 때에 내담자의 어떤 행동이나 활동이 상담자의 마음을 불편하게 할 때가 있습니다. 이 사례에서 내담자의 취미활동은 온라인 게임과 관련된 것인데 염려스러워하는 상담자의 생각이 내담자에게 해로울 것이라는 근거가 있는 것인지, 아니면 상담자의 가치 판단에 따른 것인지 살펴볼 필요가 있습니다. 요즈음 청소년들의 취미활동이 예전과는 많이 달라졌고 그것을 바라보는 사회의 분위기도 많이 달라졌지요. 상담자가 파악한 바 이 취미활동이 불법적인 것이 아니고, 특성화 학교에서는 교육과정에도 포함된 것이며, 내담자 부모님께서도 허락을 한 것이라고 하니까 이 문제를 상담자가 혼자 염려하기보다는 솔직하게 내담자에게 마음을 표현해도 좋을 것으로 생각됩니다. 상담자가 진심으로 염려하는 마음을 표현하면 라포가 깨어지지 않고 오히려 상담자가 깊은 관심을 갖고 있다고 느낄 것입니다. 더불어 그 취미활동이 '내담자에게 어떻게 도움이 되는지' '내담자의 진로와도 연결이 되는지' '언제까지 할 것인지' 등을 이야기 나눈다면 내담자도 자신의 취미활동을 돌아보고 그 활동을 계속할지 중단할지를 결정하는 데에 도움이 될 것입니다.

(3) 부모상담이 필요하다 싶은데 내담자가 원하지 않을 때 어떻게 하는 게 좋을지 이에 대한 가르침을 받고 싶습니다.

☞ 청소년상담에서 가족 구성원, 특히 부모님이 상담에 참여하는 것이 효과적이지만 현실적으로 여의치 않은 경우가 있습니다. 부모님이 상담참여를 거부하거나 이 상담에서처럼 내담자가 원하지 않을 때에 강제할 수는 없을 것입니다. 이 상담에서 내담자가 놀랄 만한 변화를 보이고 있고 부모님과의 관계도 많은 개선을 가져왔는데도 불구하고 내담자가 부모상담을 원하지 않는 이유가 무엇인지 파악하는 것도 필요해 보입니다. 내담자가 상담을 통해 긍정적인 변화를 경험하였고 부모님도 내담자의 변화를 알아채고 있기 때문에 내담자의 변화가 유지되도록 부모님과 내담자가 함께 노력할 필요를 설명하면서 좀 더 권유할 수 있을 것입니다. 이 과정에서 담임 선생님이 협력하여 내담자를 설득하는 것도 좋은 방법입니다. 하지만 그래도 내담자가 완강히 거부하면 앞으로 언제든지 상담에 올 수 있도록 기회를 열어 두고 기다리는 것이 최선이라고 생각합니다.

2) 슈퍼바이저가 슈퍼바이지에게

(1) 내담자의 목표가 성취된 것은 무엇이라고 생각합니까?

• 지각, 결석이 많이 줄었고 학교생활을 잘하고 있습니다.

• 수업 태도가 좋아졌습니다.

• 자신감이 높아졌습니다.

• 교사들, 부모님과의 사이가 좋아졌습니다.

• 거짓말을 안 하게 되었습니다.

• 학교에서 밥을 잘 먹었습니다.

(2) 상담자가 적절하게 사용한 상담기술과 도움을 준 것은 무엇이라고 생각합니까?

• 해결중심상담의 기본 철학으로 긍정과 희망 그리고 방법을 생각하게 하

고 구체적인 행동 연습과 과제를 통해 참여도를 높이게 되었습니다.

• 상담자와 내담자 사이의 부드럽고 따뜻한 관계 형성이 결과에 좋은 영
  향을 주었습니다.

(3) 이 상담사례를 통해 상담자는 어떤 부분에서 성장하였다고 생각합니까?

• 상담과정에 대부분 해결중심상담 기법을 사용하였는데 놀라울 만큼 빠
  르게 좋아져서 해결중심상담에 대해 상담자로서 자신감을 얻었습니다.

(4) 이 상담에서 도움이 된 상담자로서의 강점과 자원은 무엇이라 생각합니까?

• 내담자의 장점을 잘 찾아 주고 충분한 공감과 지지를 해 주었고, 담임선
  생님께도 도움을 요청하여 함께 지지를 하는 등 주변 자원을 잘 활용하
  였습니다.

(5) 내담자는 이 상담을 통해 무엇이 도움이 되었다고 말할 것이라 생각합니까?

• 자신감이 생겼고, 그로 인해 앞으로 무엇이든 할 수 있다는 생각이 들었
  고, 속마음을 이야기하고 나니 마음이 후련해졌으며, 선생님들과 부모
  님과의 관계가 좋아져서 자신감을 얻었다고 할 것입니다.

4. 슈퍼바이저 메시지

이 사례는 부모의 부부불화, 어머니의 자살 목격, 부모의 언어폭력과 무관심으로 상처 받은 청소년이 부모와의 갈등과 학교생활의 어려움으로 교내 상담사에게 의뢰된 사례입니다. 내담자와 합의한 상담목표는 지각·결석을 하지 않기, 거짓말을 하지 않기, 수업 시간에 잠을 자지 않고 공부에 집중하기, 학교에서 밥을 잘 먹기, 교사, 부모님과 관계 개선하기입니다.

상담자는 총 〈7회기〉의 면접상담을 진행하였고, 전체 상담과정에서 해결중심상담의 철학과 원리를 바탕으로 해결중심적 기법들을 적절하게 활용하여 부모와의 관계 개선과 학교생활에 적응이 향상되는 긍정적인 변화를 가져오고 상담목표들을 달성하였습니다.

이 상담을 성공적으로 이끌 수 있었던 상담자의 강점들을 몇 가지로 정리해 보면 다음과 같습니다.

첫째, 상담자는 교사의 경력을 갖고 있는데 그것을 통해 얻은 지혜로 청소년과의 대화에서 거리감이 느껴지지 않는 말투와 청소년에게 친근한 반응을 잘 보여 주고 있습니다. 상담자는 내담자의 어머니와 비슷한 연배이지만 상담에서는 전혀 세대 차이가 느껴지지 않고, 내담자의 눈높이에서 공감을 충분히 표현하고, 내담자의 언어 그대로 반복하는 방식을 활용하여 편안하게 대화를 나눕니다. 이런 상담자의 모습 때문에 첫 회 상담부터 내담자가 방어하거나 경계하지 않고 내담자와 신뢰 관계를 잘 형성하였고 단기간에 목표를 달성할 수 있었다고 봅니다. 성인 상담자들이 청소년과의 상담에서 어렵게 느낄 수 있는 문화 차이나 감성의 차이 없이 상담을 진행한 것은 내담자가 갖고 있는 훌륭한 강점이라고 봅니다.

둘째, 상담자는 내담자의 강점을 찾아내는 탁월한 능력을 갖고 있습니다. 내담자는 공부에 흥미가 낮고, 학업 성적도 좋지 않은 편이며, 친구들과 어울리지 못하고, 급식도 제대로 하지 않았습니다. 선생님들과 상호작용도 없고 가정에서는 부모님의 사랑과 지지도 받지 못하는 청소년으로 자신감과 자존감이 낮았습니다. 자신이 할 수 있는 일이 없고 어떤 것도 잘하지 못한다고 여기는 내담자와의 상담에서 내담자의 강점을 찾는 것은 쉽지 않은 일입니다. 그럼에도 불구하고 상담자는 내담자의 작은 것이라도 놓치지 않고 긍정적인 면에 관심을 갖고 칭찬과 지지를 해 주었습니다. 상담자는 견소왈명(見小日明), 즉 작은 것을 알아보는 밝은 눈을 가지고 있다고 생각됩니다. 그 결과 내담자는 자신의 작은 변화를 통해 큰 변화를 가져올 수 있었다고 봅니다. 상담자가 고안하여 사용한 프로그램('토끼를 이기는 거북이처럼') 역시 내담자로 하여금 스스로 긍정적인 것을 발견하는 데에 효과적이었다고 생각합니다. 이 프로그램은 내담자가 스스로 자신의 긍정적인 변화를 점검하고 점수를 부여하는 것으로서, 1) 그동안 발전한 것이 있는지, 2) 다른 사람으로부터 칭찬 들은 것이 있는지, 3) 자신에게 칭찬해 줄 것이 있는지, 각 항목에 대해서 5점 만점으로 점수를 주는 방식입니다. 이는 해결중심상담의 척도질문과 유사한데, 상담자는 구체적으로 세 개의 항목을 매 회기 점검하면서 내담자로 하여금 더 발전하려는 의지를 강화하도록 도왔습니다. 내담자는 이 질문에 대답하기 위해서 타인의 칭찬에 주의를 집중하였을 것이고, 자신의 강점을 스스로 발견하고 칭찬하는 법을 배울 수 있었을 것입니다. 이러한 일련의 노력으로 내담자는 자신감이 향상되고 자신을 스스로 신뢰할 수 있는 성과를 거두었다고 생각합니다.

셋째, 상담자는 상담과정 전반에서 해결중심상담의 원칙과 가정이 드러나는 상담기법들을 적절하게 활용하였습니다. 상담자는 내담자의 강점을 발견하려는 경청, 직·간접적이고 적극적인 칭찬, 척도질문, 관계성질문, 확장질문 등을 적시에 사용한 것을 볼 수 있습니다. 〈2회기〉 이후에는 지난 상담 이후의 긍정적인 변화를 탐색하고 내담자의 변화를 확대하고 강화하는 것으로 진행하였고, 매 회기 메시지를 통해서는 적절한 과제를 제안하는 것을 볼 수 있습니다. 이처럼 해결중심상담을 충실하게 적용한 결과, 비교적 단기간에 내담자의 문제를 해결하고 목표를 달성할 수 있었다고 봅니다.

이 밖에도 상담자는 청소년에 대한 이해가 풍부하고, 내담자에게 따뜻하고 애정 어린 시각을 갖고 있으며, 나아가 그것을 표현할 줄 안다는 것을 상담과정과 축어록에서 엿볼 수 있습니다. 상담자로서 이러한 성품과 자질은 무엇보다 소중한 자산일 것입니다.

　상담자가 보여 준 많은 강점들을 칭찬하면서 상담자의 성장을 위해 두 가지 제안을 하고자 합니다. 먼저 앞에서 피드백을 통해서도 언급한 바와 같이 상담자는 해결중심상담 질문들을 적시에 잘 사용하였는데, 〈1회기〉에 예외상황을 발견할 수 없고 목표도 불분명하여 기적질문을 한 것으로 봅니다. 하지만 내담자의 답변 이후에 대화를 이어가지 못하였습니다. 내담자의 답변이 상담자가 기대한 내용과 거리가 있을 때 당황하게 되고 더 이상 질문을 확대시키기 어려울 것입니다. 이런 상황에서도 상담자가 할 수 있는 가장 좋은 반응은 공감입니다. 내담자는 공감을 받을 때 현실적이고 문제해결에 도움이 되는 생각을 해낼 수 있습니다. 기적질문은 상담자뿐 아니라 내담자에게도 대답하기 쉽지 않은 질문입니다. 그런데 어렵게 답변을 한 내담자에게 상담자가 아무런 반응을 보이지 않는다면 내담자도 의아하게 생각할 것입니다. 그러므로 상담자는 내담자의 답변에 대해 매우 공감적인 태도로 반응하면서 기적상황에 대한 질문들을 목표로 연결하여 확대해 나가는 것이 중요합니다.

　다음으로, 이 상담에서 목표를 보면 모두 다섯 개인데 크게 충실한 학교생활과 선생님들과 관계 개선, 그리고 부모님과의 관계 개선의 두 개로 보입니다. 두 개의 서로 다른 관계 개선을 목표로 하였고, 그 안에 작은 목표들이 있어서 상담의 초점이 학교와 가족으로 분산되는 것을 볼 수 있습니다. 이처럼 목표가 여럿일 때에는 상담과정에서 초점을 잡기 어려울 뿐 아니라 종결할 때에 목표 달성을 확인하는 것도 쉽지 않습니다. 따라서 목표가 여럿일 때에는 상담 초기에 내담자가 먼저 다루고 싶은 것이 무엇인지 질문하여 우선순위를 정하고, 우선되는 목표를 어느 정도 달성하였을 때 다음 목표를 다루는 것도 좋은 방법이라고 제안합니다.

　이 사례를 통해 상담자는 가정과 학교에서 동시에 어려움을 겪고 있는 청소년의 자존감과 자신감을 회복시키고 학교와 가정생활에서 의미 있는 사람들과의 관계를 개선하도록 도와주었습니다. 이 상담의 성공 경험이 상담자로서 한층 더 성장하는 기회가 되었으리라 생각합니다.

"내가 하고 싶은 일을 찾고 싶어요."

1. 사례 정보

1) 내담자의 인적 사항
• 김지나(가명, 여, 17세 고등학교 1학년)

2) 의뢰 경위
• 초등학교 때 자살을 시도한 경험이 있는 내담자 김지나는 한 달간 정신
  과 병동에 입원 후 얼마 전 학교에 복귀하였으나 학교 다니기가 힘들다
  며 자해를 해서 어머니가 상담을 신청함.

3) 상담횟수
• 면접상담 9회

4) 호소문제

- 어머니: 아이가 학교를 그만두려고 해서 걱정이다. 매일 조퇴를 해도 좋으니 학교만 졸업했으면 좋겠다. 우리 아이는 학교를 그만두면 스스로 검정고시를 보거나 뭔가를 할 수 없을 것 같다. 그렇기 때문에 어떻게든 학교를 다니게 하고 싶다.
- 내담자: 초등학교 저학년 때부터 지속된 가정불화와 모의 학업성취 압박으로 초등학교 4학년 때 자살을 시도하였다. 현재까지도 스트레스 원인이 해소되지 않아서 올해 3월~4월 한 달간 정신과 병동에 입원하였다. 퇴원 후 학교에 복귀하였으나 엄마의 학업 압박으로 인해서 학교에 있는 것 자체가 너무 힘들고 학교를 그만두고 싶다. 정신과 약을 먹고 있는데 약을 먹어도 학교에 있기가 힘들어서 요즘은 오전 수업만 하고 조퇴한다.

5) 상담목표

(1) 내담자의 목표

- 학교를 그만두기
- 하고 싶은 일을 찾아서 하기

(2) 어머니의 목표

- 딸이 학교를 자퇴하지 않고 잘 적응해서 졸업하기

6) 내담자의 가족 관계

- 아버지(48세): 회사원. 성격이 부드럽고 아이들에게 무엇인가를 강요하거나 요구하지는 않으나 자신이 옳다고 생각하는 부분에는 다른 사람의 이야기를 듣지 않고 자신의 의견을 굽히지 않음. 두 자녀에게 관심이 없으며 내담자와는 별다른 교류가 없고 서로 소원한 상태임. 내담자의 학업 중단에 대해서도 내담자에게 알아서 하라고 함. 아내와 의견 충돌이 있어서 결혼 초기부터 지속적으로 싸우고 이혼에 대한 이야기도 종종

해 왔음. 현재는 아내와의 대화를 회피하며 지내고 있음. 처음에는 처가와 사이가 좋았으나 장인이 돌아가신 후에 돈 문제로 처가 식구들이 집안싸움을 하는 것을 보고 본인의 기준에서 볼 때 너무 막장 같다며 교류를 하지 않고 있음.

- 어머니(42세): 주부. 신혼 초부터 시어머니로부터 '맞벌이를 안 하고 아들 등골 빼먹는다'고 시집살이를 심하게 당해서 첫 아이를 유산한 경험이 있음. 남편과의 관계에 있어서도 성격 차이 등으로 싸움이 잦아서 남편과의 관계는 어느 정도 단절하고 관심과 애정을 자녀에게 돌리고 살아왔음. 본인의 틀(공부, 생활 태도)을 자녀들에게 강요하며, 특히 내담자에게 더욱 심함. 내담자가 자해를 하고 자살 시도를 했어도 학업을 강요하고 정서적 교류는 거의 없는 편임.

- 언니(20세): 대학생. 부모가 싸움을 하거나 집안에 불화가 있어도 상관하지 않음. 성격이 워낙 강해서 어머니도 포기하고 간섭을 하지 않음. 평소에는 자신의 방에서 나오지 않고 지내지만 내담자에게는 다정다감하고 고민도 많이 들어주는 등 심리·정서적 지지를 해 주고 있음.

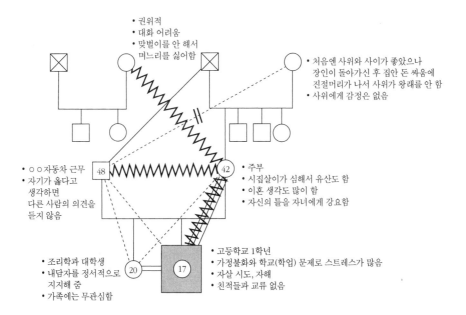

- 권위적
- 대화 어려움
- 맞벌이를 안 해서 며느리를 싫어함

- 처음엔 사위와 사이가 좋았으나 장인이 돌아가신 후 집안 돈 싸움에 진절머리가 나서 사위가 왕래를 안 함
- 사위에게 감정은 없음

- ○○자동차 근무
- 자기가 옳다고 생각하면 다른 사람의 의견을 듣지 않음

48

42
- 주부
- 시집살이가 심해서 유산도 함
- 이혼 생각도 많이 함
- 자신의 틀을 자녀에게 강요함

- 조리학과 대학생
- 내담자를 정서적으로 지지해 줌
- 가족에는 무관심함

20

17
- 고등학교 1학년
- 가정불화와 학교(학업) 문제로 스트레스가 많음
- 자살 시도, 자해
- 친적들과 교류 없음

7) 내담자와 내담자 가족의 강점과 자원

(1) 내담자의 강점과 자원

- 상담에 대한 의지: 상담센터가 집에서 1시간 거리에 있는데도 불구하고 항상 상담 약속 시간 5~10분 전에 와서 기다리고 있다.
- 타인에 대한 애정: 중학교 2~3학년 때까지 어린이집과 노인요양시설에서 급식봉사, 목욕봉사 등 봉사활동을 했고 이후에 마음이 편해지면 또 하고 싶어 한다.
- 정서적 지지자: 중학교 때부터 함께 지내 온 남자 친구가 일주일에 1번 정도 만나서 고민도 들어주고 위로해 준다.

(2) 가족의 강점과 자원

- 가족이 그동안 여러 가지 고통과 어려움을 겪어 왔음에도 불구하고 가정을 유지하며 버텨 왔다.
- 내담자가 하고 싶은 것을 할 수 있도록 가족이 도와줄 수 있는 경제력이 있다.
- 아버지는 직장생활을 성실히 하고 있으며, 가족 부양에 대한 책임감이 강하다.
- 어머니는 부부 간의 갈등에도 불구하고 이혼하지 않고 자녀들을 돌보고 키워 왔으며 자녀에 대한 관심과 사랑이 크다.
- 언니는 내담자에게 정서적으로 많은 지지를 해 주고 있으며, 이러한 언니의 역할은 내담자가 어려움을 극복해 나가는 데 자원이 된다.

2. 상담과정

1회기

◎ **일시:** 2016년 ○월 ○일 (50분)
◎ **참석자:** 김지나, 어머니
◎ **개입 방향:** 자살·자해금지 서약서 작성, 내담자와 어머니의 주 호소문

제 탐색

◎ 회기 내용

• 본 상담자가 일하는 상담소에서는 접수상담 후에 일정 기간 대기하다가 상담을 진행하는 것이 일반적이나, 이 사례는 자살·자해로 온 내담자라서 대기 기간 없이 곧바로 상담을 시작하였다. 자살·자해와 관련된 상담인 경우에는 〈1회기〉에서 자살·자해금지 서약서를 받는데, 내담자 김지나는 자살금지 서약에는 동의를 하나 자해는 안 할 자신이 없다고 금지 서약에 동의를 못 하겠다고 하였다. 이에 자살금지 서약서만 받고 상담을 시작하였다.

• 청소년상담의 경우 〈1회기〉에 보통 부모와 함께 오도록 하고 있어서, 본 회기에서는 어머니와 내담자의 주 호소문제에 대해 탐색하는 시간을 가졌다.

• 어머니의 주 호소문제   상담에 와서 무엇이 달라지기를 원하는지 묻자, 어머니는 딸이 학교에 적응하지 못하고 학교를 그만 다니고 싶어 해서 걱정이라고 했다. 딸의 자살과 자해에 대해서도 걱정이 되지만 가장 큰 문제는 학교를 그만두는 것이라고 하였으며, 학교를 그만두면 딸의 성격상 아무것도 하지 않고 무기력하게 있을 것 같아서 걱정이라고 하였다. 어머니는 상담을 통해서 딸이 변화되어 학교에 잘 다니도록 하는 것을 바란다고 하였다.

• 내담자의 주 호소문제   초등학교 때부터 부모님이 많이 싸웠으며, 싸우게 되면 집안에 있는 물건을 부수기도 하고 이혼한다는 이야기를 너무 자주 해서 힘들었다고 하였다. 내담자의 언니는 보통 자기 방에서 나오지 않았고, 내담자가 난리 난 집을 치우고 엄마를 위로하는 역할을 해서 매우 힘들었다고 했다. 또한 엄마가 어릴 때부터 학업에 대해서 스트레스를 지나치게 많이 주어서 초등학교 4학년 때 4층 아파트에서 뛰어 내렸던 경험이 있다고 했다. 이후에도 엄마의 학업스트레스 강도는 더욱 심해져서 성적이 조금만 나빠도 학원을 바꾸게 하여, 7번 정도 학원을 바꾼 경험이 있다. 올해 초에는 아침에 너무 우울해서 죽으려고 방 창가에 걸터앉아서 죽을까 하는 생각을 하

고 있었는데 엄마가 발견하고는 "내신이 중요하니까 학교 갔다 와서 이야기하자."고 하였다고 했다. 엄마가 조금만 내담자의 마음을 알아주고 따뜻하게 말해 주었으면 좋겠다고 하였다.

◎ 메시지

내담자가 어릴 때부터 부모의 싸움이 많았고 싸움 후에 난장판인 집안을 혼자 다 치우고 엄마를 위로해 주었다는 것을 들으니 엄마에 대한 애정이 큰 것 같고, 초등학생이 그렇게 행동한 것도 상담자가 보기에 대단하다는 점을 전달하였다. 그리고 엄마로부터 학업에 대한 압박이 커서 학교에 다니는 것이 힘들었을 텐데 이렇게 고1까지 학교를 다니며 어렵지만 버틴 것도 대단하다는 점을 칭찬했으며, 다음 상담에 오도록 권유하였다.

슈퍼바이저 피드백

첫 회기임에도 불구하고 청소년인 내담자가 상담자에게 자신의 어려움에 대해 상세히 이야기하는 점을 볼 때 상담자와 라포 형성이 잘되고 있음을 알 수 있음. 상담자가 내담자의 의사를 수용하여 자살금지 서약서만 받은 것도 내담자-상담자의 관계 형성에 도움이 되었을 것임. 메시지에서 내담자가 잘 견디고 버텨 온 것들에 대해 칭찬함으로써 내담자가 위로와 지지를 받을 수 있었을 것으로 보임. 호소문제를 탐색하는 과정에서 '그렇게 힘든 상황에서 어떻게 견딜 수 있었는지' 대처질문을 한다면, 내담자가 답을 하는 과정에서 스스로 자신의 역량과 자원에 대해 지각하며 대처방안을 탐색하고 구성해 나갈 수 있는 기반이 마련될 수 있을 것임.

2회기

◎ 일시: 2016년 ○월 ○일 (50분)

◎ 참석자: 김지나

◎ 개입 방향: 예외상황 탐색, 상담목표 설정

◎ 회기 내용

• 내담자의 호소문제가 주로 학업스트레스와 엄마로 인한 스트레스였기 때문에 이러한 스트레스를 받지 않는 예외상황이 있는지 탐색하였다. 내담자가 처음에는 예외가 없다고 하였으나, 상담자가 반복하여 질문을 하자 친구들과 같이 모여서 노래방에 가서 놀 때, 김혜란 작가의 글을 읽을 때, 핸드폰 앱으로 글을 쓸 때 스트레스를 받지 않는다고 하였다.

　　상담자: 그런데 지나야. 집안 문제나 공부, 학교 여러 가지 스트레스가 있는
　　　　　　데 그런 스트레스를 받지 않고 있을 때는 언제야?

　　지　나: 음…. 별로 없는데 항상 스트레스….

　　상담자: 그래도 365일 24시간 동안 항상 스트레스를 받는 것은 아닐 것 같은
　　　　　　데, 조금이라도 스트레스를 받지 않을 때는 언젤까?

　　지　나: 음…. 밖에서 친구들하고 놀 때.

　　상담자: 뭐하고 노는데?

　　내담자: 돌아다니고, 먹고, 쇼핑, 노래방.

　　상담자: 아~그래, 또~?

　　내담자: 책 읽을 때….

　　상담자: 무슨….

　　내담자: 김혜란 작가의 책인데 제목은 갑자기 생각이….

　　상담자: 그 작가가 어떻게 좋아?

　　내담자: 표현이 디테일해서.

　　상담자: 그래, 또 어떨 때?

　　내담자: '씀'이라는 어플이 있어요. 핸드폰, 그걸로 글 쓸 때.

　　상담자: 어떤 글을 주로 쓰는데?

　　내담자: 그냥 일상적인 거, 오늘 인상 깊은 것들

　　상담자: 와 많네. 별로 없다더니….

• 이어서 예외상황을 조금 더 구체화하고 확대해 보려고 시도했으나 친구들이 야간 자율학습을 하고 공부를 해야 해서 주말밖에 시간이 없기 때문에 평일에는 친구들을 만날 수가 없다고 하여 예외상황의 확대가 쉽지 않았다. 엄마가 주는 학업스트레스와 관련해서는 예외상황이 없다고 하였으며, 24시

간 365일 내내 스트레스를 준다고 하였다.

• 스트레스와 관련하여 척도질문을 하였을 때(0점: 스트레스가 심함. 10점: 스트레스가 없음), 내담자는 현재의 상태가 0.5점이며 8점이면 상담을 끝내도 될 것 같다고 대답하였다. 그리고 자퇴를 하고 본인이 하고 싶은 걸 찾아서 뭔가를 시작하면 8점에 갈 것 같다고 하였다. 내담자와 합의된 상담목표는 1차 목표가 자퇴이고, 2차 목표는 자신이 하고 싶은 것을 찾는 것이었다.

◎ 메시지

일반적으로 사람들은 스트레스가 크거나 너무 힘들 때 스스로 어떻게 할지 모르거나 생각하고 싶지 않은데, 내담자는 상담을 마치는 점수가 얼마인지에 대해서도 잘 알고 있고, 또 그 점수에 도달하기 위해 스스로 무엇을 해야 하는지에 대해서도 알고 있는 것 같다고 하였으며, 스스로 무엇을 하고 싶은지 빨리 찾으면 좋겠지만 천천히 찾는 것도 괜찮다는 생각을 전하고, 상담자와 함께 찾아보자고 제안하였다.

> **슈퍼바이저 피드백**
>
> 상담자가 내담자와 함께 예외상황을 구성해 나가는 과정이 인상적임. 청소년들은 침묵하거나 단답으로 대답하는 경우가 많은데, 상담자는 부드러운 어조로 '또 어떤 예외가 있는지' 반복하여 탐색하였음. 또한 척도질문을 통해 현재 상태와 목표점수를 확인하였으며, 이 과정에서 구체적이고 행동적이며 긍정적인 상담목표를 합의하였음. 1차 목표인 자퇴에 그치지 않고 2차 목표인 '자신이 하고 싶은 것을 찾는 것'으로 나아간 것은 상당한 진전임. '1차 목표가 이루어지고 2차 목표를 달성하면 지금과는 생활하는 게 어떻게 다를까.'에 대해 조금 더 구체적으로 탐색한다면 해결된 상황을 구성하는 데 더욱 도움이 될 것임.

3회기

◎ **일시**: 2016년 ○월 ○일 (50분)

◎ **참석자**: 김지나

◎ **개입 방향**: 가족 관계 탐색, 가족의 강점과 자원 파악

◎ **회기 내용**

• 상담실에 온 내담자의 팔에 살짝 칼로 그은 자국이 보여 어떻게 된 일인지 묻자, 내담자는 자해를 했다고 하였다. 현재 정신과 약을 복용하고 있는 내담자는 약을 먹으면 좀 마음이 편해지는데, 어제는 약을 늦게 먹었으며 학교에서 너무 힘이 들어서 자해를 했다고 하였다. 자해를 하면 뭔가 해방되는 느낌이 있고 자해 후에는 마음이 편해진다고 하였다.

• 이후 가족 내에서 내담자의 지지체계를 확인하여 자원으로 활용하기 위해 가족에 대한 탐색을 하였다. 내담자의 아버지는 자녀들에게 무관심하며 내담자의 자퇴에 대해서는 하고 싶은 대로 하라고 하지만, 학교를 그만두면 검정고시는 꼭 보라고 한다고 하였다. 내담자의 언니는 내담자의 힘든 이야기를 들어주고 자퇴에 대해서도 지지해 주는 등 집에서 유일하게 정서적 지지를 해 주는 가족임이 드러났다. 내담자의 어머니는 시댁, 남편과의 불화로 인하여 모든 관심과 애정을 내담자에게 쏟고 있었다. 어머니는 학업스트레스를 주는 방식으로 관심과 애정을 표현하며 내담자의 마음을 전혀 알아차리지 못하는 것으로 내담자는 인식하고 있었다.

◎ **메시지**

크게 스트레스를 받았음에도 불구하고 내담자가 일주일 동안 한 번 자해를 하는 등 예전보다 자해 횟수가 많이 줄어든 것을 보니까 다행으로 생각된다고 전하였다. 또한 약을 일주일 동안 규칙적으로 잘 먹고 한 번만 늦게 먹었다고 하니 힘든 상황에서도 내담자가 나아지고 싶다는 의지가 있다는 생

각이 든다고 하였다. 내담자는 엄마가 내담자의 마음을 전혀 알아차리지 못한다고 하였는데, 다음 상담에 올 때까지 엄마가 내담자의 마음을 알아차리는 순간이 있는지 관찰해 올 것을 제안하였다.

슈퍼바이저 피드백

내담자가 자해를 하고 왔기 때문에 상담이 문제중심으로 흐를 수 있음에도 불구하고, 내담자에게 자해가 어떻게 도움이 되는지 알아봄으로써 내담자가 진심으로 원하는 것이 편안해지고 해방되는 느낌임을 탐색하는 기회가 되었음. 또한 자해를 한 것에 집중하기보다 상담자가 메시지를 통해 힘들어도 한 번만 자해를 한 것과 약을 규칙적으로 먹은 것을 칭찬하며 이를 내담자가 나아지고자 하는 의지로 의미를 재구성하였음. 가족에 대한 내담자의 이야기는 현재 내담자가 가족을 어떻게 보고 있는지 보여 주는 것이므로 이를 긍정적 관점에서 재구성하는 것이 중요함. 따라서 가족에 대한 내담자의 인식을 탐색하는 것에서 나아가 해결중심적으로 재구성하는 작업이 중요하다고 여겨짐. 또한 내담자가 원하는 '편안함과 해방감'에 대해 좀 더 구체적으로 알아보고, <2회기>에 나왔던 예외적인 상황에 연결하여 자해 이외의 대안들에 대해 탐색하는 것도 도움이 될 것임.

4회기

◎ **일시:** 2016년 ○월 ○일 (50분)
◎ **참석자:** 어머니
◎ **개입 방향:** 모의 호소문제 탐색, 수고에 대한 인정과 지지

◎ **회기 내용**
• 어머니와의 상담에서는 딸에 대한 양육 방식보다 어머니가 겪는 어려움을 경청하고 어머니가 애써 온 것을 인정하는 데 초점을 두고 상담을 진행하였다. 내담자의 어머니는 신혼 초부터 시어머니로부터 '맞벌이를 하지 않고 살림만 한다.'고 시집살이를 당해서 유산까지 하였다고 했다. 그때부터 더욱

힘들게 지냈는데 남편이 고지식하고 자기중심적인 성격이어서 부부 관계도 힘들었다고 했다. 그래서 자녀들에게 많은 관심과 애정을 쏟았고, 자녀들이 자신의 인생이라고 여겼으며, 그러다 보니 자녀들에게 좀 지나치게 강요한 것이 있다고 하였다.

• 상담자는 어머니의 양육 태도나 양육 방식에 대해 평가하거나 비판하고 고칠 것을 요구하는 대신 어머니의 이야기를 그대로 수용하며 경청하려고 노력하였으며, 어머니가 어려운 상황에도 불구하고 가정을 지키고자 노력하고 자녀를 양육한 것에 대해 인정하고 지지하였다. 긍정적 피드백을 통해 어머니의 마음이 편해진다면 내담자에게 조금이라도 더 편하게 대할 수 있을 것으로 기대된다.

◎ 메시지

어머니와 같은 상황에서 가정을 버리고 도망가는 경우도 있는데, 그렇게 하지 않고 가정을 지키며 아이들을 키우는 것을 보니 아이들을 정말 사랑하는 게 느껴진다는 점을 전달하면서 어머니의 수고를 인정하고 지지하였다. 다음 상담에 오기까지 어머니가 가정과, 특히 지나에 대해 걱정하지 않고 지낼 수 있는 때가 언제이며, 그때는 어떤 상황인지 관찰해 보도록 제안하였다.

> **슈퍼바이저 피드백**
>
> 청소년 자녀를 중심으로 진행된 상담임에도 불구하고 어머니의 영향력과 상호작용의 중요성을 상담자가 놓치지 않은 것이 인상적이며, 긍정적인 측면에 초점을 맞추고 상담을 진행한 것이 눈에 띔. 어머니에 대한 인정과 지지에서 나아가 자녀와의 관계에서 나타난 예외적 상황이나 성공적 경험들, 대처자원을 구체적으로 이끌어 내는 작업이 있다면 상담목표와 더 잘 연결될 수 있을 것임.

5회기

◎ 일시: 2016년 ○월 ○일 (50분)

◎ 참석자: 김지나

◎ 개입 방향: 변화에 대한 확인

◎ 회기 내용

• 지난주 내담자의 어머니가 자퇴는 하지 말고 전학을 하는 게 좋겠다면 서 ○○고등학교에 내담자와 함께 방문하여 여러 가지 절차와 설명을 들었 다고 하였다. 전학을 결정하더라도 바로 입학이 가능한 것은 아니고 8월에 공고가 난 후 선발을 통해 입학이 가능하다고 하였다. 내담자는 어머니가 자 퇴까지 허락한 것은 아니지만 전학이라도 결정해 준 것을 고맙게 여겼다. 자 퇴의 대안으로 대안학교로 전학하는 것에 대한 내담자의 생각을 탐색하고, 대안학교를 선택하였을 때와 자퇴하였을 때를 비교하였다. 내담자는 어머니 가 자퇴를 끝까지 거부한다면 대안학교를 갈 수 있겠지만, 대안학교도 수업 이 있고 친구들과의 관계 문제가 있어 걱정이라고 하였다. 하지만 인가된 대 안학교라면 검정고시를 보지 않고 졸업장을 받을 수 있는 것은 좋은 점이라 고 하였다. 반면 자퇴는 같은 반 친구들이 없고 공부도 자유롭게 할 수 있어 서 좋지만, 혼자 공부를 할 수 있는 의지가 본인에게 있을지 걱정이 든다고 하였다.

• 내담자는 며칠 전 어머니가 저녁에 술을 마시고 와서 '엄마가 얼마나 힘 든지 아느냐, 정말 힘들다.'고 문자를 보냈는데, 문자의 뉘앙스가 이상해서 새벽에 혹시 어머니가 이상한 짓(자살)을 하는 건 아닌지 걱정이 되어 안방 문을 열어 보았다고 하였다. 이후 자신이 이렇게까지 해서 자퇴를 해야 하나 하는 생각도 들었고, 어머니가 힘드니까 그냥 학교에 다닐까 하는 생각도 하 게 되었다며 전학 선택 과정에서 느끼는 혼란스러운 감정을 이야기하였다.

◎ **메시지**

내담자가 원하는 자퇴가 이루어진 것은 아니지만 어머니가 힘든 상황 속에서도 어느 정도 양보해서 전학을 결정한 것에 대해 대단하게 생각한다는 점을 전하였다. 그리고 내담자가 자해까지 하면서 학교를 힘들게 다님에도 불구하고 엄마가 힘들어하는 모습을 보면서 '그냥 다닐까.' 하는 생각까지 하는 것을 보면 정말 엄마를 사랑하는 마음이 큰 것 같다고 칭찬하였다.

아직 전학이나 자퇴가 결정된 것은 아니지만 동전 던지기를 해서 앞면이 나오면 원하는 상태가 되었다고 상상해서 행동하고, 뒷면이 나오면 현재의 상태로 행동할 것을 제안하였다.

6회기

◎ **일시**: 2016년 ○월 ○일 (50분)
◎ **참석자**: 김지나
◎ **개입 방향**(목표): 변화에 대한 확인, 진로검사

◎ **회기 내용**

• 내담자는 지난 상담 이후 큰 변화가 일어나서 어머니가 갑자기 자퇴를 허락해 주어 월요일에 자퇴를 하였다고 전하며 아주 좋아하였다. 어머니가 왜 자퇴를 허락해 준 것 같은지 물으니 모르겠다고 하였다. 자신을 포기한 건지 왜 그런지는 모르겠지만 지금은 날아갈 듯이 좋다고 하였다. 내담자가 이제는 자신이 하고 싶은 것을 찾고 싶고 진로에 대해서도 고민이라고 하면서 진로검사를 위해 홀랜드검사를 실시하였다.

　　내담자: 샘, 저 자퇴했어요.
　　상담자: 뭐? 자퇴?
　　내담자: 네, (웃음) 엄마랑 월요일에 자퇴했어요.
　　상담자: 아니 어떻게?
　　내담자: 엄마가 포기했다고 하면서, 그렇게 하고 싶으면 하자고 했어요.

상담자: 그래서?

내담자: 그래서 한다고 하고 월요일에 학교에 가서 했어요.

상담자: 엄마가 그렇게 반대했었는데 어떻게 그렇게….

내담자: 그러게요. 엄마가 저를 포기했나? 모르겠어요. 하여간 하게 돼서 좋
아요. 한번 엄마한테 물어보세요.

상담자: 그래, 샘이 엄마한테 물어봐야겠다. 샘도 많이 궁금하다. 근데 어때?
좋아?

내담자: 네, 좋아요. 좋긴 한데 좀….

상담자: 뭐가 걱정이?

내담자: 그냥 이제 학교를 안 다니게 되면 뭐를 할지…. 빨리 정하고 싶기도
하고….

상담자: 우선 좀 쉬는 건 어때? 많이 힘들었잖아. 좀 쉬면서 천천히 생각하는
것도 좋을 것 같은데 ….

내담자: 네, 쉬고 싶기도 하고 뭔가를 빨리 해야 할 것 같기도 하고.

상담자: 그럼 어떻게 해야 지나 마음이 좀 편해질까?

내담자: 진로관련 검사를 해 보고 싶어요. 학교에서 하긴 했었는데 기억이 가
물가물해서….

상담자: 그럼 오늘 검사를 하고 결과는 다음에 샘이 알려 주는 걸로, 어때?

내담자: 네 좋아요.

◎ 메시지

갑자기 자퇴를 하게 되어 상담자도 혼란스럽지만 내담자가 좋아하는 모
습을 보니 상담자 또한 기쁘다고 하였다. 또한 학교를 그만두고 나서 자신이
하고 싶은 것이나 진로를 찾고 싶은 의지가 강한 모습을 보니 상담자도 안심
이 되고 좋지만, 너무 급하게 찾지 말고 천천히 신중하게 찾아보는 것도 좋
겠다는 의견을 전하였다. 다음 상담까지 내담자가 생각하는 자신의 미래나
꿈, 자신이 좋아하는 것에 대해 생각해 오라는 제안을 하였다.

슈퍼바이저 피드백

　　<5회기>와 <6회기>에 빠르게 상황이 변화하면서 내담자가 정한 1차 목표가 달성되었음. 예상치 못했던 빠른 변화 속에서 내담자는 어머니의 갑작스러운 심경 변화에 대해 의아함과 약간의 불안감을 표현하면서 어머니에게 심경이 변한 이유를 물어보도록 상담자에게 부탁하였음. 이때 상담자가 내담자의 궁금증에 공감하면서 관계성질문을 통해 어머니의 생각, 감정, 행동 등을 상세히 탐색한다면, 내담자 스스로 답을 모색하는 과정에서 다른 사람의 관점에 대해 깊이 있게 이해할 수 있는 역량을 키우게 될 것임. 또한 내담자가 앞으로의 계획을 빨리 정하고 싶다고 하자 상담자가 쉬면서 생각할 것을 권하였는데, 상담자가 제안하기에 앞서 내담자의 생각이나 이유를 들어 본다면 좋을 것임.

7회기

◎ **일시**: 2016년 ○월 ○일 (50분)

◎ **참석자**: 김지나

◎ **개입 방향**: 심리검사결과 확인, 미래에 대한 계획의 구체화

◎ **회기 내용**

• 지난 회기에 실시한 홀랜드검사결과가 나와 해석결과지를 보며 내담자와 함께 이야기를 나누었다. 이 과정에서 내담자는 예전에 검사했던 내용을 상기하게 되었고, 이전과 지금의 검사결과가 유사함을 알게 되었다. 내담자는 앞으로 사회복지사나 상담자와 같이 다른 사람을 도와주는 일을 하고 싶다고 하였으며, 과거에 자신이 생각했던 목표와 꿈들이 있었는데 주위에 있는 친구들과 비교하면서 꿈을 접었고, 이로 인해 힘들었던 경험을 이야기하였다. 그리고 지금은 학교를 나와 있으니까 비교를 덜 하게 될 것 같다는 생각이 든다고 하면서 빨리 꿈을 정해야 마음이 편해질 것 같다고 하였다.

　　내담자: 비슷한 것 같아요.

　　상담자: 어떤 게?

내담자: 전체적으로. 예전 검사에서도 이렇게 나왔던 것 같아요.

– 중략 –

상담자: 내용이 네 스스로 생각하는 자신과 비슷해?

내담자: 네, 비슷해요 비슷하기는 한데 제가 좀 진로를 결정할 때 이상한 게 있어요?

상담자: 이상한 거?

내담자: 네.

상담자: 어떤?

내담자: 음. 예를 들면, 예전에 화가를 하고 싶을 때는 옆에 있는 친구가 저보다 그림을 잘 그려서 '아, 나는 쟤보다 늦게 시작해서 쟤를 이길 수 없겠다.' 해서 포기하고 또, 작가를 하고 싶을 때는 작가는 책을 많이 읽어야 하는데 그때도 제 옆에 친구가 저보다 책을 많이 읽어서 포기하고…. 항상 이런 식이에요.

상담자: 참….(웃음) 어떻게 하고 싶은 것마다 잘하는 친구가 옆에 있네….

내담자: 그러게요. (웃음)

상담자: 그럼 지나야. 다음에 올 때 샘이 주는 과제를 해 올 수 있겠어?

내담자: 뭔데요?

상담자: 어려운 건데~

내담자: 할 수 있으면 할게요.

상담자: 음…. 뭐냐면 지금까지 네가 생각했던, 하고 싶었던 직업들을 쭉 적고 왜 하고 싶은지 그리고 어떻게 포기하게 되었는지 적어 볼 수 있겠어?

내담자: 네, 뭐 그 정도는….

상담자: 그럼 다음 주에 보자.

내담자: 샘, 좀 쉬고 싶은데 놀고 싶기도 하고….

상담자: 그래 그럼 언제 볼까?

내담자: 6월말쯤에요 엄마가 6월까지는 놀아도 된다고 해서 ….

◎ 메시지

이번의 검사결과나 상담자가 그동안 내담자와 만나 본 경험에 비추어 볼 때 내담자가 사람에 대해 많은 애정을 가지고 있다는 점이 인상 깊으며, 고1 임에도 불구하고 박봉에 힘들어도 다른 사람을 도와주는 직업을 갖고 싶다는 생각을 했다는 것이 정말 훌륭하고 대견스럽다고 하였다. 또 내담자 자신이 지금까지 꿈이나 목표를 포기했던 이유를 잘 아는 것으로 봐서 앞으로 진로나 목표에 대해 잘 결정할 수 있을 것으로 생각된다고 하였다. 다음 상담 시간에는 지금까지 정했던 진로나 목표에 대해 정리하고, 뭐가 힘들었는지 그리고 왜 포기를 했었는지 정리해 올 것을 과제로 제안하였다.

슈퍼바이저 피드백

잘 알려져 있듯이 문제에 대한 진단과 평가에 초점을 두지 않는 해결중심상담 은 다른 상담모델에 비해 검사지를 활용하는 경우가 적음. 그럼에도 불구하고 본 회기의 진로검사는 상담목표와 관련되어 있으며 검사를 통해 내담자가 상담자와 함께 심도 깊은 이야기를 나눌 수 있는 기반이 되었다는 점에서 유용했던 것으로 보임. 상담자가 과제를 제안하여 목표와 관련된 내담자의 혼란을 정리하도록 돕는 모습도 인상적임. 다만, 그동안의 진로를 포기했던 이유를 정리하는 것이 내담자 에게 어떻게 도움이 되는지 좀 더 숙고할 필요가 있을 것임. 과제의 목적 중 하나 는 상담에서 시작된 변화를 견고히 하는 것에 있으므로 좀 더 해결중심 관점에 부 합하는 과제를 제안하는 것을 고려해 볼 수 있음. 또는 내담자가 직접 과제를 제안 해 보도록 하는 방법도 생각해 볼 수 있음.

8회기

◎ **일시:** 2016년 ○월 ○일 (50분)

◎ **참석자:** 어머니

◎ **개입 방향:** 어머니의 불안에 대한 대처방안 탐색

◎ **회기 내용**

• 어머니에게 어떻게 딸의 자퇴를 결정하게 되었는지 질문하니, 아이가

자해도 하고 너무 힘들어 하니까 이번에는 어쩔 수 없이 아이의 말을 따르게 됐다고 하였다. 어머니는 결정하는 것이 너무 힘들었지만 그래도 아이가 죽겠다고 하니까, 자식 이기는 부모 없다고 어쩔 수 없이 결정하였다고 하였다. 하지만 어머니는 아이가 잘 할 수 있을지, 검정고시를 통과해서 대학은 잘 갈지 모든 게 불안하다고 했다.

• 불안감을 덜기 위해 어떻게 대처하고 있는지 어머니에게 물으니 요즘에 외부 활동을 많이 한다고 했다. 어차피 자식의 인생을 부모가 다 책임질 수 없으니 믿어야 한다고 생각하고, 사람들을 많이 만나서 스트레스를 풀고 생활을 변화시키니 불안이 조금은 줄어들었다고 하였다.

◎ 메시지

어머니와 처음에 만났을 때는 딸의 자퇴를 절대로 허락할 수 없다고 하면서 반드시 학교를 다녀야 된다는 입장이었는데, 이렇게 마음을 돌리고 쉽지 않은 일을 실행한 것에 대해 놀라움을 표했다. 또한 스트레스를 풀기 위해 사람들을 만나서 외부 활동을 하는 것이 도움이 된다고 하였으므로 좀 더 지속해 보는 것이 좋을 것 같다는 의견을 전하였다.

> **슈퍼바이저 피드백**
>
> 이번 회기에서 상담자는 변화된 상황에서 느끼는 어머니의 불안감과 이에 대한 대처방안을 다룸으로써 앞으로도 변화가 유지될 수 있도록 지지하고 돕는 역할을 했음. 어머니가 자신의 결단으로 인한 변화의 결과에 대해 아직 불안해하고 있으므로, 관계성질문을 통해 이러한 결정에 대한 다른 사람들의 생각을 탐색해 보도록 하는 것도 도움이 될 것임. 예를 들어, 첫째 딸, 즉 내담자의 언니는 이에 대해 뭐라고 할지, 어머니가 가장 신뢰하고 존경하는 사람에게 이러한 결정에 대해 묻는다면 어떻게 이야기할지, 또는 몇 십 년 후 나이가 든 미래의 자신에게 묻는다면 뭐라고 할지 등의 질문을 통해 어머니가 자신의 결정에 대해 다양한 관점에서 평가해 볼 수 있도록 도울 수 있을 것임.

9회기

◎ **일시**: 2016년 ○월 ○일 (50분)– 축어록 참조

◎ **참석자**: 김지나

◎ **개입 방향**: 상담목표의 성취에 대한 확인, 미래에 대한 계획

◎ **회기 내용**

• 척도질문을 통해 목표가 성취된 정도를 파악하니 현재 9점으로 원래 목표로 정한 점수를 초과하였다. 이처럼 점수가 올라간 데에는 자퇴를 하고 난 후 집에서 쉬었던 것이 가장 큰 도움이 되었다고 하였다. 이후 내담자의 향후 진로에 대한 탐색을 하면서, 내담자가 선택한 3가지 진로를 구체적으로 다루고 우선 실천할 수 있는 방법을 알아보았다.

축어록(9회기)	슈퍼바이저 피드백
내1: 많이 쉬었어요. 상1: 뭐 하면서 쉬었어? 내2: 그냥 늦잠도 자고 핸드폰도 하고 우선 학교를 안 가니까 너무 좋았어요. 상2: 엄마랑은 어때? 엄마가 맨날 노는 걸 보셨을 텐데. 내3: 음…. 뭐라고 하시지는 않아요. 6월까지는 쉬라고 봐준다고 해서 …. 상3: 엄마가 뭐라고 하시지 않아서 좀 편하겠다. 내4: 네, 살 만해요. 상4: 음. 다행이다. 그럼 지나야, 너 처음에 샘하고 스트레스 점수 했던 거 기억나? 내5: 네 몇 점이면 상담을 마칠 수 있는지…. 8점. 상5: 와~ 머리 좋네. 그것도 기억하고…. 내6: 처음엔 0점 뭐였던 거 같은데…. 상6: 그래, 그럼 다시 한 번 해 볼까?	<상1> 행동이야기(action-talk) 질문으로 내담자로부터 구체적인 이야기를 이끌어 냄. <상2> 관계성질문을 활용한다면 내담자가 어머니의 관점에서 상황을 인식하고 지각을 확장하는 데 도움이 될 것임. <상4~6> 이전의 척도질문을 상기하도록 하면서 자연스럽게 Yes-Set을 이끌어 내는 모습이 인상적임.

내7: 네.

상7: 자, 0점이 스트레스가 심한 거고 10점이 스트레스가 없는 상태인데 지나가 처음에는 0.5라고 했고 상담을 마치려면 8점이라고 했어.

내8: 네.

상8: 그럼 지금은 몇 점인 거 같아?

내9: 음…. 9점이요.

상9: 9점?

내10: 네.

상10: 그럼 자퇴한 게 0.5에서 9점까지 끌어올린 거야?

내11: 아뇨.

상11: 그럼?

내12: 자퇴한 거는 한 7점 정도인 거 같아요.

상12: 아, 샘은 자퇴가 가장 큰 도움이 된 것 같았는데….

내13: 물론 도움이 많이 되기는 했지만 전적으로는 아네요.

상13: 그럼 어떤 게 9점까지 올리는 데 도움이 된 것 같아?

내14: 음…. 마음가짐이 달라진 것 같아요 자퇴하기 전에는 열심히 잘해야겠다는 부담이 있었는데 지금은 편하게 부담이 없이 생각하니까.

상14: 아~그런데 샘은 진짜 궁금하다야. 어떻게 그렇게 마음을 먹게 되었을까? 쉽지가 않았을 텐데….

내15: 음…. 잘은 모르겠는데 그때는 다른 친구들과 비교하고 나는 못하는구나 다른 친구들은 잘하는구나 했는데, 지금은 자퇴도 했고 그냥 학교 다니는 친구들과 나는 다르구나 하면서 비교는 하진 않아요.

상15: 와~그렇게 친구들과 비교하는 마음도 편해지고 서로의 다름을 인정하게 되었는데 어떻게 그렇게 마음을 먹게 되었어? 진짜 궁금한데~

내16: 쉬는 거.

상16: 쉬는 거?

내17: 네, 휴식. 한 한 달 정도 쉬면서 제가 스스로 변하게 된 것 같아요. 아무 생각 없이 쉬니까 마음도 변한 거

<상7~13> 척도질문을 통해 처음의 상태와 목표점수를 확인함으로써 현재의 점수에 이른 배경을 이해하게 됨. 척도질문에서 10점의 상태를 ~이 없는 것보다는 긍정적인 상태로 표현하는 것이 해결중심상담의 가치를 더 잘 반영할 것으로 사료됨.

<상14> 간접적 칭찬으로 청소년이 거부감 없이 칭찬을 수용할 수 있도록 이끎.

<상15> 알지 못함의 자세와 호기심을 통해 내담자의 이야기를 지속적으로 이끌어 냄.

같아요.

상17: 또 다른 건 없을까?

내18: 음…. 잘 모르겠어요.

상18: 그래도 없을까?

내19: 상담?

상19: 상담! 하하하… 그래, 아 그 말 듣기 힘들다.

내20: 하하하….

상20: 농담이고…. 하하하….

상21: 지나에게 쉬는 게 정말 필요했나 보다. 한 한 달 정도 쉬니까 이렇게 마음도 변하고.

내21: 네, 지금까지 한 번도 쉬지 않고 온 거 같아요. 달리면서 스트레스 받고….

상22: 그러게, 많이 힘들었겠다.

내22: 네. (웃음)

상23: 그럼 지나야, 지금 현재가 9점이라고 했는데 이 점수를 유지하려면 어떻게 하면 유지할 수 있을까?

내23: 음. 제가 하고 싶은 거 하고, 놀고, 공부도 하고, 봉사도 하고, 친구 관계도 지속하고.

상24: 음. 들어 보니 모두 지나가 하고 싶은 거 원하는 것을 하는 거네.

내24: 네, 제가 하고 싶은 것을 하면 유지할 수 있을 거 같아요.

상25: 그렇게 하는 데 어려움은 없을까?

내25: 음. 현재는 잘 모르겠어요…. 하고 싶은 것, 진로를 확실하게 못 정한 것, 진로는 샘하고 하기로 했고.

상26: 그리고 다른 건?

내26: 아직은 모르겠어요.

상27: 그래, 그럼 현재 9점인데 10점으로 가려면 어떻게 하면?

내27: 음…. 9점에서 10점으로는 한 10년쯤 후에 가능할 것 같아요.

상28: 10년 후에?

<상17~18> what else 질문을 적절히 활용하여 내담자의 이야기를 이끌어 냄.

<상19~20> 유머를 활용하여 상담의 분위기를 따뜻하고 유쾌하게 만들고 있음.

<상23> 목표점수를 달성한 후 현재의 점수를 유지할 수 있는 방법에 대해 질문함. 이 질문 이전에 9점인 상태에 대해 내담자가 만족하는지를 묻는 것도 좋을 것임.

<상27> 내담자가 처음에 설정한 목표점수를 이미 넘어 9점에 도달한 상태인데, 계속해서 10점에 도달할 수 있는 방법에 대해 질문하는 것은 내담자에게

내28: 네, 10점은 제가 하고 싶은 거 정해서 그쪽으로 직장을 잡고 일을 하고 있으면 힘든 일도 있겠지만 10점까지 갈 것 같아요.

상29: 힘든 일이 있어도?

내29: 네, 그건 제가 좋아해서 하는 동안에 생기는 거니까 10점에 갈 수 있을 거 같아요.

상30: 와~대단한데? 그런 생각을…. 하산해도 되겠다. 하하하.

내30: 네, 하하하…. 근데 샘 저번에 말씀하신 거….

상31: 뭐?

내31: 저번에 꿈이나 목표 포기했던 거 정리하라고 하신 거.

상32: 아~해 왔구나.

내32: 네, 여기요~.

상33: 그래 잘해 왔네.

내33: 컴퓨터가 고장 나서 그냥 손으로 간단하게 적어 왔어요. 자세한 건 말로 하려고….

상34: 그래 고생했다. 글씨를 잘 쓰네(네~). 그럼 샘이 잠깐 읽어 보고…. 그런데 작가, 화가, 여러 가지가 있는데 그만둔 이유가 거의 비슷한데….

내34: 네, 비슷해요. 제가 관심을 가지고 하려고 하면 이상하게도 옆에 친구가 그걸 하고 있는 거예요.

상35: 예를 들면?

내35: 음 저번에 제가 글 읽는 것도 좋아하고 해서 작가를 하고 싶었는데 작가는 책을 많이 읽어야 하잖아요.

상36: 그렇지.

내36: 그런데 제 주위에 저랑 친한 친구가 저보다 책을 몇 배 더 읽은 거예요. 그래서 포기하고….

상37: 어떤 마음이었는데?

내37: 음…. 쟤는 벌써 나보다 몇 배 책을 더 봤는데 저는 이제 시작하니까 이길 수 없고, 나는 너무 뒤처진 것처럼 느껴지고 그래서 다른 거 해야지 하고, 매번 그런 식으로 포기하는 것 같아요.

부담이 될 수도 있음. 상담자가 10점이 목표라는 전제를 갖고 있는 것으로 추측되는데, 다시 한 번 내담자와 함께 목표점수를 확인해도 좋을 것임.

<상37> 내담자의 인식과 감정을 구체화하기 위해 개입.

상38: 어떤 것을 진로로 잡으면 친구들하고 매번 비교를 하는구나.

내38: 네, 이상하게도 주위 친구들이 그걸 하고 있어요….

상39: 그러게 참 신기하다.

내39: 네, 그래서 친구들하고 비교하다 보면 나는 너무 뒤처져 있고 그래서 포기했나 봐요.

상40: 그런데 모두 포기한 거야? 포기하지 않은 건 없어?

내40: 없어요, 그런데 다시 생겼어요. 다시 생겼다라고 해야 하나 생각이 났다고 해야 하나.

상41: 뭔데~?

내41: 음…. 쉬면서 생각을 해 봤는데 사회복지사, 심리상담사, 유치원 교사 이렇게 3개가 떠올랐어요.

상42: 그래~3가지 모두 비슷한 성격이긴 한데 어떻게 생각이 난 거야?

내42: 음…. 심리상담사는 샘하고 상담을 하면서 좀 편해졌거든요. 그래서 저처럼 힘든 친구들에게 도움을 주고 싶어졌어요. 그래서 심리상담사를 생각한 거구요.

상43: 아~샘이 잘해서 그렇구나, 하하하….

내43: 음…. 쪼금 하하하.

상44: 그리고 다른 건?

내44: 사회복지사는 중학교 때 노인 요양원에 가서 봉사를 했었어요.

상45: 와~요양원은 힘든데 괜찮았어?

내45: 저는 힘들지 않았어요. 음식봉사하고 청소했는데 다른 친구들은 냄새나고 더럽다고 하는데 저는 아무렇지도 않았어요. 힘든 건 모르겠고 노인분들 밥 먹여 주고 하는 게 재미있었어요.

상46: 아~대단하다. 샘도 노인 상담할 때 처음에는 힘들었는데…. 아니 어떻게 그렇게 할 수 있었어?

내46: 그냥 좋았어요. 노인분들 말동무도 해 드리고, 저는 힘들지 않았어요.

<상38> 내담자의 말을 요약해서 내담자 이야기의 핵심을 드러내 줌.

<상40> 예외질문에 대해 내담자가 대답하는 과정에서 새로운 예외를 생각해 내는 모습이 흥미로우며, 해결중심 질문을 통해 새로운 현실을 구성해 나가는 과정을 확인할 수 있음.

<상42> 내담자의 진술을 구체화하는 질문.

<상43~내43> 유머의 활용으로 유쾌한 상담분위기와 내담자와의 협력적 관계가 유지됨이 확인됨.

<상45~47> 칭찬을 반복하면서 내담자 자신이 한 일을 자세히 말할 수 있도록 격려하고 지지.

상47: 여중생이 그런 일 하는 게 쉽지 않았을 텐데 정말 대
단하다~그런 경험 때문에 사회복지사를….

내47: 네, 그런 걸 생각하니 제가 그쪽으로 체질인가 하는
생각도 들고 그 봉사를 할 때 너무 좋았거든요.

상48: 뭐가 그렇게 좋았어?

내48: 음…. 제가 살아 있다는 걸 느꼈어요.

상49: 살아 있다는 걸?

내49: 네, 내가 죽지 말고 살아야겠다. 그래서 이 분들을
도와줘야겠다.

상50: 그럼 그때는 다른 스트레스는….

내50: 그때도 똑같이 있었는데 봉사할 때는 생각이 덜 났
어요. 스트레스에 대해서….

상51: 아~그렇구나. 그럼 봉사를 좀 지속적으로 할 생각
은….

내51: 그때 했었는데 그 후로 공부해야 한다고 엄마가 하
지 말라고 해서.

상52: 그랬구나. 아쉬웠겠다.

내52: 음…. 그냥 엄마가 하지 말라고 해서 그만뒀어요. 공
부하라고 해서.

상53: 유치원 선생님은?

내53: 아~유치원에 가서도 봉사를 했었어요. 아기들도 너무
좋았어요. 하는 건 요양원이나 비슷했고요 청소하고
아기들 밥 먹이고 하는데 정말 재미있고 뿌듯했어요.

상54: 그래, 지나가 힘든 사람들에게 뭐가 도움을 줄 수 있
는 직업이 좀 맞나 보다.

내54: 네, 그런 거 같아요. 그런데 사회복지사, 심리상담
사, 유치원 교사 이 세 가지 중에서 고민이에요. 어
떻게 골라야 할지….

상55: 어떤 게 고민이야?

내55: 빨리 정해서 그 길로 가야 할 것 같아서요. 이제 학
교도 그만뒀는데 뭔가 열심히 해야 할 것 같기도 하
고 그래서.

<상48~내48> 구체화하는 질문을 했을 때 내담자의 가치관과 삶의 목표가 표면화됨을 알 수 있음.

<상50> 스트레스에 대해 묻는 대신에 그런 생각을 어떻게 하게 되었는지 질문한다면, 내담자의 가치를 탐색하며 미래지향적인 대화를 진행하는 데 도움이 될 것임.

<상52> 상담자가 내담자의 마음을 잘 읽어 주고 있음을 보여 줌.

상56: 학교 그만두니까 뭔가 빨리 정해서 그 길로 가고 싶은 마음이 더 커졌구나.

내56: 네, 엄마 눈치도 보이고.

상57: 엄마 눈치?

내57: 네, 엄마가 6월까지만 놀고 7월부터는 공부하라고 해서….

상58: 7월부터?

내58: 네, 7월부터 아는 언니하고 도서관에 다니기로 했어요. 그래서 뭔가를 정해서 빨리 하고 싶은가 봐요.

상59: 그래, 그런데 지나야. 사회복지사, 심리상담사, 유치원 교사나 모두 대학을 나와야 하는 거 같은데….

내59: 네, 그래야겠죠.

상60: 그럼 우선 빨리 정하지 말고 천천히 샘이랑 같이 고민해 보고 네게 시간이 많으니까 예전에 했던 봉사를 다시 시작해 보는 건 어때? 언니랑 공부도 하면서 정말 이 길이 맞는지 요양원이나 유치원 쪽에서.

내60: 음…. 그것도 좋은 방법인거 같아요.

상61: 심리상담사에 대해서는 샘이 도움을 줄 수 있을 것 같고.

내61: 네, 한번 알아봐야겠어요. 봉사할 수 있는 데 있는지.

상62: 혹시 수원시자원봉사센터 알아?

내62: 아뇨, 모르겠어요.

상63: 거기 홈페이지에 가면 자원봉사할 수 있는 곳을 찾을 수 있고, 사진 가지고 가면 자원봉사카드도 만들어 주고, 그 카드를 만들면 커피숍이나 다른 곳에서 할인도 돼.

내63: 어디 있는데요?

상64: 잠시만…. 자, 우리 상담실 옆에 이렇게 가면 돼. 한 20분 정도. 집에서는 머니까 상담 올 때 찾아가서 카드는 만들고 우선 홈페이지에 가서 봉사할 때 알아보면 될 것 같은데.

내64: 네, 들어가서 한번 볼게요.

<상60> 내담자에게 오히려 천천히 생각하도록 권유하는 것이 인상적임. 무엇을 하는 것이 좋을지에 대해 상담자가 제시하기에 앞서 내담자가 스스로 생각할 수 있도록 이끈다면 이후 내담자가 주도적으로 방법을 찾아갈 수 있을 것임.

- 중략 -

◎ 메시지

지나가 예전에는 학업에 대해서 열심히 잘해야 한다, 다른 아이들보다 잘해야 한다고 비교하는 생각을 하면서 스트레스를 받았었는데, 지금은 편하게 생각을 하고 다른 친구들과 비교하는 게 아니라 서로가 다르다는 것을 누가 가르쳐 주지도 않았는데 스스로 혼자 알아차렸다니 정말 대단한 것 같다. 그리고 스스로 좋아하는 일을 해서 현재 9점 상태를 유지할 수 있다는 것을 아는 것도 정말 대단하고. 최종적으로 10점이 되는 방법까지도 알아냈다니 샘은 정말 지나가 짱인 거 같다. 이런 것들을 모두 쉬면서 스스로 알아냈다는 걸 보면 앞으로 지나가 하고 싶은 것, 꿈, 목표를 잘 찾아서 쉽지는 않겠지만 열심히 잘 해낼 것 같다.

상65: 샘 말 들으니까 어때?
내65: 좋아요. (웃음)
상66: 좋기만 하냐? (웃음)
내66: 네. (웃음)
상67: 7월부터는 아는 언니하고 도서관 다닌다며?
내67: 네, 7월 1일부터 하기로 했어요.
상68: 그럼 샘하고는 2주 정도 후에 볼까?
내68: 네, 그게 좋겠어요.

<메시지> 상담을 통해 어떤 변화와 차이가 생겼는지 메시지를 통해 다시 한번 확인한 것은 내담자의 변화를 강조하는 데 효과적이었다고 생각됨. 또한 내담자가 성취한 것을 보다 명확히 표현하고 칭찬에 대한 현실적 근거를 제시하는 데 척도 점수를 활용한 점도 효과적이었다고 보임.

3. 슈퍼비전을 위한 질문과 응답

1) 슈퍼바이지가 슈퍼바이저에게

(1) 자살 사고 내담자에게 그 심각성은 견지하지만 대하는 태도나 상담의 접근을
　　가볍게 한 것은 아닌지 알고 싶습니다.

　　☞ 자살은 인간의 생명과 직접 관련된 것이기 때문에 자살 사고 내
담자에 대한 상담은 상담자에게 많은 부담과 책임이 따를 수밖에 없
으며, 이는 인간의 존엄성과 생명 존중의 가치를 기반으로 하는 상담
자에게 있어서 당연한 일이라고 생각합니다. 이 사례의 상담자 또한
첫 회기에서 내담자의 상황에 대한 심각성을 인식하고, 호소문제를
진지하게 경청하며, 내담자의 고통에 진정으로 공감하고 있음을 충분
히 알 수 있습니다. 또한 요약된 상담기록에는 나타나 있지 않지만 슈
퍼바이저에게 제출한 〈1회기〉 축어록에 따르면 내담자의 자살, 자해
시도와 관련하여 상담자가 여러 측면에서 내담자에게 질문하며 안전
과 관련한 사항을 파악하는 모습을 볼 수 있습니다.
　　이 사례의 상담과정에서 유머를 많이 활용하며 비교적 밝은 분위기
에서 내담자와 상담을 진행한 것이 혹시 상담자가 자살 이슈를 가볍
게 다룬 것으로 오해하지 않을까 염려하는 가운데 이러한 질문을 한
것으로 이해됩니다. 해결중심상담에서 호소문제가 심각하더라도 상
담의 과정이 부드럽고 따뜻하며 때로는 유쾌하게 진행되는 예들을 많
이 보게 됩니다. 이는 해결중심상담이 문제에만 몰두하기보다는 이전
의 성공적인 경험이나 문제가 일어나지 않는 예외상황을 구성하는 작
업에 초점을 맞추고 내담자와 가족의 장점과 강점을 강조하기 때문일
것입니다.

특히, 청소년 상담의 권위자인 셀릭먼은 청소년상담에서는 유머를 활용하는 것이 매우 도움이 된다고 밝힌 바 있습니다. 유머는 해결중심상담자에게는 큰 자원입니다. 본 슈퍼바이저가 상담자에게 하고 싶은 질문은 바로 이것입니다. 선생님은 어떻게 해서 그런 유머 능력을 갖게 되었습니까? 이 상담에서 유머를 활용한 것이 어떻게 도움이 되었나요? 어떻게 그렇게 하실 수 있었습니까?

(2) 자살 생각, 자살 시도, 자해 등을 경험한 내담자에 대해서 해결중심접근에서 적용해 볼 수 있는 다른 방법을 알고 싶습니다.

☞ 스티브 드세이저 외 밀워키 센터의 여러 상담자가 저술한『해결중심 가족치료의 오늘(More than Miracles)』이라는 책에 실린 사례를 예로 들어 설명하고자 합니다. 자살을 시도한 청년을 대상으로 김인수 선생님께서 상담한 사례로 '진정한 내모습'이라는 장에 축어록이 실려 있습니다.

그 사례의 시작 장면이 인상 깊습니다. 자살을 시도한 내담자에게 처음에 하는 질문이 "학교에서 가장 재미있는 과목은 뭐지요?"입니다. 대화를 이어가면서 칭찬도 하고 웃기도 합니다. 그리고 나서 자살과 관련한 이야기를 시작하지요.

왜 자살 이야기를 먼저 다루지 않았냐는 질문에 김인수 선생님은 '문제에 대해 먼저 알려고 하기 전에 내담자의 능력을 파악하고 그가 갖고 있는 바람직한 결정 능력과 이에 대한 이전의 경험에 대해 먼저 아는 것'이 중요하며 '문제에 대해서는 이후 상담과정에서 얼마든지 다룰 수 있다'고 말합니다.

김인수 선생님은 자살에 대해 사정하는 전통적인 인터뷰 방식을 따르지 않지만 그렇다고 자살에 관련한 사정이 이루어지지 않는 것은 아닙니다. 문제가 일어난 상황에 대한 내담자의 이야기를 성실히 경청하며 따라가고 상황에 대해 좀 더 정확하게 파악하기 위해 질문도 합니다. 그러다가 내담자의 이야기 속에서 예외에 관련된 실마리가 보이면 상황이 더 나빠지지 않도록 한 내담자의 행동에 대해 질문합니다. 더 이상 잘못되지 않도록 어떻게 멈출 수 있었는지, 그것에 무엇이 도움이 되었는지, 어떻게 상담자에게 도움을 청할 수 있었는지에 대해 진정한 호기심을 갖고 질문합니다. 해결중심상담에서 자살에 관련한 사정은 어떻게 상황이 악화되지 않을 수 있었고, 내담자가 그것을 어떻게 할 수 있었는지, 도움이 된 것은 무엇인지, 내담자의 강점과 대처자원을 알아보고 평가하는 방식으로 이루어진다는 것을 알 수 있습니다.

그리고 앞으로 유사한 상황이 생겼을 때 자살 시도를 택하지 않고 다르게 할 수 있는 것들, 대처할 수 있는 방안을 차근차근 탐색하면서 안전계획을 마련합니다. 내담자가 위험 신호를 알아차리고 적절하게 대처하여 안전을 확보하는 과정들을 탐색하며 도움이 되는 사람 등 대처자원들을 찾아냅니다. 물론 이러한 안전계획은 특정 이론이나 전문가의 틀에 따라 만들어진 것이 아니고 내담자가 이미 '위험으로부터 성공적으로 빠져나왔던' 경험들을 단계별로 살펴보면서 이전의 성공적인 경험을 되풀이하기 위한 구체적인 상황들로부터 구성된 것입니다. 따라서 이것은 내담자의 경험과 지식에 기초하여 구성되는 안전계획입니다.

물론 김인수 선생님의 사례는 자살을 시도한 내담자에 대한 해결중심상담의 하나의 예이며, 유일한 모범답안은 아닙니다. 해결중심상담의 특징 중 하나는 귀납적으로 개발된 모델이라는 것입니다. 자살과 자해를 경험한 내담자에게 적용할 수 있는 해결중심접근은 하나의 완성

본으로 제시되는 것이 아니라, 임상 현장에서 상담자와 내담자의 협력적인 공동 작업을 통해 지식과 경험을 함께 나누면서 지속적으로 발전될 것입니다.

(3) 부모상담 시 내담자에 대한 양육 방법이나 태도, 대화 방법 등을 알려 주는 것은 줄이고 부모 개인에 초점을 두어 접근하는 것이 해결중심접근으로 적절한지 알고 싶습니다.

☞ 부모상담을 할 때 할 수 있는 것과 하지 말아야 할 것 혹은 적절한 것과 그렇지 않은 것을 슈퍼바이저가 일반화해서 말하는 것은 바람직하지 않다고 생각합니다. 다만 이 상담사례에서 상담자는 양육 방법이나 대화 방법 등과 관련하여 교육적으로 접근하는 대신에, 어머니가 그동안 가족생활에서 겪어 온 고통과 어려움에 대해 진심으로 공감하며 어머니의 수고를 인정하고 지지하며 상담을 진행하고 있음을 알 수 있습니다. 이로 인해 어머니는 상담에 참여한 회기가 적음에도 불구하고 상담자와 관계를 잘 형성하였고, 어머니가 자녀의 목표를 수용함으로써 자녀의 변화에도 기여하였습니다.

이는 어머니 개인에게 초점을 둔 개입이라기보다는 어머니의 상황을 가족 관계의 맥락 속에서 탐색함으로써 어머니가 자신과 가족, 나아가 딸의 행동에 대한 이해를 넓힐 수 있도록 돕는 방법이라고 생각합니다. 해결중심상담은 개인심리치료와 달리 개인의 심리 내면에 초점을 두지 않으며, 사회적 상호작용과 관계 속에서 현실이 구성된다는 입장을 갖고 있습니다. 어머니가 남편과 확대가족과의 관계 속에서 자신을 이해하게 되었을 때 어머니 스스로 딸에 대한 양육과 관련하여 변화가 필요한 부분을 인식하게 되었으며, 바로 이러한 점이 딸의 자퇴에 대한 심경의 변화로 이끈 것으로 사료됩니다.

2) 슈퍼바이저가 슈퍼바이지에게

(1) 내담자는 이 상담을 통해 무엇이 도움이 되었다고 말할까요?

- 내담자는 우선 엄마의 강력한 반대 때문에 절대로 불가능할 것 같았던 자퇴가 이루어져서 도움이 되었다고 할 것입니다. 1차 목표였던 자퇴를 함으로써 학교와 학업에 대한 스트레스가 줄어들어 마음이 편안해졌고, 이를 통해 자살 시도나 자해를 하지 않고 40일 정도 잘 지냈다고 할 것입니다.

- 또한 내담자가 하고 싶은 일을 찾는 것이 2차 목표였는데, 사회복지사, 심리상담사, 유치원 교사 등 남을 돕는 일이 자신이 원하는 일임을 알게 되어 앞으로 진로의 방향을 잡을 수 있게 된 것도 도움이 되었다고 할 것입니다.

(2) 상담자로서 내담자의 목표가 성취된 것은 무엇이라고 생각합니까?

- 내담자가 스스로 세웠던 1, 2차 목표가 달성되어, 자퇴를 하고 자신이 하고 싶은 일을 구체적으로 탐색하게 되었습니다. 이전에는 내담자가 자신이 원하는 자퇴를 할 방법이 전혀 없다고 생각해서 자살 시도와 자해를 했었지만 현재는 자해 행동을 하지 않고 자신의 미래를 생각해서 진로도 고민하고 도전해 보려는 시도를 하고 있습니다. 상담하는 동안 스트레스가 줄고 마음이 편해져서 척도점수가 0.5점에서 9점으로 상승하였습니다.

- 자퇴는 죽어도 안 된다고 했던 어머니가 마음을 바꿔서 자퇴를 허락하였습니다. 어머니는 그동안 갈등이 많은 결혼생활을 하면서 내담자를 통해 자신의 인생을 보상받으려고 했던 측면이 있었으나, 스스로 이에 대해 자각하게 되었습니다. 그 결과, 외부 활동을 늘리고 자신만의 시간을 가지려고 노력하고 있으며, 이를 통해 어머니와 내담자와의 관계가 조금 더 독립적으로 변하고 편안해졌으며, 내담자와 어머니는 함께 방송 댄스를 배우러 다닐 정도로 친밀함이 증가하였습니다.

(3) 이 상담사례를 통해 상담자는 어떤 부분에서 성장하였다고 생각합니까?

- 자살 시도와 자해라는 무거운 주제에 대해서 내담자와 함께 문제의 심각성에 대해서 다룬 것이 아니라 내담자가 무엇을 원하는지에 대해, 즉 솔루션에 대해 상담한 것이 효과가 있었습니다. 이를 통해 심각한 문제로 온 사례일지라도 상담자가 문제에 빠지지 않고 해결중심적으로 접근하는 것이 유용하다는 점에 좀 더 확신을 가질 수 있게 되었습니다.

(4) 상담자가 적절하게 사용한 상담기술과 도움을 준 것은 무엇입니까?

- '알지 못함의 자세'와 내담자가 잘할 수 있다는 것을 믿는 태도로 자살과 자해라는 문제 상황에 빠지지 않고 상담을 진행하였습니다. 대처질문을 사용하여 내담자와 어머니를 지속적으로 칭찬한 것이 내담자에게는 어려운 상황을 헤쳐 나갈 수 있는 힘이 되었고, 어머니에게는 양육 불안을 해소하는 데 도움이 되었다고 봅니다. 부모를 상담할 때 내담자의 문제 행동을 부모의 양육 방식에 귀인하여 비난하지 않고, 짧은 시간이지만 부모의 불안과 스트레스를 다루며 부모가 구체적인 양육 방법을 이야기할 수 있도록 진행하였습니다. 그로 인해 내담자 부모가 상심이나 죄책감을 느끼지 않고 앞으로 아이에 대해 잘 대처할 수 있도록 도움을 주었다고 생각합니다.
- 내담자는 자살과 자해라는 위기 상황에 처해 있기 때문에 상담자의 명함을 주고 틈틈이 문자로 연락하여 긴급할 때 연락할 수 있도록 한 것도 도움이 되었습니다.

(5) 이 상담에서 도움이 된 상담자로서의 강점과 자원은 무엇이라 생각합니까?

- 유머를 활용하여 내담자와 라포를 잘 형성해서 상담을 다시 오게 만든 점, 그리고 해결중심적인 접근을 적용한 것이라고 생각합니다. 상담자의 자원은 상담센터에서 근무하여 매주 사례회의를 통해서 선·후배 동료들과 사례에 대해서 서로 슈퍼비전을 할 수 있는 것이라고 생각합

니다.

(6) 다음에 이와 유사한 내담자를 만난다면, 이 사례에서 배운 어떤 것을 더 하고
　싶은가요? 만일 다르게 하고 싶은 것이 있다면 어떻게 다르게 하고 싶은가요?

• 자해와 관련하여 빈도를 줄이는 것을 목표로 하는 것이 아니라 대처행
　동으로 바꿔서 목표 설정을 하면 좋았을 것입니다. 자살 생각이 들 때
　어떻게 하면 안전을 확보할 수 있는지 방법과 자원을 파악하고, 자해를
　할 때의 상황을 좀 더 구체적으로 탐색하여 어떻게 피할 수 있는지 대처
　행동으로 바꿀 수 있도록 개입하고 싶습니다.

4. 슈퍼바이저 메시지

　　이 사례는 청소년 자녀의 학교와 학업에 대한 스트레스와 이에 따른
자해 시도로 인해 어머니가 청소년상담센터에 상담을 의뢰한 경우입
니다. 총 〈9회기〉의 상담 중 첫 회기에는 어머니와 자녀가 참여하였
으며, 이후 8회기의 상담 중 내담자 김지나와의 상담이 여섯 차례, 어
머니와의 상담이 두 차례 이루어졌습니다. 상담자가 소속된 상담소의
특성상 청소년 내담자를 중심으로 상담이 진행된 것으로 사료됩니다.
　　상담 초기에 자녀는 자퇴를 하고 자신이 하고 싶은 일을 찾는 것을,
어머니는 자녀가 학교를 자퇴하지 않고 학교에 잘 다녀 졸업하는 것
을 목표로 삼아 상반된 상담목표를 제시하였습니다. 이와 같이 목표
가 다를 때 상담과정에서 가족원들 간의 갈등이 격화되는 등 상담자
가 다루기 어려운 상황에 빠지기 쉽습니다. 이 사례에서는 자녀와 어
머니에 대한 개별 면담이 이루어지면서 상담자가 두 사람 모두와 라포
를 잘 형성할 수 있었다고 사료됩니다. 주 내담자인 청소년뿐 아니라
보호자인 어머니와도 관계를 잘 형성함으로써 〈5회기〉부터 어머니의

변화가 시작되었고, 〈6회기〉에 이르러 어머니가 자신과 상반되었던 자녀의 목표, 즉 '자퇴'를 적극적으로 수용하는 극적인 상황이 일어났습니다. 이후 내담자의 스트레스가 감소하고 정서적으로 안정되면서 2차 목표인 하고 싶은 일을 탐색하는 작업도 순조롭게 이루어졌으며, 〈9회기〉에 이르렀을 때 상담의 목표를 초과 달성하게 되었습니다.

이와 같이 빠른 시간 안에 목표를 성취할 수 있었던 것은, 오랜 시간 청소년과의 상담경험을 통해 쌓아 온 상담자의 뛰어난 상담역량과 함께 내담자의 강점과 이전의 성공적인 경험에 초점을 맞춘 해결중심상담의 관점, 내담자의 상담에 대한 강한 의지와 동기, 어머니의 협력이 시너지 효과를 발휘했기 때문으로 여겨집니다.

이 사례는 내담자의 자살·자해 문제로 의뢰된 사례로 자살 및 자해 시도의 원인과 과정, 경험 등 문제의 심각성에만 초점을 맞추어 상담을 진행하기 쉽습니다. 그러나 상담자는 내담자가 겪고 있는 현재의 고통에 대해 충분히 공감하는 가운데, 자살·자해 이슈의 심각성을 소홀히 하지 않으면서도 문제에 압도되지 않고 내담자가 잘 해낸 것, 원하는 것에 초점을 맞추면서 밝고 따뜻한 분위기에서 상담을 진행하였습니다. 〈3회기〉에 내담자가 자해를 하고 온 상황에서 상담자는 자해가 어떻게 도움이 되는지 질문하여 내담자가 진정으로 원하는 것에 초점을 맞추었으며, 자해를 한 사실에 집중하기보다 더 많이 시도하지 않고 견뎌 낸 점, 잘해 보려는 의지에 대해 강조함으로써 내담자가 긍정적인 부분과 미래에 초점을 둘 수 있도록 도왔습니다.

청소년들은 유머감각이 있고, 재미있으며, 생동감 있는 상담분위기를 선호하는 것으로 알려져 있는데, 이 사례의 상담자는 유머 활용을 통해 청소년 내담자와 관계를 형성하는 데 탁월한 능력을 보입니다. 자살과 자해 시도라는 심각하고 무거운 호소문제로 인해 상담자의 부담이 컸음에도 불구하고, 상담자가 유머를 적절히 활용하며 내담자와 대화를 진행하여 상담의 분위기를 대체로 편안하게 유지하고 있는 점이 돋보입니다. 흔히 '다루기 어려운 내담자'로 불리는 청소년 내담자와의 상담에서 유머 활용이 얼마나 효과적인가를 이 사례를 통해 확인할 수 있습니다.

청소년들과의 상담에서 가장 어려운 점의 하나로 꼽는 것은 상담자의 질문에 대해 청소년들이 침묵하거나 단답으로 대답하는 것입니다. 하지만 이 사례에서는 그런 모습이 거의 나타나지 않습니다. 이는 초기에 상담자와 내담자의 관계가 잘 형성된 점과 내담자의 상담에 대한 높은 동기와 개인적 특성도 반영되었을 것입니다. 아울러 이 사례의 기록을 통해 엿볼 수 있는 점은, 내담자가 짧게 대답을 할 때 상담자가 대답이 구체화될 수 있도록 연결된 질문들을 자연스럽게 이어 나간다는 점입니다. 이를 통해 내담자가 자신에게 일어났던 예외상황들을 확대해 나가고, 앞으로 하고 싶은 일에 대해서도 현실적인 측면에서 상세히 탐색하는 모습을 볼 수 있습니다. 때로 상담자가 계속해서 질문을 하면 내담자는 대답을 강요당한다는 느낌을 가질 수 있습니다. 하지만 이 사례에서 반복되는 질문이 강요나 집요함으로 느껴지지 않은 것은 상담자의 진정한 호기심이 뒷받침되었기 때문이며, 유머와 유쾌한 분위기에 기초했기 때문이라고 할 수 있습니다.

이 사례는 청소년 자녀중심으로 상담이 진행되었음에도 불구하고 상담자가 어머니와도 관계를 잘 형성함으로써 궁극적으로 내담자가 빠른 시간 안에 목표를 성취하는 데 기여한 것으로 보입니다. 청소년이 참여하는 상담을 하다 보면 자칫 상담자가 가족 내에서 힘이 약한 청소년의 입장에 서기 쉬우며, 어머니에게 양육 태도 등에 대해 조언을 하는 경우가 많습니다. 이러한 경우 어머니의 저항이 일어날 가능성이 큽니다. 그러나 본 상담자는 부모의 입장에 잘 공감하면서도 청소년과의 상담에서는 청소년의 입장을 잘 이해하는 유연한 태도를 취함으로써 내담자뿐 아니라 어머니와도 협력적 관계를 형성할 수 있었습니다.

앞으로 상담이 종결되더라도 어머니는 계속해서 내담자의 가장 가까운 환경에 있으면서 영향을 주기 때문에 상담의 효과가 유지되기 위해서는 어머니의 지원과 협조, 그리고 내담자와의 긍정적 상호작용이 매우 중요합니다. 따라서 이 상담에 어머니의 참여가 조금 더 적극적으로 이루어지도록 개입한다면 변화의 유지와 확대에 더욱 도움이 되리라는 것이 본 슈퍼바이저의 견해입니다. 상담 초기에는 어머니와 딸의 목표가 상반되었기 때문에 두 사람이 함께 참여하는 공동회기 진행이 어려울 수 있으나 적어도 〈6회기〉 이후에는 모녀가 함께 참여하는 공동회기를 진행하여 서로의 생각과 감정을 확인할 뿐 아니라 해결책 구축에 함께 참여할 수 있도록 돕는 것도 고려해 볼 만합니다. 이러한 측면에서 상담자가 좀 더 가족상담적 관점에서 접근하면서 관계성을 활용한 상담을 진행할 것을 제안하고 싶습니다.

상담자가 청소년중심의 개별상담이 주를 이루는 상담실에서 근무함에도 불구하고 어머니와 가족의 강점을 자원으로 생각하고 접근한 것에서 상담자의 해결중심적인 가치가 잘 드러납니다. 상담자는 가족관계에 대한 탐색을 통해 내담자의 언니와 남자 친구가 내담자에게 중요한 지지체계이며 자원임을 확인하였습니다. 따라서 이러한 지지체계를 상담과정에서 적극적으로 활용할 수 있는 방법을 고려하는 것이 필요하며, 앞으로 혹시 문제가 재발되었을 때 이러한 자원을 어떻게 활용할 수 있을지 구체적으로 다루는 것도 도움이 될 것입니다.

"밝게 웃던 과거의 나를 다시 만나고 싶어요!"

1. 사례 정보

1) 내담자의 인적 사항
• 써니(가명, 여, 25세, 대학교 4학년)

2) 의뢰 경위
• 3년 전부터 대학병원 정신과에서 우울증으로 약물치료 중인 내담자에게 의사가 약물치료와 함께 내담자가 내담자 자신의 이야기를 충분히 할 수 있고 들어줄 수 있는 개인상담이 도움이 될 것 같다고 조언하여, 내담자가 본 센터에 직접 방문하여 상담을 신청함.

3) 상담횟수
• 면접상담 8회(접수상담 1회 포함)

4) 호소문제

- 엄마한테 자주 그리고 사소한 일로 화를 내고 있는데, 나중에 생각해 보면 왜 화를 냈는지 그 이유를 모르겠다.
- 과거 자신의 모습처럼 잘 웃고 솔직하게 감정과 생각을 표현할 수 있었으면 좋겠다.

5) 상담목표

(1) 큰 목표

- 엄마와 관계 좋아지기

(2) 구체적인 목표

- 엄마에게 버릇없는 말투(비난하는 말) 사용하지 않기
  → 엄마에게 자신의 감정과 생각을 솔직하게 표현하기
- 엄마에게 상처 주기 위해서 했던 말 하지 않기
  → 엄마에 대한 걱정과 배려를 말로 표현하기

6) 내담자의 가족 관계

- 써니(내담자, 25세): 2015년 1년 휴학 후 현재 대학 4학년에 재학 중이며 미술전공임. 과거 엄마에게 일어난 모든 사건/감정/변화까지 속속들이 다 알고 있는 딸임. 자신을 엄마의 감정쓰레기통이라고 표현함. 잘 웃던 과거 자신의 모습으로 돌아가 평범하게 살고 싶어함.
- □ 첫 번째 아버지(57세): 부모님이 일찍 돌아가시고 불우한 어린 시절을 보냈음. 처가의 반대에도 불구하고 결혼을 감행하였음. 원하는 것은 수단과 방법을 가리지 않고 얻어 내는 의지가 있는 분임. 자수성가하였으나 결혼 후 처가의 도움으로 ○○지역에서 ○○라고 하면 모르는 사람이 없을 정도로 사업이 성장함. 거래처 여직원과 외도한 사실을 아내(내담자의 엄마)가 알게 되자 아내에게 이혼하자며 지속적인 폭력을 행사함. 아버지의 폭력을 피해 내담자가 5살 때(1995년) 엄마 손에 이끌려 집을

나온 이후 만난 적 없음.

- 두 번째 아버지(사망 시 44세): 첫 번째 아버지를 피해 충남의 어느 바닷가(대천)로 피신한 1998년 내담자의 가족을 많이 도와주셨던 분으로서 엄마와 결혼하심. 내담자가 초등학교 5학년 때(12살, 2002년) 교통사고로 혼수상태에 있다가 돌아가심. 내담자는 이 아버지를 '가족들의 상처를 치유해 주신 분', 이 시기를 '너무나 꿈 같은 시간이었다.'고 표현함.
- 세 번째 아버지(51세): 내담자가 중2 때(2005년) 엄마와 결혼 후 내담자가 대학 1학년 때(2010년) 이혼하였음.
- 어머니(53세): 부유한 가정의 무남독녀 외동딸임. 부모님의 기대를 받고 자랐으나 결혼 문제로 갈등을 겪으면서 자살한다는 협박으로 첫 번째 남편과 결혼함. 내담자는 어머니에 대해 남편의 폭력으로부터 아이들을 보호하기 위해 집을 나올 정도로 강한 여성이지만 남자에게 의존적인 여성이라고 표현함. 현재 내담자와 함께 살고 있음.
- 오빠(28세): 대학 졸업 후 서울에서 직장생활을 하고 있음.

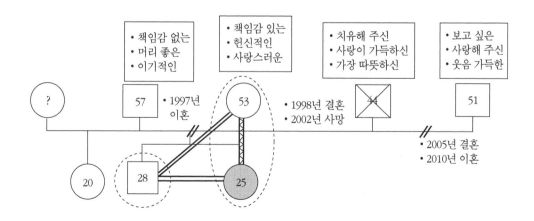

7) 내담자와 내담자 가족의 강점과 자원

(1) 내담자의 강점과 자원

- 가족에 대한 깊은 사랑으로 현재의 갈등을 해결하고자 하는 욕구가 높다.

- 미래에 대한 계획을 세우고 그 계획을 위해 자신의 생활을 통제할 수 있다.
- 대인 관계도 좋고, 다른 사람들의 이야기도 잘 들어주고, 엄마와의 관계 개선에 대한 노력과 의지가 있으며, 관계 개선을 위해 적극적으로 행동한다.

(2) 내담자 가족의 강점과 자원

- 아버지의 외도에도 가정을 끝까지 깨지지 않게 지키려고 했던 엄마의 희생과 아버지의 폭력으로부터 자녀를 보호하고자 하는 엄마의 사랑이 있다.
- 다양한 어려움(폭력, 죽음, 갈등 등)을 극복할 수 있는 정신적인 강인함과 그 아픔을 극복하고 가족이 함께했던 곳으로 같이 갈 수 있었던 용기가 있다.
- 과거의 힘들었던 상황을 잘 극복하고 인내하며 사랑으로 일어나는 가족 탄력성을 가지고 있다.

2. 상담과정

접수상담

◎ 일시: 2016년 ○월 ○일 (40분)
◎ 참석자: 내담자
◎ 개입 방향: 접수면접

◎ 내용

- 내담자는 상담실에 방문하여 상담 가능 여부와 비밀 보장에 대해 문의하였고, 현재 정신과의 약물치료가 끝나가는 시점이며 담당의가 상담을 권유하였음을 이야기하면서, 가능한 한 빠른 상담예약을 희망하였다. 이에 따라 상담자는 상담이 가능하며 상담내용에 대한 비밀이 보장됨을 설명하였

고, 내담자에게 현재 내원하고 있는 병원 담당의와의 통화를 허락을 받았다. 내담자와 상담종료 후 담당의와 통화하여 내담자의 치료과정과 상담으로의 의뢰 경위를 설명 들었다. 이후 3일 뒤로 상담을 예약하였다.

1회기

◎ **일시**: 2016년 ○월 ○일 (60분)
◎ **참석자**: 내담자
◎ **개입 방향**: 신뢰 관계 형성과 상담목표 설정하기

◎ **회기 내용**
• 상담의 시작이므로 내담자에게 상담의 구조에 대해 설명해 주었다.
• 상담 전 긍정적 변화를 알기 위한 척도질문(1점: 엄마와의 관계가 너무 좋지 않은 상태, 10점: 엄마와의 관계가 제일 좋은 상태)에 내담자는 3점이라고 답하였다. 이는 엄마의 행동을 '이해할 수 있을지도'라는 생각으로 바뀌었고, 상담을 받는다고 생각하니까 상담을 통해 엄마와의 불편한 관계가 달라질 수 있지 않을까 하는 기대가 생겼기 때문이라 하였다. [예외탐색]
• 구체적인 상담의 목표를 설정하기 위해 척도질문의 연장선에서 지금보다 1점 높아지기 위해 뭐가 조금 달라지면 좋을지 물었으며, 내담자는 엄마와의 관계가 달라지는 것이라고 하였다. 이는 구체적으로 엄마에게 상처를 입히는 줄 알면서 사용했던 말을 사용하지 않는 것과 과거 내담자의 모습처럼 엄마에게 내담자의 생각과 감정을 솔직하게 표현할 수 있게 되는 것, 특히 엄마를 걱정하고 배려하는 마음을 말로 표현하는 것이라 하였다.
• 이처럼 내담자가 원하는 모습은 과거 7년 전의 모습이었는데, 그때는 웃음도 많았고 장난도 잘 치고 다른 사람, 특히 엄마의 이야기를 잘 들어주었다고 하였다. 과거에는 어떻게 그렇게 할 수 있었는지를 물으며 내담자의 강점과 자원을 이끌어 내려 하였는데, 내담자는 엄마의 입장에서 이해하려

고 노력했었던 것 같다고 하였다.

• 같은 척도상에서 내담자의 목표점수는 8점인데, 8점이 달성되었다는
것은 엄마를 붙들고 속상한 얘기와 친구 욕도 같이 하고, 엄마에게 화내면서
이야기하지 않고, 엄마와 한 달에 한 번은 영화를 보러 가고, 일주일에 한 번
은 카페에서 엄마와 이야기하고, 내가 얘기할 때 엄마에게 긴장하는 모습이
보이지 않게 되는 것이라 하였다.

◎ 메시지

상담을 통해 변화하고자 하는 내담자의 동기와 의지가 높다는 것과, 사전
상담 이후 짧은 시간 동안 엄마와의 관계 개선에 대한 기대가 있음과, 그 기
대를 실현시키기 위해 노력하고 있다는 것을 알 수 있었다고 칭찬하였다.

슈퍼바이저 피드백

접수상담 이후 3일만에 만나는 상황이었지만, 상담자는 면담 전 변화의 질문을
활용하여 내담자의 변화에 대한 이야기를 이끌어 낼 수 있었음.

상담자는 내담자의 상담목표를 이끌어 내기 위해 척도질문을 적절히 사용하였
음. 내담자의 어려움에 대한 현재 상태에 대해 객관적인 관점을 갖게 하고, 이에
이르게 된 내담자의 변화에 대한 노력과 자원들을 발견하도록 하여 내담자의 힘을
격려할 수 있었음.

현재를 점검하게 하는 척도질문 이후에 바로 1점을 높이기 위한 행동을 묻는 질
문은 내담자의 전체 상담의 최종 목표를 말하게 할 수 있음. 1점을 올린다는 의미
는 내담자에게 전체 상담의 목표에 이르기 위한 현재의 작은 목표를 생각하도록
하는 질문임. 따라서 전체 상담을 마칠 때의 내담자의 목표점수를 먼저 생각하게
한 후, 현재에서 1점 높이는 질문을 했을 때, 내담자는 자신의 목표를 향한 작은
목표행동을 구체화할 수 있을 것임.

2회기(축어록 참조)

◎ **일시**: 2016년 ○월 ○일 (60분)

◎ **참석자**: 내담자

◎ **개입 방향**: 예외상황 탐색하기와 가계도 탐색

◎ **회기 내용**

• 지난 상담 이후 내담자의 긍정적 변화는 엄마랑 좋은 관계가 될 수 있을 것이라는 기대가 생겼고, 엄마도 예전처럼 밝게 웃으며 대화하는 내담자의 모습을 봤다고 얘기한 것이었다. 내담자가 말한 '예전'의 성공 경험을 강화하고 확대하기 위해 '예전'의 경험에 대해 물어봤는데, 내담자는 예전에 다른 사람들의 말을 잘 들어주고, 마음을 잘 읽어 주었으며, 엄마 마음을 아프게 하는 말을 일부러 하지 않았었다고 하였다.

• 가계도를 그리면서 세 명의 아버지와의 관계, 엄마 그리고 오빠와의 관계를 탐색하였다(가족 구성원 소개에 제시한 설명을 들음).

• 내담자에게 의사소통 기술을 증진시키기 위해 I-message 기법에 대해 교육하고 실제로 해 보도록 연습하였다.

◎ **메시지**

말하기 힘들었을 가족에 대한 이야기를 해 줘서 고맙고, 내담자와 내담자 가족이 가지고 있는 강인함과 엄마를 위로하고 이해하려는 모습에서 엄마를 사랑하고 있는 내담자를 칭찬하였다. 어머니와의 관계가 달라지기를 원하는 마음으로 진지하게 I-message 기법을 알아가는 모습을 볼 수 있었다고 칭찬하고, I-message 기법을 사용하는 것은 어렵다는 것을 다시 이야기하며, 어머니와의 관계에서 사용하도록 노력해 보는 것을 과제로 제안하였다.

3회기

◎ **일시**: 2016년 ○월 ○일 (60분)
◎ **참석자**: 내담자
◎ **개입 방향**: 긍정적 변화에 대한 강화와 확대

◎ **회기 내용**

• 지난 상담 이후 내담자의 긍정적 변화는 엄마와의 관계가 좋아졌으면 좋겠다는 바람이 계속된 것과, 엄마에게 이유 없이 화를 내지 않으려고 하고 만약 화가 나면 이게 화를 내야 하는 상황인가를 한 번 더 생각하려 한 것이 었다. 또한 I-message 기법을 사용해서 엄마와 대화하려고 노력했는데 엄마 가 조금 어색해하셔서 현재 받고 있는 상담내용에 대해서 말씀드렸고, 엄마 는 상담한 내용과 내담자의 달라진 모습을 이야기하며 예전의 딸과 얘기하 는 것 같다면서 눈물을 보이셨다고 하였다. 내담자는 어머니가 눈물을 흘린 이유를 내담자가 엄마와의 관계를 개선하기 위해서 노력하고 있다는 것이 고 마워서, 예전의 밝은 모습을 볼 수 있을 거라는 기대가 생겨서, 미안한 마음 이 들어서라고 생각하였다. 또한 상담실에서 어머니와의 관계가 좋아지길 바 라는 마음으로 상담을 받고 있는 내담자를 보면 어머니는 '고맙다, 사랑한다, 엄마도 노력하겠다, 미안했다.'고 말할 것이라고 이야기하였다. [관계성질문]

• 〈감정카드〉를 사용하여 내담자의 현재 감정과 미래의 지니고 싶은 감 정을 탐색하였는데 내담자의 현재의 감정은 '혼란'이었고, 앞으로 '희망'과 '사랑'을 갖기를 원하였다.

• 〈스토리카드〉에서 내담자는 잔디밭 혹은 벤치에 혼자 고민하며 앉아 있는 사람이 그려진 카드를 선택하고, 그림 속 주인공이 가족에게 아픈 행동 이나 말을 하여 가족들이 힘들어하는 상황 때문에 고민하는 모습이라고 카 드를 설명하였다. 나중에 이 주인공은 가족을 사랑하니까 예전에 가족들이 문제를 잘 해결하고 행복했을 때처럼(어릴 때 대천에서의 경험) 문제를 잘 해

결하고 잘 지낼 것 같다고 스토리를 이어 나갔다. 상담자는 내담자에게 내담자의 가족을 사랑하는 마음과 가족들이 어려움을 같이 경험했다는 점을 강점으로 보며 앞으로 변화될 가족의 모습이 기대된다고 이야기하고, 내담자 가족이 문제를 해결하는 모습에 긍정적 의미를 부여하였다.

• 내담자의 현재 목표 달성 점수가 6점이며, 그 근거는 엄마에게 화내는 일이 일주일에 다섯 번에서 세 번으로 줄어들었고, 엄마에게 비난하는 말을 하지 않으려고 두 번 생각하고 말하려 노력하고 있기 때문이라 하였다. 또한 생각을 하고도 그 말을 해야겠다는 생각이 들면 '이런 결과가 나타나서 속상하다, 혹은 엄마가 걱정된다.'라는 식으로 감정 혹은 생각을 표현하는 방법을 더 자주 사용하였기 때문이라 하였다. 내담자가 이렇게 했을 때 어머니는, 엄마도 엄마가 왜 그렇게 했는지를 내담자에게 설명해 주니 내담자가 오해하고 있는 부분이 있다는 것도 내담자와 엄마 모두 알게 되었다고 하였다.

◎ 메시지

상담에 적극적인 모습에 대해서 칭찬하고 엄마와의 긍정적 관계를 위해 노력하는 내담자의 모습을 칭찬하였다. 지난주에 배운 I-message 기법을 적극적으로 활용하는 것은 여러 번 사용한 사람도 정말 어려운 일인데, 처음 배우고 실천한다는 것은 그만큼 어머니와의 관계를 개선하기 원하는 내담자의 마음이라는 점을 인정해 주고 긍정적 의미를 부여해 주었다.

4회기

◎ **일시**: 2016년 ○월 ○일 (60분)
◎ **참석자**: 내담자
◎ **개입 방향**: 긍정적 변화에 대한 강화와 확대

◎ 회기 내용

• 지난 상담 이후 내담자의 긍정적 변화는, 엄마와 조금 더 편안해져서 장난도 먼저 치고, 엄마와 하루에 한두 번 전화하고, 일주일에 두 번 정도는 집에서 엄마와 같이 밥 먹고, 가끔 못된 말을 하긴 하지만 그래도 안 하려고 노력한 것이었다. 휴일이라 서울에서 내려온 오빠가 엄마와의 관계가 편안해진 것 같다고 얘기하였는데 [내담자와 엄마 사이의 변화를 강화하기 위한 오빠 관점의 관계성질문] 밥 먹는 동안 대화하면서 밥을 먹고, 여행 갈 준비하러 함께 쇼핑을 가며, 영화도 함께 보는 것을 오빠가 보았기 때문일 것이라 하였다.

• 특히, 지난주 동안 내담자 가족은 두 번째 아버지와 살았던 대천 바닷가로 여행을 다녀왔다. 어릴 때 살았던 그 바닷가에 대한 과거의 좋았던 기억이 퇴색될까 두려워서 한참 동안 가지 못했으나, 이번에 가족들과 여행계획을 세우면서 각자 자기가 가고 싶은 여행지가 모두 그 바닷가였음을 알게되어 여행을 갈 수 있었다고 하였다. 내담자는 기억 속에 너무나 아름다웠던 그곳이 그대로 남아 있었고, 가족 세 명을 치유해 주었던 아빠와 같이했던 그 장소도 변하지 않고 남아 있어 그 곳에서 함께했던 기억이 되살아나 너무나 행복한 경험을 하였다고 회고하였다. 다녀오고 나서 가족에게 달라진 점은 아빠랑 같이 살 때처럼 가족들이 행복한 모습으로 밝게 웃는 것을 봤는데, 처음 치유받았던 그곳에서 다시 치유받은 것 같다는 생각이 들었다 하였다. 또한 이제는 가족이 서로 위로하고 사랑하며 살 수 있을 것 같다는 생각이 들었다고 하였다. 이에 모든 가족이 그렇게 할 수 있었음을 칭찬하여 내담자의 긍정적 변화를 강화하고 인정하였다.

• 내담자의 현재 목표 달성 점수는 7점 정도이며, 그 근거로서 대천에 다녀온 것, 오빠도 엄마랑 내담자랑 관계가 좋아졌다고 한 점, 엄마랑 여행을 갔는데 편안했던 점, 엄마랑 쇼핑을 편안하게 한 것, 가족이 다 같이 영화를 보러 간 것 등을 들었다. 이에 따라 종결을 위한 준비를 제안하였고, 내담자는 두 번 정도만 더 상담을 진행하기를 희망하였다.

◎ 메시지

　내담자가 어머니와의 관계를 개선하는 것뿐만 아니라 가족이 서로 위로하고 사랑하기 위해 노력하고 있는 모습에 감동받았다고 칭찬하였다. 또한 가족의 아픔이 있는 곳에 다시 찾아가는 용기를 가진 가족이고, 그럴 수 있었던 힘은 가족이 함께였기 때문에 가능했을 것이라고 의미를 부여하였다.

슈퍼바이저 피드백

　상담자의 구체적인 목표 설정과 이에 따른 예외탐색과 확대, 강화로 인해 내담자에게 빠른 긍정적인 변화가 보이고 있음. 예외가 발견되어 확대, 강화하는 작업에서는, 특히 예외상황에 존재한 사람들 간의 상호작용에 초점을 맞추어, 예외의 상황이 우연히 발생한 것이 아니라, 내담자의 긍정적인 행동들도 영향을 주었다는 체계론적 상호작용을 강조하는 것이 내담자의 힘을 지지할 수 있는 방법임. 예로서, 내담자는 이전 살던 곳에 내담자 가족이 다녀와서 '치유받은 그 곳에서 다시 치유받은' 느낌을 받았다고 하였는데, 가족이 두 번째 아빠에게서 일방적으로 치유만 받은 것이 아니라, 그로 인해 가족들 간에 서로 어떻게 치유적인 행동을 주고받았는지를 탐색하여 내담자 가족이 두 번째 아빠의 치유 수혜자로서만이 아닌 서로에게 자원이 되는 역할을 하는 사람들이라는 인식을 갖게 할 수 있었음.

　또한 상담자는 내담자의 변화를 인정함과 동시에 종결을 제안하고 있는데, 종결을 제안할 때에는 첫 회기에 내담자의 목표점수가 8점이라는 것을 근거로 제안하는 것이 좋음. 그러나 이렇게 빠른 변화에서는 내담자에게 변화가 너무 빠르다고 알리고 이 변화를 유지하는 것을 경험하고 확인한 다음에 종결을 제안하는 것이 변화를 더 다지면서 가는 방법임.

5회기

◎ **일시:** 2016년 ○월 ○일 (60분)

◎ **참석자:** 내담자

◎ **개입 방향:** 긍정적 변화에 대한 강화와 확대

◎ 회기 내용

• 지난 상담 이후 긍정적 변화는 I-message 기법을 통해 엄마와 대화를
하면서 비난하듯 말하는 것과 버릇없는 말투를 덜 사용하였으며, 집에 들어
가기 전에 엄마에게 전화해서 집에 필요한 것을 확인하거나 혹은 먹고 싶은
것이 없냐고 물어보고, 남자 친구랑 갔던 예쁜 카페에 엄마랑 다녀온 것이었
다. 또한 오빠의 경우, 주중에 내담자와 엄마에게 안부전화를 했고, 주말에
시간을 내서 집에 와서 가족들과 시간을 보내고 갔으며, 여름에 휴가를 같이
가자고 제안하는 등 가족들의 관계가 예전처럼 회복이 되어 가고 있는 것 같
음을 이야기하였다.

• 이러한 가족 관계의 변화에 대한 척도질문에 대해 내담자는, 과거에는
1점이었으나 현재 6점 정도가 되었지만 8점 정도까지 올라가기를 희망하였
다. 중간점수인 5점보다는 현재 가족 관계가 더 좋으나, 행운의 7을 선택하
기에는 노력이 더 필요한 것 같아서라고 6점의 근거를 말하였다. 오빠가 엄
마를 대하는 태도와 행동이 변하니까 엄마도 변하려고 노력하는 모습을 볼
수 있는 것도 6점의 근거가 되었다. 또한 8점의 모습은 엄마에게 비난하는
말을 사용하지 않기, 얼마 전에 생긴 남자 친구에 대한 얘기를 편안하게 하
기, 엄마에게 아빠가 보고 싶다고 얘기하기, 엄마 무릎을 베고 눕기, 일주일
에 세 번 정도 저녁 식사를 같이할 수 있는 것을 들었다.

• 엄마가 내담자의 상담을 받으면서 달라진 모습과 편안해진 관계에 대해
기뻐하며 상담자를 만나면 좋겠다고 하여, 다음 주 상담에 엄마와 함께 만나
기로 하였다.

◎ 메시지

가족(엄마, 내담자, 오빠)이 노력하는 모습에 대해 칭찬하였다. 관계의 변화
는 한 곳에서 시작될 수 있지만 서로의 노력이 없으면 절대 이루어질 수 없
고, 그것을 유지하기 위해서는 노력이 필요함을 이야기해 주었다. 마치 습관
고치기가 어려운 것처럼, 내담자가 생각하는 것처럼 더 빨리 좋아지지 않을

수도 혹은 나빠질 수도 있지만 지치지 않고 노력하는 것이 더 중요한 것이라고 이야기해 주었다.

슈퍼바이저 피드백

　메시지는 해결중심상담에서 또 다른 치료의 장임. 상담에서 발견된 내담자의 강점과 성공 경험을 임팩트 있게 전달하고 강화할 수 있음. 또한 내담자가 다음 회기까지 목표를 향해 노력할 수 있는 과제를 제시함.

　그러나 상담자는 칭찬과 긍정적 의미 부여를 통해 내담자의 자원과 동기를 강화하였으나 과제를 제시하지는 않았음. 이 전 회기에서도 제시하지 않았음. 내담자에게 동기를 부여함으로써 자발적인 변화를 기대할 수도 있으나, 회기 중에 나타난 내담자에게 도움이 되는 과제를 구체화하여 제시하는 것도 내담자의 목표 집중적인 행동의 변화를 도모할 수 있을 것임.

6회기

◎ **일시:** 2016년 ○월 ○일 (60분)
◎ **참석자:** 내담자, 엄마
◎ **개입 방향:** 긍정적 변화에 대한 강화와 확대

◎ **회기 내용**

• 지난 상담 이후 긍정적 변화는 엄마, 오빠랑 전화하는 횟수와 통화 시간이 증가하였으며, 엄마에게 비난하는 말이나 일부러 기분 상하게 하는 말을 전혀 사용하지 않았던 것이었다. 최근 엄마의 건강이 좋지 않아 병원에 내원했었는데, 엄마의 건강을 걱정하는 내담자 자신의 모습이나 남자 친구와 주변 친구들에게 엄마와 오빠와 있었던 일을 많이 얘기하게 된 것도 변화된 모습이라고 하였다.

• 내담자의 어머니가 본 내담자의 상담 이후 변화된 모습은 첫째, 내담자가 따뜻한 말과 걱정하는 말을 많이 하고, I-message 기법을 사용하며, 화가

나면 화가 난 상황을 생각해 보거나 어떻게 해결할지에 대해 생각하는 모습을 보였고, 웃으면서 이야기하는 것이었다. 둘째, 내담자가 엄마에 대해 진심 어린 걱정을 하고 있다고 느낀 것과 감사하다고 표현하는 것, 엄마와 함께 많은 시간을 가지려는 모습이었다고 하였다. 또한, 내담자를 통해 내담자의 상처, 딸에게 이해받고 싶어 하는 자신의 모습, 딸을 원망하는 자신의 모습도 보게 되어 딸의 아픔과 자신을 진심으로 이해하게 되었으며, 가족이 달라질 수 있을 것이라는 확신을 얻게 되었다고 하였다.

- 어머니에게 현재 내담자와의 관계를 어느 정도 만족하는지에 대한 척도 질문(1점: 만족하지 않는다, 10점: 가장 만족한다)을 하자 상담받기 전은 1점, 요즘은 7점 정도인데, 점수 변화의 근거는 딸아이가 노력을 해서라고 답하였다. 구체적으로 딸이 상담을 받으려고 했다는 것인데, 그 의미는 딸이 엄마와의 관계가 달라지기를 원함을 알 수 있었다는 것이었다. 그래서 딸이 말을 함부로 안 하는 것, 옛날처럼 얘기도 많이 하는 것, 어리광도 부리는 것 등을 원하며, 마음이 편안해지고 많이 웃으며 솔직하게 표현할 줄 아는 모습이었으면 좋겠다는 희망을 나타냈다.

- 현재 7점에서 1점이 올라가는 것에 대해 딸이 달라질 것은 없고, 앞으로 자신이 딸에게 그동안 미안했고 고마웠다고 얘기하며 살아가는 것이라고 이야기하였다. 그래서 딸에게 미안하고 고마웠다는 말을 행동으로 표현하게 하였고, 어머니는 내담자를 안아 주면서 "감사하고 미안하다. 앞으로 미안하다는 말보다 감사하다는 말을 더 많이 할 수 있도록 살아가자."고 말하였다.

- 상담에서 느낀 점, 즉 서로 사랑하고 걱정하는 마음을 행동으로 표현하는 것이 중요하다는 것을 서로 나누었으며, 서로에게 더 바라는 것 혹은 서로에게 해 주고 싶은 소중한 말로서 엄마가 내담자에게 먼저 사랑한다고 말을 하였으며, 내담자 역시 엄마에게 미안하고 사랑한다는 말을 하였다.

◎ 메시지

상담이 진행되는 동안 두 분의 모습을 보면서 서로를 너무나 아껴 주고 걱정해 주는 모습, 그리고 좋은 관계로 변화하려는 모습을 볼 수 있었음을 칭찬하였다. 서로가 의지하고 위로하는 모습을 보면서 감동이 되었다는 말을 전하고, 미안하다는 말보다는 감사함을 지금보다 더 표현할 수 있는 가족이 될 것이라고 확신한다고 말하였다.

슈퍼바이저 피드백

내담자와 내담자의 어머니가 함께하는 회기였는데, 상담자는 어머니에게 상담 기간 동안 내담자의 변화에 대해 구체적으로 질문함으로써, 어머니의 대답을 옆에 앉은 내담자가 들으며 자신의 변화에 대한 노력에 대해 어머니로부터 간접적인 칭찬을 받는 계기를 마련하였음. 따라서 내담자의 변화와 유지에 대한 동기를 높일 수 있는 회기가 되었음.

7회기(종결)

◎ **일시**: 2016년 ○월 ○일 (60분)
◎ **참석자**: 내담자
◎ **개입 방향**: 변화와 성장 확인, 변화 유지 방법 탐색

◎ **회기 내용**
• 지난 상담 이후 긍정적 변화는 엄마한테 자신의 생각을 솔직하게 표현할 수 있게 되었으며, 엄마를 걱정하는 말이나 배려에 대해서 따뜻하게 표현할 수 있게 되었고, 가족 세 명(엄마, 오빠, 나)의 상처에 대해서 인정하게 되었으며, 예전에 내담자가 꿈꿔 왔던 잘 웃고 평범한 여대생 같은 모습으로 학교생활도 즐겁게 할 수 있겠다는 자신감이 생긴 것이라 하였다.
• 상담 중에서 기억할 만하고 중요했던 일은 가족 모두에게 두려웠지만 용기를 내서 많은 추억이 남아 있는 대천 앞바다를 찾아가 보냈던 시간, 대천 앞바다에서 자라는 동안 행복했던 어린 시절의 모습을 다시 찾게 된 것,

따로따로라는 느낌이 들었던 가족이 이제는 '같이, 함께'라는 생각이 들게 된 점이라 하였다. 이런 기적과 같은 변화가 일어날 수 있었던 이유는 서로에게 표현하지는 않았지만 사랑하는 마음을 마음 깊이 간직하고 있었기 때문이며, 가족이 다시 회복될 수 있었던 것은 두 번째 아버지에게 받았던 사랑과 치유 때문인 것 같아서 두 번째 아버지에게 감사함을 느꼈다고 하였다. [변화를 이룬 내담자의 강점과 자원의 강화]

• 내담자의 목표 달성 점수는 9점 정도인데, 그 근거는 엄마에게 나쁜 말(엄마 마음 상하게 하는 말, 엄마 비난하는 말)을 안 하는 것, 엄마와 영화나 카페 · 쇼핑을 같이 다니고, 엄마한테 속상했던 얘기하기, 남자 친구 얘기하기, 남자 친구를 엄마한테 소개시켜 드린 것, 엄마랑 오빠랑 통화 자주 하기, 오빠가 집에 자주 오는 것, 가족이 대천에 다녀온 것, 이번 여름휴가를 가족이 같이 계획 중인 것 등이라 하였다. 목표 달성은 내담자와 엄마, 그리고 오빠의 노력이 다 모여서 이루어진 결과라고 내담자는 생각하였다. 엄마와의 관계가 예전처럼 회복된 것 같고 오빠와 엄마와의 관계도 회복되고 있는 것 같으며, 예전에 대천 앞바다에 살 때 느꼈던 그 편안함을 느끼고 있는 것 같기 때문이라 하였다. [목표 달성을 이룬 내담자와 내담자 가족의 강점과 자원 강화]

• 나에게 쓰는 메시지(아름다운 가족으로의 변화!!)를 끝으로 상담을 마쳤다.

• 상담과정에 대한 전반적인 내용을 정리하고, 변화과정 중에 올 수 있는 어려움은 자연스러운 것임을 알려 주었다.

◎ 메시지

내담자와 어머니 그리고 오빠까지 가족이 하나의 목적을 가지고 노력하는 마음이 있으니 내담자가 원하는 대로 꼭 '아름다운 가족'으로 변화될 거라고 생각한다는 메시지를 전달하였다.

축어록(2회기)	슈퍼바이저 피드백
상1: 지난 일주일 동안 어떻게 지내셨어요? 뭐가 조금 좋아지셨나요?	<상1> EARS의 '이끌어 내기'가 잘 질문되어지고 있음.
내1: 상담하고 나서 엄마랑 관계가 좋아질 수 있겠다는 기대를 가지고 일주일을 지낼 수 있었어요.	
상2: 기대하는 마음이라…. 왠지 엄마랑 관계가 좋아지길 원하는 써니 친구의 마음이 느껴지는데요? 엄마도 그 마음을 느끼셨을 거 같은데요?	<상2> 내담자의 주요 단어에서 '바꾸어 말하기'가 잘 되었음. 엄마의 관점을 묻는 관계성질문을 통해 내담자의 변화를 강화할 수 있었음.
내2: 음…. 그런 거 같아요. 엄마가 학교에서 뭐 좋은 일 있었냐고…. 예전처럼 밝게 웃으며 얘기하는 모습 간만에 본 거 같다고 그러셨어요.	
상3: 아…. 그렇군요. 어떻게 그렇게 할 수 있었어요?	<상3> 내담자의 긍정적 변화를 강화하기 위해 내담자 자신의 자원을 생각할 수 있도록 하는 대처질문이 적절하게 제시됨.
내3: 음…. 지난번에 상담하고 나서 많이 생각했어요. 엄마랑 예전처럼 지낼 수 있으면 좋겠다고….	
상4: 예전처럼? 예전처럼 지낼 수 있다는 것은 어떤 의미인가요?	<상4~내5> 내담자의 이전의 성공 경험을 의미하는 '예전처럼'의 단어를 놓치지 않고 바로 짚어서 질문하여 예외를 강화, 확대할 수 있었음.
내4: 그러니까…. 예전에는 제가 엄마랑 아빠, 친구들, 다른 사람들 말을 잘 들어 주고…. 마음을 잘 읽어 준다는 말을 많이 들었어요…. 한 3년 전부터 제 마음이 아프기 시작하면서 엄마 얘기는 들을 수가 없었어요. 엄마한테 화도 많이 내고 못된 말도 많이 하고. 이런 말 하면 엄마 마음이 아프겠다는 말만 일부러 골라 하는 것처럼 퍼부은 적도 너무 많았어요. 예전엔 그러지 않았는데….	그러나 발견한 예외에 좀 더 머무르지 못함이 아쉬움. 예외에 대해 언제, 어디서, 누가, 무엇을, 어떻게의 내용을 탐색하려고 시도하여 내담자의 기억을 구체화(이미지화)하고, 현재로의 활용과 적용이 가능하도록 도와야 함.
상5: 엄마 마음도 잘 알아주는 딸인 것 같은데?	
내5: 아니에요. 엄마가 제 말에 상처 받은 줄 알지만 미안하다는 표현은 하지 않았어요.	<상6~내8> 예전의 성공 경험에서 최근의 성공 경험으로 예외를 탐색하는 상담자의 끈기가 돋보였음.
상6: 최근 엄마와 관계가 좋았을 때도 있었을 텐데, 그때는 뭐가 좀 달랐나요?	
내6: 음…. (잠시 생각한 후) 서로에게 힘들었던 얘기나 좋았던 얘기를 하면 그냥 서로 들어 줄 때, 서로 인정해 줄 때 부딪히지 않았던 거 같아요.	

상7: 아…. 서로의 감정을 그대로 인정해 줄 때 부딪히지 않았다는 건가요? (끄덕끄덕) 서로의 감정을 있는 그대로 인정해 준다는 건 정말 어렵지만 관계를 유지하고 그 관계를 회복시키는 데 도움을 줄 수 있는 거 같아요…. 또 어떤 것이 있을까요?

내7: 음…. 엄마가 저한테 미안하다는 말하지 않을 때? 그리고 즐거웠던 일에 대해 이야기할 때?

상8: 엄마가 써니 친구한테 미안하다는 말을 하지 않을 때요?

내8: 그냥…. 제가 웃음도 잃고 예전의 따뜻했던 딸이 아니라 마음이 아프신 거 같아요…. 제가 그렇게 된 게 엄마 잘못이라고…. 그렇게 생각하는 거 같아요…. 근데, 엄마가 저한테 미안하다고 하는 말을 들으면 제가 받았던 상처들이 다 다시 생각나요.

상9: 써니 친구의 얘기를 들으니 예전의 웃음이 많고 따뜻했던 써니 친구의 모습을 다시 보고 싶은 엄마의 마음이 느껴지는 것 같아요. 엄마가 딸을 생각하는 모습? 이런 모습이 그려지는 거 같아요. 만약, 엄마가 써니 친구의 이야기를 이곳에 계셔서 듣고 계시다면 뭐라고 말씀하실 거 같으세요?

내9: (잠시 생각하더니 눈물을 글썽이며) 사랑한다고…. 사랑하는데 아프게 해서 미안하다고 그러실 거 같아요. 엄마가 저한테 정말 미안한 마음이 있다는 거 아는데…. 이제는 그 마음을 표현하지 않아도 제가 아는데…. 엄마는 아직도 미안하다는 말을 계속하고…. 엄마가 얼마나 힘든지…. 엄마가 얼마나 상처가 많은 사람인지 알고 있는데 '엄마가 우리를 지키기 위해 그럴 수밖에 없었겠다.'라는 생각을 하면 미안하고 우울해지고 그게 반복적으로 나타나는 것 같아요.

상10: 가끔 우리는 '이런 이야기를 해야겠다.'라고 마음으로 다짐하고도 그 말을 말로 전달하지 못하는 것 같아요. 특히, 미안한 마음을 말로 전한다는 것은 용

그러나 이번에도 발견한 예외에 대한 구체적인 강화작업이 지속되지 못한 아쉬움이 있음.

<상9> 관계성질문을 통해 내담자에게 엄마의 마음을 인식할 수 있게 하며, 내담자의 변화에 대한 강화를 할 수 있게 적절히 질문됨.

<내9~내12> 관계성질문의 확대가 잘 이루어지고 있음. 상대방의 관점 인식, 내담자의 행동 변화, 이에 대한 상대의 변화 등을 구체적으로 생각하게 하여, 변화의 방향과 방법을 구체화하는 데 도움을 주고 있음.

기와 결단이 필요하구요….

내10: 네…. 엄마한테 미안하고 엄마 아프게 한 것에 대해 말하고 싶은데 자꾸 다르게 표현하고 있어요. 제가 왜 이렇게 화를 내는지도 때론 모르겠어요. 어떻게 제 마음을 전해야 할지도….

상11: 엄마가 앞에 계시다고 생각하고 한번 해 볼 수 있을 까요?

내11: (망설이더니) 엄마, 미안해. 내 마음이 아파서 엄마 마음도 많이 아프지? 이제 조금씩 회복되고 있으니 까 너무 걱정하지 말고…. 엄마랑 오빠랑 그리고 나 그렇게 행복하게 살아갔으면 좋겠어. 서로를 의지 하면서 그렇게 살아갔으면 좋겠어.

상12: 엄마가 이렇게 표현하는 말을 들으시면 엄마는 뭐라 고 하실까요?

내12: 고맙다고…. 잘 이겨내 줘서 고맙다고…. 그러실 거 같아요.

상13: 써니 친구의 엄마는 어려웠던 일을 잘 극복해 내고 있다는 걸 고맙게 생각하고 계시는군요. 전 써니 친 구의 이야기를 들으면서 '엄마는 우리를 지키기 위 해서 그럴 수밖에 없었겠다.'라는 말 속에 친구의 엄 마는 참 강한 분이라는 인상을 받았어요. 누군가를 지킨다는 것은 정말 어려운 일이잖아요.

내13: 음…. 이런 얘기까지 할 줄 몰랐는데….

상14: 이런 얘기라니요? 저한테 하고 싶은 이야기가 있나 보군요. 아주 힘든 이야기일 것 같은데…. '할지말지 혹은 하면 후회될 것 같다.'라는 고민이 필요한 이야 기라면 잠시 고민해 보고 결정해도 괜찮아요.

내14: (잠시 고민하더니) 아니요. 얘기해야 될 거 같아요.

상15: 그럼 편안하게 얘기하도록 해요.

내15: 음…. 저희 가족 이야기예요. 엄마, 아빠 그리고 제 이야기….

<상13> 내담자의 말 속에 있는 의미를 잘 짚어 주고 있음. 특 히, 내담자의 말을 직접적으로 인용하여 상담자가 내담자의 말을 잘 듣고 있음을 내담자에 게 알릴 수 있음.

- 중략 -

◎ 세 명의 아버지에 대한 이야기

1995년 첫 번째 아버지의 폭력으로 인해 어머니의 손에 이끌려 대천으로 피신하게 된 사연과, 두 번째 아버지를 만나 첫 번째 아버지에게 받았던 상처를 치유받았던 아버지에 대해 그리고 '너무나 꿈같은 시간이었다.'고 표현하는 대천에서 사랑받으며 사랑하며 보낸 시간에 대한 이야기를 나누었다. 그 후 2002년 영원할 것 같았던 시간이 아버지가 교통사고로 돌아가시게 되시면서 외가가 있는 서울로 이사한 후, 어머니는 내담자가 중2 때쯤 세 번째 아빠와 결혼하셨다가 아버지의 지속적인 사업 실패가 원인이 되어 갈등의 시간을 보낸 후 대학교 1학년 때 헤어지셨다고 한다.

내30: 제가 고3일 때 싸움은 최고조에 이르렀던 것 같아요. 남들은 고3이라고 자녀들 눈치를 보는데, 우리 집은 고3인 저는 완전 없는 사람 취급하고 제가 그 자리에서 듣고 있는 말든 그 전보다 더하면 더했지…. 제가 전공을 늦게 시작해서 학원에서 늦게까지 연습하고 들어오면 쓰러져 쉬고 싶었는데 집이라는 곳은 매일매일이 전쟁터고, 싸우고, 깨지고, 던지고…. 고3 때가 최악이었던 거 같아요. 엄마는 학원 갔다가 지쳐 쓰러질 것 같은 저를 붙들고 아빠와 싸운 얘기를 하고, 나도 죽을 거 같은데…. 그 상황에 대해 하나하나 시시콜콜 얘기하고, 계속해서 아빠에 대한 부정적인 감정을 쏟아붓고, 새벽까지 붙들고 얘기하고 제가 지쳐갈 때면 엄마는 아빠랑 헤어지겠다고 다짐하며 제 방문을 닫고 나가고, 그 다음날 학원 갔다 오면 언제 그랬냐는 듯 다시 두 사람이 웃으며 얘기하고 있고…. 정말 혼란스러웠어요.

상31: 고3이라는 상황도 힘든데 부모님의 갈등으로 인해 일어나는 반복되는 상황까지…. 써니 학생이 감당하기에는 정말 힘들고 혼란스러운 시간들이었겠네요.

내31: 네. 엄마가 아빠랑 관계가 안 좋을 때는 부정적인 감정들을 쏟아 내놓고, 관계가 좋을 때는 긍정적인 감정을 쏟아 내놓고, 마치 제가 엄마의 감정쓰레기통인거처럼 엄마는 그렇게 저를 사용하셨어요.

상32: 감정쓰레기통요?

내32: 전 엄마가 감정을 쏟아 내면 그것을 아무런 생각 없이 받아 처리해야 하는 그런 쓰레기통인 것 같았어요. 엄마가 엄마한테 쓸모없다고 생각하는 것을 버리면 그대로 받아서 처리해야 하는 그런 쓰레기통요.

상33: 엄마가 써니 학생이 이런 것 때문에 힘들어한다는 것 알고 계시나요? 혹은 이런 일 때문에 힘들다고 얘기한 적이 있었나요?

내33: 3년 전쯤 처음으로 엄마랑 병원에 갔을 때 의사선생님이 제가 힘들어하고 있다고 엄마한테 얘기했던 걸로 알고 있어요.

상34: 써니 학생이 엄마한테 직접 그런 이야기를 한 적은 없었나요?

내34: 엄마한테 직접적으로 이야기한 적은 없지만, 엄마한테…. 화를 내면서 비난하듯 이야기한 적 있어요. 엄마 때문에 나도 아팠으니까 엄마도 내가 이렇게 하는 걸 이해해 줘야 한다고 화를 내기도 했어요.

상35: 음…. '엄마 때문에 나도 아팠으니까'라고 했는데 어떤 의미인지 얘기해 줄 수 있어요?

내35: 사실 엄마 때문이라기보다는 엄마 아빠가 싸우는 모습 속에서 저라는 사람의 존재가 완전히 없어져 버리는 것 같았거든요. 그래서, 저도 감정이 있는 사람이고, 저라는 사람도 살아 숨 쉬고 있는 사람이고, 아프고 상처받는 사람이라는 것을 얘기하고 싶었어요.

상36: "엄마, 저도 너무 힘들어서 지금은 엄마 아빠의 이야기를 더 이상 들을 수가 없어요. 그리고 저도 너무 아프고, 너무 상처받았어요."라는 말을 엄마한테 말하

<상32> 내담자의 말 속에서 중요 단어를 상담자가 반복하여 언급함으로써, 내담자가 그에 대한 구체적인 설명을 할 수 있도록 하였음.

<상35> 내담자의 말을 구체화하는 데 도움이 되는 질문임.

<상36> 내담자의 마음을 간단하게 요약하여 피드백해 줌으로써 내담자가 자신이 실제로

고 싶었던 건가요? 엄마가 써니 친구의 아픔을 알아 주기 바라는 마음이었다는 것 같은데….

내36: 네…. 엄마는 엄마 상황만 가장 힘들다고 생각하고 엄마와 아빠의 매일매일 계속되는 싸움 때문에 제가 얼마나 아파하는지 생각도 못한 것 같아요. 누군가 저를 이해해 주고 위로해 주길 원했는데. 제가 고3 때 오빠는 서울에서 학교에 다니고 있었고, 엄마는 아무리 힘든 일이 있어도 오빠한테만큼은 절대로 얘기하지 않았었어요. 오빠는 엄마랑 아빠가 그렇게까지 싸우는 줄 꿈에도 모르고 있었을 거예요. 그런데 오빠가 집에 온 날 엄마랑 아빠가 싸우는 것을 보고 자살하겠다고 약을 먹고 병원에 실려 가 응급실에 있을 때 제가 오빠한테 "오빠는 하루도 못 견디냐? 난 매일매일을 이렇게 살아가는데…."라는 말을 하며 오빠랑 한참 울었었어요. 아무도 제 상황을 모르고 있었어요.

상37: 그 상황들을…. 고3이면 열 아홉 살인데, 너무나 어린 나이이고 혼자 감당하기에는 힘들었을 텐데 어떻게 그렇게 감당할 수 있었어요?

내37: 엄마랑 아빠가 많이 싸웠지만, 전 엄마도 아빠도 다 사랑했어요. 지금도 두 번째 아빠가 너무나 많이 보고 싶고, 세 번째 아빠도 많이 보고 싶어요. 이 세상에 안 계시고 이혼하셨다 할지라도 저한테는 아빠고 절 너무나 사랑해 주셨던 분들이니까, 그리고 우리 엄마니까….엄마가 저희를 보호하기 위해서 첫 번째 아빠랑 그렇게 헤어지신 거라는 것도 알고 있으니까요. 엄마가 그때 저희가 맞는 것을 보고 있었다면 아마 저희는 그 상처가 더 크게 오래도록 지속됐을지도 모르겠어요.

상38: 써니 친구는 아빠에게 받은 충분한 사랑으로, 그리고 엄마가 가족을 지키기 위해서 노력했던 것을 알고 있군요.

원하고 바라는 것이 구체적으로 무엇인지 알 수 있게 paraphrazing이 잘 되었음.

<상37> 내담자가 자신의 어려움을 상담자가 잘 알고 있다는 느낌을 받았을 것임. 대처질문을 통해 내담자가 어려운 상황을 이겨 낼 수 있었던 개인의 자원을 생각해 보고 얘기하도록 이끌 수 있음.

<상38> 내담자의 답을 내담자와 내담자 가족의 자원으로 요약해서 잘 정리해 주었음.

내38: 네…. 알고 있지만…. 같은 여자로 보면 엄마도 불쌍한 사람인데…. 엄마를 위로해 주지도 못하구요. 그래서 엄마한테 너무 미안하기도 하고…. 엄마가 제 말 때문에 상처 받는 것도 아는데…. 잘해 드리고 싶었어요.

상39: 엄마한테 잘해 드리고 싶다…. 엄마한테 잘해 드리고 싶다는 그 마음을 전할 수 있는 방법을 이제 사용하기 위해서는 I-message라는 것을 알면 도움이 될 거 같아요. 혹시 I-message라는 것을 들어봤어요?

내39: 아니요.

– 중략 –

I-message 기법에 대해서 설명하고 연습

상49: 오늘 상담시간에 많은 이야기를 나누었네요. 일주일도 잘 지내고 다음 주 상담시간에 보도록 해요.

내49: 오늘 감사했어요.

상46: 이번 주에 집에 가면 엄마에게 I-message를 사용해서 써니 친구의 마음을 표현해 보는 데 최선의 노력을 다하겠다가 10점, 노력하지 않겠다가 1점으로 할 때에 문제해결을 위해 몇 점쯤 노력할 수 있을까요?

내46: 음…. 6점이요…. 제가 할 수 있겠죠?

상47: 6점이요? 6점이라는 점수가 낮은 점수는 아니지만 연습하던 모습을 보면 친구의 의지가 있다는 것을 알 수 있었어요. 분명 할 수 있을 거 같아요.

내47: 해 볼 거예요…. 엄마랑 예전처럼 웃으면서 얘기하고 싶어요.

상48: 네…. 잘할 수 있을 거라고 믿어요. 우리가 연습한 대로 그대로 해 보면 될 거예요. 상담을 마무리하면서 써니 친구에게 드리고 싶은 메시지를 드릴게요….

내48: 네….

<상39~내47> 의사소통 기술이 필요한 경우, 상담자들이 I-message 기법을 교육하고 연습하도록 하는 경우를 많이 봄. 그러나 내담자가 엄마나 혹은 다른 사람에게 자신의 의견을 성공적으로 잘 전달했던 예외를 먼저 탐색하여, 이에 대한 활용을 경험해 본 후에 교육을 했어도 좋았을 것 같음.

◎ 메시지 및 과제

오늘 상담에서 써니 친구가 가족에 대한 이야기를 해 줘서 너무 고마워요. 친구가 가족에 대한 이야기를 하는 동안 많이 힘들었을 텐데 지난 시간들의 기억들을 차분하게 이야기하는 모습 속에서 강인함이 느껴졌어요. 그리고 늦게 시작한 전공, 제일 중요했던 고3 시기에 가족 문제로 힘들었음에도 불구하고 포기하지 않고 끝까지 친구의 꿈을 실현했다는 것도 저는 친구의 강인함에서 나온 것이라고 생각해요. 또한, 엄마의 힘든 상황을 들으면서 고3이면 어린 나이인데도 불구하고 엄마를 위로하고 이해하려는 모습 속에서 엄마를 너무나 사랑하고 있는 모습도 느낄 수 있었어요. 그런 마음으로 아마도 써니 친구는 엄마한테 마음을 표현할 수 있는 I-message 방법을 알아가는 과정에서 보여 준 진지함에서 그 마음을 알 수 있었구요. 써니 친구의 엄마와의 관계는 예전에 웃음과 따뜻함이 있는 모습으로 변화할 거라고 전 믿어요. 써니 학생이 믿고 있는 것처럼…. 과제는 오늘 연습한 I-message로 써니 학생의 마음을 엄마에게 표현해 보는 것을 경험하는 것으로 해요.

상49: 오늘 상담시간에 많은 이야기를 나누었네요. 일주일도 잘 지내고 다음 주 상담시간에 보도록 해요.
내49: 오늘 감사했어요.

<메시지> 내담자에 대한 칭찬이 내담자와의 상담내용에 근거를 두고 한 칭찬이어서 매우 적절하였음. 과제가 행동과제로 나갔음. <2회기>인데 너무 빠른 과제인 것으로 보임. 따라서 I-message 기법뿐 아니라, 내담자가 효과적이었던 엄마와의 대화를 생각해 오라는 열린 과제를 제시하면, <3회기>에 실제 실천이 안되더라도 내담자의 부담을 줄일 수 있음.

3. 슈퍼비전을 위한 질문과 응답

1) 슈퍼바이지가 슈퍼바이저에게

(1) 보통은 정신과치료를 받고 있는 내담자의 경우에는 이중적인 상담으로 진행될 수 있어 상담을 받지 않고 있는데, 과연 이 내담자의 경우 상담을 진행하지 않는 것이 옳은지, 아니면 상담을 진행하는 것이 맞는지 잠시 고민한 사례였습니다. 어떤 기준으로 판단하는 것이 좋을지요?

☞ 내담자가 본인에게 도움이 되는 방법을 선택하게 하는 것이 가장 좋은 방법이라고 생각됩니다. 정신과의 상담은 해결중심상담과 달리 문제중심적 관점으로 진행되는 경우가 많아 내담자에게 두 가지 관점이 동시에 전달되면 내담자가 혼란스러움을 느낄 수 있을 것이라는 우려가 생기게 되는데, 이런 경우 내담자에게 도움이 되는 상담을 선택하도록 권유할 수 있습니다. 그러나 어떤 내담자의 경우, 원인의 탐색과 미래지향적인 해결책 탐색 모두가 다 도움이 된다고 말하는 경우도 있어서 그런 내담자는 두 상담을 동시에 받기를 희망하기도 합니다. 따라서 우리가 임의로 판단하는 것보다 내담자가 판단하도록 하는 것이 좋습니다.

(2) 내담자 자신이 자신의 문제가 무엇인지 그리고 그 문제를 어떻게 해결해야 하는지 등에 대하여 너무나 잘 아는 경우, 구체적으로 행동으로 옮기는 방법, 예를 들면 I-message와 같은 방법을 알지 못했기 때문은 아닌가 하는 생각이 들어 상담이 너무 교육적이 면으로 흐른 것은 아닌가 하는 생각이 들었습니다. 이런 내담자에게 보다 효과적으로 개입할 수 있으려면 어떻게 해야 할까요?

☞ 해결중심상담에서도 내담자에게 도움이 된다고 판단된다면 전략적으로 교육이라는 방법을 사용하는데, 상담회기 안에서도 사용하고 메시지를 전달할 때도 사용합니다. 그렇기 때문에 의사소통 방법의 전달에 있어서도 교육이 가능합니다. 그러나 교육적인 전달에 앞서 내담자의 삶 속에서 이전의 의사소통 성공 경험을 물어보고, 그 경험을 구체화시켜 현재에 적용해 보는 것이 더 좋은 방법입니다. 왜냐하면 교육과 같이 내담자에게 좋은 방법을 가르쳐 줄 때의 장점은 내담자가 그 방법을 잘 따라서 할 때입니다. 그러나 만약 가르쳐 준 방법을 성공적으로 사용하지 못하면 이를 실패의 경험으로 인식할 수 있으므로, 그것이 최선의 방법이라고 제시하기보다는 많은 방법 중 하나라고 제시하는 것이 좋습니다.

(3) 내담자의 변화가 빠르게 일어나고 있고 상담에 적극적인 모습을 보이고 있어서 상담이 처음에 예상했던 것보다 일찍 종결되었는데, 상담의 종결을 앞두고 더 중점을 두어 다루어야 할 내용은 무엇이었을까요?

☞ 종결보다는 변화를 유지하는 것에 초점을 맞추고, 변화가 유지되는 것이 확인되면 그 이후 종결에 대해 생각해 보는 것이 좋습니다. 더욱이 긍정적인 변화를 엄마도 경험하여 상담에 오신다고 하였는데, 엄마가 오신다는 것은 변화에 대한 축하의 의미가 있으므로 바로 다음 회기에 종결하기보다 다음 회기에 올 때 목표점수를 잘 유지하게 하기 위한 방법을 생각해 올 수 있도록 하는 것이 좋겠습니다. 종결회기에는 지금까지의 변화에 대한 노력, 목표점수를 잘 유지하기 위한 노력, 살다 보면 목표점수가 떨어질 수 있는데 당신이 가진 자원으로 그것을 어떻게 대처할 것인지, 지금까지 해 온 힘과 자원을 정리해서 주고, 주관적인 점수에 현실적인 근거를 주면서 종결할 수 있도록 해 주는 것이 필요합니다.

2) 슈퍼바이저가 슈퍼바이지에게

(1) 내담자는 이 상담을 통해 무엇이 가장 도움이 되었다고 말할까요?

- 세 명의 아버지에 대해서 한 번도 돌아볼 수 없었는데, 이분들에 대해 생각해 보고 담담하게 이야기할 수 있는 시간을 가졌던 것이 가장 좋았다고 상담 중에 내담자가 말했었습니다. 지금까지 어떤 누구도 아버지가 세 명이라면 이야기를 피했었는데, 지금 상담에서는 상담자가 놀라거나 농담처럼 받지 않고 액면 그대로 받아 주었기 때문에 담담하게 이야기할 수 있었다고 하였습니다.

- 같은 여자로서 엄마를 이해할 수 있게 된 것입니다. 왜냐하면 외도한 첫번째 아버지와 엄마가 싸울 때, 엄마가 자녀들을 지키기 위해서 흉기를 들고 막아섰을 때는 엄마가 무섭다는 생각도 했었지만, 지금 생각해 보면 자녀를 지키려 한 엄마가 위대했다는 생각이 들고, 두 번째 아버지가 자신들에게 잘했던 것은 어머니와의 관계가 좋았기 때문이라는 생각이 들고, 세 번째 아버지에게는 한 남자에게 사랑받고 싶고 희생하려는 여자의 모습을 바라보게 되었다고 상담에서 얘기했기 때문입니다. 결국 상담 전에는 엄마를 엄마로서 보았다면, 상담을 통해서 엄마를 엄마이지만 여자이기도 한 모습을 이해하게 된 것이 가장 도움이 된 부분이라 할 수 있습니다.

(2) 병원에 가서 담당의를 만난다면 내담자의 어떤 점을 보고 좋아졌다고 할까요?

- 최근 내담자의 엄마와 추수상담을 위해 통화를 하였는데, 내담자가 이전에는 약이 줄어든 것에 대해서 별로 관심이 없었는데 이번에는 약이 줄어 좋아했다고 하였습니다. 또한 처음에 정신과 병원에 내원할 때만 엄마와 병원에 갔었고 그다음에는 혼자 병원에 내원했었는데, 이번에는 엄마와 같이 내원했고 의사에게 엄마랑 많이 친해졌다고 이야기했다고 하였으며, 의사가 상담효과가 있었다고 생각하느냐고 물어봤을 때, 엄마와 내담자 모두 그렇다고 대답했다고 하였습니다.

(3) 상담자로서 내담자의 목표가 성취된 것은 무엇이라 생각하나요?

• 내담자의 부정적인 정서가 변화한 것입니다. 그동안 내담자는 자신이 가지고 있었던 상처에 대해서 엄마가 이해하지 못할 것이라고 생각해 엄마를 비난하고 자신의 솔직한 마음과 생각을 표현하지 않아서 어려움을 경험했었는데, 상담을 통해 엄마에 대한 양가감정을 이해하게 되고 부정적인 감정(화)의 이유를 알게 되었다고 하였습니다. 여자로서의 엄마의 삶을 이해하고 엄마가 가족을 지키기 위해서 했던 일들을 인정하게 되면서 엄마에 대한 부정적인 감정이 변화된 것입니다.

• 내담자의 인지적인 변화입니다. 가족 관계에서 힘들었던 시간 속에서 어려움을 경험한 부분도 있지만, 아버지에게 충분한 사랑을 받았던 기억과 치유받았던 경험들을 통해 내담자 삶에서 중요한 시점에 대한 재인식이 일어나게 되었습니다.

• 가족 체계의 변화입니다. 처음에는 엄마와 딸의 관계가 밀착되어 있었고 아들은 다른 세상에 사는 듯한 소원한 관계를 유지하며 가족에 관여하지 않고 살아가는 모습을 보이고 있었으나, 내담자의 노력을 통해 엄마는 자녀를 돌보는 역할을 수행하면서 딸과 아들은 연락을 하며 가족으로 돌아오는 모습을 보이고 있어 '부모-자녀 체계'와 '형제자매 체계'가 잘 유지되는 모습으로 변화되었습니다.

• 다시 말해서 내담자는 자신의 감정에 대해서 솔직해지고 자신의 모습을 떨어져서 객관적으로 바라보려 한 것이 목표를 이루는 데 도움이 된 것 같습니다.

(4) 이 상담에서 상담자가 적절하게 사용한 상담기술과 도움을 준 것은 무엇이라 생각하나요?

• 해결중심질문을 해서 내담자의 생각을 구체화하도록 하게 한 것입니다. 내담자가 자신의 바라는 바를 방향성을 갖고 현실적이며 구체적인 것으로 생각해서 얘기할 수 있게 하였던 것 같습니다.

- 감정카드와 스토리카드를 사용한 것입니다. 감정카드를 통해 감정을 표현하기 어려워하는 내담자에게 자신의 감정을 쉽게 만날 수 있고 객관적으로 볼 수 있도록 하는 데 도움을 주었으며, 내담자는 이름을 붙일 수 없는 자신의 감정에 이름을 붙여 막연한 감정을 명확하게 하고 정리하게 하는 데 도움을 주었던 것 같습니다.

- 내담자 입장에서 직접 경험하거나 관찰할 수 있는 상황을 그림으로 표현한 스토리카드를 사용하여 내담자가 그림에 관해 상상할 수 있는 이야기를 만들어 설명하도록 하고, 자신의 입장에서 대처할 수 있는 것, 도움이 될 수 있는 방안 등을 이야기함으로써 자신이 처해 있는 상황에서 내담자의 강점과 자원을 탐색할 수 있도록 하였으며, 이에 대해 긍정적 의미를 부여할 수 있도록 하게 된 것 같습니다.

- 엄마와 내담자가 함께 상담하는 시간을 통해 엄마는 가족의 회복을 위한 내담자의 노력에 대해서 인정하고 마음을 이해할 수 있는 시간이 되었으며, 내담자는 가족이 회복될 수 있다는 믿음과 내담자에 대한 엄마의 걱정과 사랑을 진정으로 느끼게 되는 계기가 된 것 같습니다.

(5) 전체 상담과정을 통해 상담자가 경험하고 성장한 것은 무엇인가요?

- 상담과정 내에서 척도질문을 했을 때, 내담자가 달성했다고 제시한 목표점수의 근거를 확인하고 그 달성 목표를 탄탄하게 다지고 갈 수 있도록 그 순간에 머물러 갈 수 있도록 하는 것이 필요하다는 것을 알게 되었습니다. 또한 감정카드 혹은 스토리카드를 활용할 수 있는 다양한 방법을 생각하여 내담자의 상황이나 문제 등에 대해 개입계획을 세운 후에 적극적으로 상담에 활용한다면 내담자의 다양한 감정과 강점을 탐색하는 데 도움이 될 수 있다는 확신을 얻는 계기가 되었습니다.

4. 슈퍼바이저 메시지

이 사례는 아버지가 세 번 바뀌면서 각 아버지들과의 관계에서 긍정적인 기억이 많기 때문에, 현재 세 번째 아버지와 이혼한 어머니에 대해 부정적인 감정이 많이 올라와서 불편함을 느끼고 있는 대학생 내담자가 이를 해소하려는 목표로 상담에 임한 사례였습니다. 특히, 이 내담자는 3년 전부터 정신과에서 우울증 진단으로 약물치료를 받고 있는 상태였고, 담당의로부터 개인상담을 권유받아 상담에 참여하게 된 것이었습니다.

이 사례는 접수상담 형식의 사전상담과 7회의 면접상담을 포함하여 석 달 동안 총 8회에 걸쳐 상담이 진행되었으며, 내담자와 어머니의 관계뿐 아니라 오빠를 포함한 가족 모두의 관계가 좋아지면서 종결하게 되었습니다. 이처럼 짧은 기간 안에 상담이 성공적으로 종결될 수 있었던 것은 상담 전반에 걸쳐 상담자와 내담자가 서로 협력적인 태도를 보였기 때문인 것으로 사료됩니다. 해결중심상담에서 상담자와 내담자의 상호 협력적인 태도는 중요한데 이 사례에서 구체적으로 살펴보면, 내담자의 경우 정신과 의사로부터 개인상담을 권유받아서 상담에 임한 것이라 방문형으로 볼 수 있으나, 상담권유를 받고 자발적으로 상담기관을 방문하여 상담 가능성을 타진하고 상담을 시작하였고, 어머니와의 관계 변화에 대한 동기가 높았으며, 상담자의 개입에 적극적으로 따라왔기 때문에 잠재적 고객형에서 고객형으로 전환되며 행동과 생각에서 긍정적인 변화를 나타낼 수 있었던 것으로 보입니다.

이러한 내담자의 강점과 자원을 충분히 이끌어 내며 상담목표를 성취하도록 도운 상담자의 해결지향적인 자세와 태도가 돋보입니다. 상담자는 상담 초기에 내담자 핵가족의 독특한 역사를 들으며 문제중심적인 목표를 잡을 수도 있었으나, 내담자의 이야기를 평가 없이 그대로 수용하며 내담자가 현재 원하는 것에 집중하여 현실적으로 실천 가능한 목표를 설정하였습니다. 이러한 상담자의 태도가 평탄하지 못했던 가족사를 타인에게 이야기할 때 그들의 부정적인 관심과 호기심의 태도에 위축되어 있던 내담자에게 존중받는다는 느낌을 전달할 수 있었으며, 이로 인해 내담자는 더 편안하게 자신의 이야기를 풀어놓고 상담자의 말을 신뢰하며 따를 수 있는 기초가 된 것으로 보입니다.

또한 상담자는 예외질문과 척도질문, 관계성질문 등의 해결중심적 질문을 적절히 활용하여, 과거 세 아버지가 내담자와 어머니에게 어떠한 역할을 해 주었으며, 그로 인해 현재의 삶에 어떤 영향을 미쳤는지에 대한 객관적인 관점을 갖게 해 주었을 뿐 아니라, 어머니와의 관계에서 현재와 미래를 향한 작은 변화에 집중하여 노력할 수 있도록 내담자를 안내할 수 있었습니다. 이러한 상담자의 해결중심적 개입은 특히 중요한데, 내담자의 어려움이 원가족에서의 부정적인 경험으로 인한 것이라고 판단될 수도 있었지만, 그럼에도 불구하고 원가족에서의 자원과 강점을 발견하기 위한 상담자의 질문들이 내담자가 자신과 어머니의 관계를 재구성하는 근거를 갖도록 도움을 줄 수 있었습니다. 또한 매 회기 마지막에 내담자의 변화를 칭찬하고, 변화된 결과보다 변화를 위해 노력한 내담자에게 그 공을 돌리며, 노력을 하는 동기와 신념을 구체적으로 요약해서 전달한 것이 내담자 스스로 더 열심히 변화하려 하는 데 도움이 되었습니다.

이러한 내담자의 변화를 본 내담자의 어머니가 자발적으로 상담에 참여하고자 하여 상담에 참여한 것은 가족치료의 체계론적 관점이 잘 반영된 결과라 할 수 있겠습니다. 한 명의 내담자와 상담이 진행되고 있지만, 가족 구성원들 간의 관계의 변화에 초점을 맞추어 상담이 이루어지면, 상담에 참석하지 않고 있는 다른 가족 구성원들도 영향을 받아 변화하게 됩니다. 내담자의 어머니도 이전과 다른 내담자의 긍정적인 태도와 행동을 보고 상담에 대한 동기가 생겼으며, 딸과 함께 상담에 참석해서 딸의 생각과 변화에 대한 노력과 희망 등을 들으며 같이 변화하고자 생각과 뜻을 나누고 맞추어 갈 수 있었습니다.

이처럼 내담자와 내담자 가족에서의 긍정적 변화가 나타났지만, 이를 좀 더 견고하게 지속되게 하기 위해서는 상담자가 해결중심질문의 의도와 목적을 분명하게 인식하고, 실제 상담장면에서 이를 관철하려는 상담자의 끊임없는 노력이 필요함을 제언하고 싶습니다. 예외질문의 경우, 단지 과거 하나의 예외를 생각해 낸 것으로 충분하지 않습니다. 그러한 예외가 언제, 어디서, 누구와, 무엇을, 어떻게 했던 것인지를 상담자가 구체적으로 질문함으로써 내담자가 이에 대한 답을 하기 위해 머릿속으로 그 예외상황을 떠올려 이미지화하고, 상담자에게 말로 설명하면서 청각화와 시각화하는 과정이 필요합니다. 이러한 과정에서 내담자에게 예외상황이 또렷하게 인식될 뿐 아니라, 현재와 가까운 미래에 이를 실천하려는 동기와 행동력이 생기게 됩니다. 해결중심상담에서 중요하게 여기는 예외의 탐색은 단지 과거에 그런 일이 있었다는 과거 사실의 확인에 목적이 있는 것이 아니라, 이 예외를 현재와 미래에 활용하려는 것에 더 큰 목적이 있기 때문입니다. 그러므로 비록 내담자가 순발력 있게 답을 떠올리지 못한다 할지라도 상담자는 포기하지 않고 다시 질문하고 또 다시 질문하여 답을 이끌어 내려는 끈기가 필요합니다.

또한 현재에서 변화가 시작된 예외를 발견하게 되었을 때에도 변화가 생긴 상황에 대한 행동적인 설명에 집중하는 것에 더하여, 그러한 행동적인 변화를 일으킨 내담자의 의지와 각오, 가치, 신념체계 등을 이끌어 내는 것이 중요합니다. 이는 내담자가 변화를 갖게 된 내담자의 강점과 자원이며, 현재의 한 가지 예외의 이면에 있는 내담자의 신념체계에서 더 많은 다양하고 긍정적인 행동 변화가 나타날 수 있기 때문입니다. 해결중심상담에서 긍정적인 행동 변화가 많이 나타나는 것을 목표 달성의 지표로 여기지만, 이러한 행동의 변화를 이끌 수 있는 내담자의 신념체계의 확인과 강화의 작업이 이후 변화에 견인차 역할을 하므로 중요합니다. 한편 생각의 변화를 발견하게 되면, 그러한 생각이 어떻게 행동으로 표현되었는지를 탐색해야 합니다. 생각이 바뀌면 표현 행동도 자연스럽게 바뀌어지게 마련인데, 미처 자신의 행동 변화로 연결하지 못하는 경우가 많기 때문입니다. 요약하면 행동의 변화가 나타나면 그 이면에 있는 생각과 동기 등을 이끌어 내야 하고, 생각의 변화가 나타나면 그에 따른 행동 표현을 이끌어 내야 합니다. 따라서 예외에 좀 더 머무를 수 있는 해결중심적 상담자의 모습을 기대해 봅니다.

"우울에서 벗어나고 싶어!"

1. 사례 정보

1) 내담자의 인적 사항

- 김준혁(가명, 남, 22세)
- 현재 사관학교 2학년인 남학생으로 기숙사생활을 하고 있음. 특기 및 취미는 그림 그리기와 상상하기임. 어느 날 부모가 부부 싸움 중에 어머니가 자해하는 장면을 목격하고 충격적인 사건이 자꾸 떠올라 우울해하며 자주 내향적인 성향을 보임으로 공동체 생활을 원활하게 하지 못하는 부분이 있음. 2014년 신경정신과에서 PTSD로 진단받고, 1회 상담과 2회 약물 복용한 적이 있고, 그 이후 학교생활전문상담사에게 학교생활에서의 대인 관계 및 우울 등의 문제로 총 3회기의 상담을 받았으나, 상담자와의 관계 문제로 중도 종결함. 2016년 본 상담과 더불어 다시 약물 복용 중임.

2) 의뢰 경위
- 담당 생활지도 선생님이 내담자의 교내 생활 및 원활하지 못한 대인 관계 문제로 본 센터에 상담을 의뢰함.

3) 상담횟수
- 면접상담 7회

4) 호소문제
- 어머니가 부부 싸움 도중 자해를 한 뒤로, 때때로 관련된 잔상이 보여 힘들다.
- 우울함이 찾아오면 무기력해지고 아무 일도 할 수 없어서 학교생활을 하기 어렵다.
- 불면증이 심해서 규칙적인 수면 패턴을 유지하고 싶다.
- 현재 상황에서 친구들과 어울리는 방법을 몰라 어떻게 해야 할지 모르겠다.

5) 상담목표
(1) 내담자의 목표
- 어머니의 자해에 대한 충격적인 사건에서 벗어나기
- 우울한 감정에서 벗어나 사람들과 잘 어울리기

(2) 상담자의 목표
- 어머니에 대한 트라우마를 극복하게 하기
- 원활한 대인 관계를 도모하기

(3) 합의된 목표
- 트라우마로 인한 잔상을 감소하기
- 원활한 대인 관계를 위한 방법을 모색하기

6) 내담자의 가족 관계

- 김준혁(내담자): 학업에 대한 기대가 높았던 부모는 형이 기대에 못미치자 내담자에게 관심을 많이 나타내었음. 대체로 부모의 관심과 사랑을 많이 받고 자랐으나 상대적으로 형과는 소원하게 지냈음. 십 대에 아버지가 사업에 실패하면서 가정형편이 어려워졌으며 여자문제로 어머니와 다툼이 시작되었음. 아버지의 잦은 외박과 집에 들어오지 않는 상황이 벌어졌고, 부부 간에 잦은 폭력과 불화가 생겨났음. 이러한 상황에서 형은 부부 싸움 시 폭력이 발생하면 적극적으로 중재하였으나, 내담자는 두렵기도 하고 아버지와의 관계가 좋았었기 때문에 개입하지 않았었음. 그러던 중 내담자가 대학생이 되어 기숙사에서 처음 집에 돌아왔을 때 부모가 싸우고 있어서 이를 말리다가 어머니가 손목을 긋는 자해 행동을 보게 되었고, 이에 대한 충격으로 학교생활에 어려움이 발생하자 가족들의 걱정과 관심을 받고 있음.
- 아버지(58세): 자영업(음식점)을 하고 있으며, 대졸자임. 혼외자식으로 태어났으며, 이로 인해 자존감이 낮고 열등감이 높음. 친할아버지가 본처와의 이혼을 통해 호적상 정상적이고 온전한 가족이 되었음에도 불구하고 여전히 다른 사람들이 자신을 무시한다는 생각을 갖고 있음. 전직 군인으로 사업을 하기 위해 40대에 퇴직하였으나 거듭된 사업 실패로 잦은 외도와 외박을 하였음. 부부 간 갈등이 높아지자 1년 전까지 아내에게 이혼을 요구하였는데, 크게 다투면서 아내가 자해를 하는 것을 보고 가정을 돌아보게 되었음. 현재는 아내와 함께 식당을 운영하고 관계를 회복하려고 노력 중에 있음.
- 어머니(56세): 주부로, 평소 내담자를 의지하며 집안의 크고 작은 일들을 해결해 왔음. 가정형편이 어려워 초등학교 졸업을 한 뒤 공장에서 일을 하면서 남동생의 학비를 지원하였음. 한글을 잘 몰라 자존감이 낮으며 낯설고 새로운 환경에 적응하는 데 두려움이 큼.
- 형(28세): 취업준비생으로, 대학을 졸업한 뒤 현재 아르바이트를 하면서

구직하는 상태임. 아버지는 공무원이 되길 원하였으나 진로가 정해지지 않자 아버지와 갈등 관계에 있음. 아버지가 어머니에게 폭력을 가하는 부분에 대해서 때마다 적극적으로 개입하여 아버지와 맞서 어머니의 편에 서곤 하였음. 그러나 부모의 잦은 싸움과 아버지의 외도에 마음이 상해 집에 들어가지 않으려는 모습을 보이고 있음. 잦은 외박을 하고 가정의 일에 관여하지 않으려고 하며, 과묵한 성향으로 내담자와의 소통도 거의 없는 상태임.

7) 내담자와 내담자 가족의 강점과 자원

• 김준혁: 강점으로는 주도적이고 리더십 있는 성격으로, 낙천적이며 다른 사람의 아픔을 공유하는 따뜻한 마음을 가지고 있다. 자신의 상태를 잘 인지하고 문제를 극복하려고 노력하며, 힘든 상황에도 불구하고 이제까지 학업을 게을리하지 않았다. 자신의 문제로 인해 함께 생활하는 친구들과 협업 시 책임을 다하지 못한다고 생각하는 등 배려심과 책임감이 강하며, 상황을 이해하고 가족의 감정에 대해 공감하는 능력이 높다.
  자원으로는 주변에 친구들이 많고, 부모와의 관계가 친밀하며, 모든 가족 구성원이 내담자의 상태를 걱정하고 도와주려 하고 있으며, 현재의 상황을 잘 알고 학교생활을 도와주는 교내 선배가 있다.

• 아버지: 부지런하고 깔끔하며 사교적인 성격으로 지난 일에 대한 잘못된 부분을 인정하고 온전한 가정생활을 하고자 노력하고 있다. 내담자가 호소하는 문제에 대해 경청하고 도움이 되고자 하며, 내담자와 친밀한 관계이다.

• 어머니: 남편의 지속적인 외도와 외박에도 가정을 지키려고 노력하였고, 남편과의 사건으로 힘들어하는 내담자에 대해 측은한 마음이 크다. 자녀들과 매우 친밀한 관계이며 내담자와도 각별하게 지내고 있다.

• 형: 용기 있고 정의로운 성격을 들 수 있으며, 부모의 갈등 상황에 대해 적극적으로 개입하고 개선하고자 하는 마음이 있다. 어머니의 자해 사

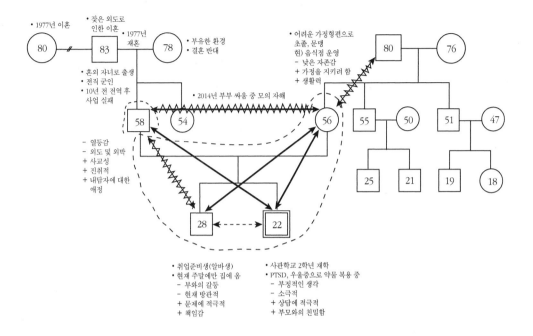

건을 직접적으로 경험하진 않았으나, 이를 직접 목격한 내담자의 상태를 걱정하여 내담자와 소통하려고 노력중이다.

2. 상담과정

1회기

◎ **일시:** 2016년 ○월 ○일 (60분)

◎ **참석자:** 내담자

◎ **개입 방향:** 상담동기 및 목표 확인하기

◎ **회기 내용**

• 어둡고 의욕 없는 표정으로 상담실에 찾아온 내담자에게 상담에 오기까지의 수고를 격려하고 상담에 오기까지의 긍정적인 변화에 대해 탐색하였

다. "무엇이 달라지면 상담에 대한 보람이 있을까요?"라는 질문에 내담자는 '친구들과 잘 어울리고, 나쁜 것들이 보이지 않고, 잘 자는 것'이라고 답하였다. 상담자는 내담자의 이야기를 통해 주된 호소내용이 PTSD로 인한 심리적인 불안과 불면증으로 공동체 생활이 원활하지 못한 것임을 알게 되었다.

• 상담동기에 대해 알아보고자 상담자는 "최선을 다해 노력하는 것을 10점, 노력하지 않는 것을 1점으로 할 때 몇 점 정도에 해당하나요?" 라고 질문하였고, 내담자는 5점이라고 답하였으며, "1점을 향상시키기 위해 무엇을 다르게 할 수 있나요?"라는 상담자의 질문에 상담에 꾸준히 참석하는 것이라고 이야기하는 등 지속적으로 상담을 받고자 하는 내담자의 의지를 알 수 있었다.

• 내담자는 휴가를 받아 집에 왔더니 부모가 부부 싸움을 하여 아버지를 말리던 중 어머니의 갑작스러운 손목 자해 행동을 목격하게 되었는데, 어머니가 손목에 피를 흘리던 기억의 잔상에서 자유롭고 싶다고 하였으며, 힘들게 이야기를 꺼내면서 어머니의 자해를 어쩌지 못한 죄책감에 괴로워하였다. 상담자는 내담자의 어려운 마음에 대해 공감하면서 사건과 관련된 고통스러운 기억과 감정을 내담자가 억지로 꺼내지 않아도 됨을 이야기함으로써 내담자의 심리적인 부담감을 경감시키고 안정을 도모하였다.

• 내담자는 잔상으로 인해 매일 우울하고 문제 속에 갇혀 있다는 느낌을 받고 있다고 하였으므로, 잔상이 일어나지 않았던 때를 탐색하여 내담자의 생각을 환기시키고자 하였다. "그러한 잔상이 잘 보이지 않을 때는 언제인가요?"라고 질문하니 "육체적으로 힘든 훈련을 받거나 정신없이 운동을 할 때면 잔상이 잘 보이지 않는 것 같아요." 라고 대답하였으며, 그럴 때는 잠도 잘 자고 악몽에 시달리지 않는다고 하였다. 이러한 활동이 미치는 영향에 대해 힘들지만 고통스러운 잔상이 잘 나타나지 않아 긍정적인 영향을 미치는 것 같다고 하였다. 예외탐색을 통해 내담자는 자신의 삶의 모든 것을 차지하는 문제적인 상황에 갇혀 부정적인 인식만을 하기보다 그렇지 않은 부분에 대해 생각을 전환함으로써 문제를 해결하고자 하는 동기를 갖게 되었다.

• 〈1회기〉 상담을 마무리하기 위해 다음 회기에 상담목표를 구체적으로

설정하며 긍정적인 영향력을 미치는 것에 대해 탐색하기로 하고 상담을 마무리하였다.

◎ **과제**

한 주 동안 잔상이 잘 보이지 않는 때가 언제인지 탐색하기, 기분 좋게 잠을 이룬 때가 언제인지 알아보기

2회기

◎ **일시**: 2016년 ○월 ○일 (60분)
◎ **참석자**: 내담자
◎ **개입 방향**: 구체적인 상담목표 설정하기

◎ **회기 내용**

• 상담을 시작하기에 앞서 한 주 동안 삶의 이슈가 무엇인지 탐색하였으며, 상담을 받은 뒤 긍정적으로 변화된 것이 있는지 질문하였다. 내담자는 상담을 받은 뒤 어떻게 해야 하고 누구에게 이야기를 해야 하는가에 대한 답답한 마음이 해소되었으며, 무엇인가 자신에게 좋은 일들이 일어날 수도 있을 것 같은 기분이 들었다고 하였다. 상담자는 "어떻게 이런 변화가 있을 수 있었나요?"라고 질문하였으며 내담자는 "상담이란 게 신기한 것 같아요. 아무것도 아닌 것 같지만, 누군가에게 창피할 수 있는 말들을 했는데 오히려 격려받고 지지받으니 후련하고, 기분이 좋아지고, 다음 주가 기대되었어요."라며 상담에 대한 긍정적인 생각과 기대감을 나타내었다. 상담자는 "이런 변화가 있었다는 사실이 정말로 대단하다!" 라는 등의 이야기를 통해 내담자의 현재 변화가 지속적으로 유지될 수 있도록 지지하였다.

• 내담자의 상담에 대한 적극성과 극복하고자 하는 마음을 알아보기 위하여 "상담을 하면서 최선을 다해 노력하는 것을 10점, 노력하지 않는 것을

1점으로 할 때 몇 점 정도에 해당하나요?"의 척도질문을 하였고 내담자는 7점이라고 답하였으며, 지난 회기에 5점이라고 하였는데 2점이 향상된 이유에 대해 지난 회기의 상담을 통해 마음이 일정 부분 훈련해지면서 '극복할 수도 있겠다. 어쩌면 큰 문제가 아닐 수도 있다.'라는 생각이 들었기 때문에 더 많이 노력할 수 있을 것 같았다고 하였다. 문제의 정도에 대해 크게 생각하고 해결할 수 없을 것 같다고 이야기했던 내담자가 상담을 받은 뒤 극복하고자 하는 자신감을 갖고 문제를 바라보는 시각의 긍정적인 변화가 있었음을 알 수 있었다.

　• 또한 지난 회기 과제인 '한 주 동안 잔상이 잘 보이지 않은 때가 언제인지 알아보기'에 대해 점검하였더니 내담자는 체육활동을 정신없이 하거나 육체적인 활동이 많아질 때 특별히 잔상이 없었다고 이야기하였다. 이를 바탕으로 내담자의 잔상을 감소시키기 위한 방법으로서 어떤 것에 집중하는 것이 도움이 됨을 알게 되었고, 스스로 정신을 집중하여 시간을 보낼 수 있는 방법에는 무엇이 있을지 탐색하기 위해 내담자의 취미와 특기 및 인적 사항에 대해 알아보았다. 내담자는 주로 그림을 그리거나 상상을 하는 등의 활동들이 취미이자 특기라고 하였으며, 이러한 활동들은 시간 가는 줄 모를 정도로 집중하게 하며 본인에게 행복감을 준다고 하였다.

　• 내담자는 상담을 통해 현재 어머니 자해에 관한 사건에서 벗어나고 싶고, 우울한 감정에서 헤어나와 사람들과 잘 어울리고 싶은 욕구를 표현하였다. 내담자의 욕구를 반영하여 상담의 목표를 설정하고자 상호 협의하여 트라우마로 인한 잔상 감소와 원활한 대인 관계를 위한 방법 도모를 결과적으로 설정하게 되었다.

　• 상담자는 내담자에게 "그동안 준혁 씨가 어려운 상황 속에서 극복하고자 노력했고, 상담의 자리에 오셔서도 긍정적인 기대감을 갖고 성실히 참여해주신 부분에 대해 놀랍고 감사하며 격려해 드리고 싶습니다. 또한 많이 아프고 힘들었을 날들을 생각하니 저도 마음이 아프고 안타깝습니다. 힘든 상황 속에서도 학교생활을 잘하고자 하는 모습을 통해 준혁 씨 안에 분명 스

스로 극복할 수 있는 힘이 있다고 생각됩니다."라고 메시지를 주었으며, 내담자는 메시지를 주의 깊게 듣고 생각에 잠긴 듯하다가 울먹이며 "감사합니다…. 이해해 주셔서 고맙습니다."라고 이야기하였다. 느낀 감정에 대해 더 탐색하려 하였으나 상담시간을 확인하면서 다음 회기의 일정을 나누고 과제를 통해 회기를 마무리지었다.

◎ 과제

하루 중 가장 기분이 좋은 때가 언제인지 알아보기

슈퍼바이저 피드백

상담자가 상담과제로 제시한 내용은 잔상이 보이지 않을 때뿐 아니라 기분이 좋을 때를 탐색하여 긍정적 시간들을 확장하려는 적극적인 예외탐색으로 보임. 잘 지내고 있는 시간들을 확대해 나가면 잔상은 자연스레 없어지기 때문으로 좋은 과제라고 생각함. 이 외에 상담을 통해 실제로 잔상이 잘 보이지 않을 때를 탐색했더니 내담자가 정신을 집중하여 시간을 보낼 때라는 것을 알아냈으므로 그런 시간들을 확대해 보도록 하는 과제도 함께 제시했으면 어땠을까 생각됨.

3회기

◎ **일시**: 2016년 ○월 ○일 (60분)
◎ **참석자**: 내담자
◎ **개입 방향**: 예외상황 탐색하기

◎ **회기 내용**

• 내담자의 얼굴 표정이 밝아진 모습을 보며, 상담자는 기분 좋은 일들이 있었는지에 대해 질문하였는데, 예상외로 내담자는 우울함으로 인해 학교생활을 원활하게 하지 못했다는 이야기를 하였다. 단체 활동을 해야 하는데 우

울함이 밀려와 아무 것도 하기 싫었고 무기력해졌으며, 이럴 때 사람들이 자신에게 말을 걸거나 관심을 갖지 않았으면 좋겠는데 계속 왜 그러냐고 이야기를 해서 힘들었다고 호소하였다.

• 상담자는 그런 일들이 있었음에도 불구하고 어떻게 얼굴이 밝은 모습일 수 있는지에 대해 이야기하였는데, 이에 내담자는 일주일 동안 상담시간을 가장 기다리며 상담시간에는 자신에게 독촉하거나 이야기해 달라고 이야기하기보다 하고 싶은 이야기를 마음대로 할 수 있기 때문에, 그게 좋아서 그런 표정이 지어졌다고 하였다.

• 상담자는 지난 회기에 메시지를 듣고 울먹이면서 감사하다고 했던 내담자의 이야기를 회상하며 어떤 부분이 가장 이해받았다고 생각했는지에 대해 질문하였고, 내담자는 부끄러워하면서 잔상이 보이고, 우울하고, 남들이 볼 때는 일반적이지 않은 자신의 모습을 편견 없이 봐 주었고 경청해 주는 모습에서 이해받고 있다는 생각이 들었다고 하였다. 이에 내담자의 상담에 대한 긍정적인 기대감과 마음가짐을 칭찬하였고, 곧이어 자신이 하고 싶은 이야기를 할 수 있는 것이 하루 중 가장 기분이 좋은 때 중에 하나인지에 대해 탐색하였다. 내담자가 말하고 싶은 이야기를 하도록 하였고, 자연스럽게 자신의 주변 사람들과 가족 관계 등을 이야기 나누며, 현재의 상황과 과거 환경 등에 대해 탐색할 수 있는 시간이 되었다(〈표 1〉 참조).

〈표 1〉 발달단계에 따른 가족 상황

유아기 (0~1세)	• 유복한 가정에서 자란 아버지와 다르게 경제적으로 어려운 환경에서 자란 어머니는 아버지가 군인이었을 때 근무지에서 우연히 만나 연애를 하고 아버지의 집안 반대에도 불구하고 결혼하여 가정을 이룸. • 형에 대한 관심이 높았으나 학업적인 부분이 기대에 미치지 못하는 이유로 내담자가 태어나자 관심이 집중됨.

아동기 초기 (1~3세)	• 내담자는 부모의 관심과 사랑을 많이 받았으나 이로 인해 상대적으로 형과의 관계는 좋지 못하였음. 형과는 6살 정도의 나이 차이로 어릴 때부터 대하기 어려운 존재였음. • 어머니는 혼자 자녀를 양육한다는 부담감과 학벌 차이로 인한 낮은 자존감으로 인해 이웃, 남편의 동료 가족과 어울리기를 어려워하여 집안에서만 있었음.
학령전기 (3~6세)	• 6살 때부터 피아노를 배웠으며, 어머니가 동화책을 잘 읽어 주지 않고 글과 다르게 읽어 줬을 때 한글을 모르는 것 같다고 생각했음. • 형의 장난감(로봇)을 몰래 갖고 가서 놀다가 망가뜨려서 심하게 맞은 기억이 있음. 그 이후로 형에게 다가가기 어려워하였으며 잘 어울리지 않았음.
학령기 (6~12세)	• 내담자가 10살이 되는 해에 아버지가 사업을 계획하면서 조기 퇴직을 하였으며, 사기를 당하고 실패함으로써 가정형편이 어려워졌음. • 어머니가 요리를 잘해 식당에서 일을 하게 되었으며, 형과 함께 생활하였는데 고등학생인 형이 어려워 밥을 같이 먹거나 필요 이상의 이야기를 나누지 않았음. • 내담자는 항상 외롭다고 생각하였으며, 아버지가 이때부터 외박이 잦고 여자문제로 어머니와 다툼이 시작되었음.
청소년기 (12~18세)	• 몇 달간 아버지가 집에 들어오지 않는 상황이 지속되었으며, 어머니가 일을 하면서 아버지를 추적하는 과정에 첫째 아들을 대동하여 아버지에게 데리고 간 적이 있음. 이런 일로 인해 아버지가 어머니에게 폭력을 휘둘렀으며 가족 관계에 크게 불화가 생김. • 형은 대학에 진학함과 동시에 거리상의 이유로 독립하여 지냈으며, 가끔 집에 올 때마다 어머니가 아버지와 다툼이 있는 과정에서 폭력이 있으면 적극적으로 중재하였음. 내담자는 무서워서 중재를 할 수 없었고, 어머니가 불쌍하지만 아버지와의 관계도 좋았기에 개입하고 싶지 않은 마음도 있었음.
성인기 (18~22세)	• 내담자가 사관학교 입학을 하고 나온 첫 휴가 때 집에서 아버지의 외도로 인해 아버지와 어머니와 심하게 다투고 일방적으로 어머니에게 폭력이 가해졌음. 이런 상황에 형이 없어 내담자가 직접적으로 개입하였고, 아버지를 말리는 과정에서 어머니가 칼을 들고 나와 자신의 손목을 그었으며 119를 부르는 사건이 발생함. 사건이 있던 다음날 사관학교에 가야만 했고, 이후 어머니의 사고를 막지 못한 자책감과 눈만 감으면 피가 보이는 것 같고 불안감과 우울감이 높아 학교생활을 하기 힘들어 학교생활 전문상담사와 상담을 받고 병원에서 PTSD진단을 받음.

> • 어머니는 내담자가 걱정되어서 병원에서의 지속적인 치료를 권면했지만 추후 취업에 대해 좋지 못한 영향을 미칠 것 같아 내담자가 중단함. 형은 사건 이후로 주말에는 집에 들어오며 내담자에게 간헐적이지만 전화를 해서 안부를 묻고 전하고 있음.
> • 부모는 사건 후 이혼소송을 하였으나 극적으로 합의하였으며, 어머니가 운영하는 음식점을 함께 운영하며 관계를 회복하려 노력하고 있음.

• 내담자는 부모의 가정환경 차이로 인해 부모가 결혼 당시 집안의 반대가 있었으며, 자신에게 향한 편애로 인해 형에게 미안한 감정이 있으며, 어머니가 한글을 깨우치지 못하고 초졸의 학력으로 인해 낮은 자존감이 형성된 데에 대한 안타까운 마음과 불쌍한 마음을 갖고 있었다. 또한 아버지의 외도와 외박으로 인한 잦은 싸움과 자해 사건을 이야기하였고, 현재는 부모가 함께 음식점을 운영하면서 관계를 회복하려고 노력하고 있지만 자신은 정서적으로 회복되지 못하는 상황이 힘겨움을 이야기하였다.

• 상담자는 내담자가 현재의 상황에 대해 용기 내어 상담을 받으러 온 점, 그리고 성실히 상담에 참여한 점을 칭찬하고 격려하였다. 내담자는 과거에 대해 이야기하며 다소 힘들어하는 모습을 보이면서도 이야기하고 싶다고 표현하였으며, 자신의 상처와 아픔을 공유하고자 하였고, 자신에 대해 잘 알고 싶어 하는 욕구도 높았다.

• 상담자는 성격검사도구를 활용하여 자신의 성향을 알고 강점과 보완점을 탐색하는 등의 활동에 대해 소개하였고 내담자가 높은 관심을 보이며 하고자 원하여, 이를 통해 자기이해를 하고 원활한 대인 관계를 위한 상호작용법 등을 탐색하도록 돕기로 하였다.

◎ 과제
한국형 에니어그램 성격검사지 및 사티어의사소통검사지 작성

4회기

◎ **일시**: 2016년 ○월 ○일 (60분)

◎ **참석자**: 내담자

◎ **개입 방향**: 성격 유형 및 의사소통 유형을 알아봄으로써 내담자의 강점
　　　　　 과 자원 확인, 원활한 대인 관계 형성을 위한 의사소통법 코
　　　　　 칭과 시연

◎ **회기 내용**

• 내담자는 한 주 동안의 일들에 대해 이야기하면서 특별히 잔상으로 인
한 우울함과 학교생활에 불편함이 없었다고 하였다. 그러나 혼자 있게 되거
나 잠시 휴식시간이 찾아오게 되면 갑자기 우울해지면서 감정이 가라앉게
되어 무기력해진다고 하였다. 이런 부분적인 감정이 올라오게 되면 자신도
어떻게 할 수 없을 정도로 감정에 휘말리게 되어 힘들다고 하였다. 이에 상
담자는 감정을 조절할 수 있게 된다면 무엇이 달라질 수 있을지에 대해 질문
하였고, 내담자는 학교생활을 잘하고 자신감 있게 무엇이든 잘할 수 있을 것
같다고 이야기하였으며, 내담자가 원하는 삶이 되기 위해선 어떤 것들이 필
요할지에 대한 탐색을 하였다.

• 내담자는 자신의 성향을 잘 알고 자아를 찾는 것이 원하는 삶을 찾는 시
발점이 될 것 같다고 이야기하였다. 이유에 대해서 묻자 자기 자신이 어떤
사람이고 원래의 성격은 어땠는지 이제는 혼란스럽고 모르겠어서 이렇게 우
울하고 힘든 자신이 본래의 모습인지, 즐겁고 주도적인 모습이 진짜인지, 억
지로 그런 모습을 하고 있는 것인지 알고 싶다고 하였다.

• 상담자는 내담자가 한 이야기를 공감해 주면서 자연스럽게 내담자가 작
성해 온 에니어그램 성격검사 및 의사소통검사지에 대한 해석상담(8W7:독
립자-힘 있고 적극적인 유형/비난형)을 진행하였다. 해석상담을 통해 내담자
는 자신의 성향을 이해하고, 유형별 성장을 위한 조언을 통해 건강하게 발전
하기 위한 방법을 알게 되었다. 내담자는 주도적인 성향이 강하며 비난형의

의사소통 유형을 갖고 있으므로 상대방을 배려하고 감정을 공유하는 방법에 대해 이야기를 나누었다. 내담자는 자신이 우울한 감정과 힘든 상황에 대해 친구들이 내버려 뒀으면 좋겠으나 무관심은 힘들다는 이중적인 감정을 갖고 있음을 알게 되었는데, 이에 따라 자신이 현재 외부 활동이나 집단 활동이 힘든 상태라는 것을 친구들에게 설명하는 방법을 상담자를 대상으로 시연해 보고, 역할을 바꾸어 상담자가 내담자가 되어 시연하였을 때의 감정을 나누면서 상황에 대해 적응할 수 있도록 하였다. 역할극을 통해 내담자는 자신의 감정을 말할 수 있는 용기가 어느 정도 생겼다고 하였으나, 앞으로 일상으로 돌아갔을 때 실행하는 데는 부담감이 높다고 하였다.

• 또한 내담자는 우울한 감정을 어떻게 조정하는지에 대해 알고 싶어 하였으며, 상담자는 평소 그림을 그리는 것을 좋아하는 내담자의 특성을 바탕으로 집중하여 완성하는 것을 통해 우울한 감정을 조절할 수 있도록 색칠공부를 추천하였고, 내담자 스스로 긍정적인 생각을 늘릴 수 있는 활동들을 탐색하였다.

◎ 과제

우울한 감정이 올라올 때 긍정적인 생각을 늘릴 수 있는 활동해 보기(색칠공부 등), 집단 활동이 힘들다고 생각될 때 친구들에게 자신의 감정을 말할 수 있는 용기가 생길 때가 언제인지 탐색하기

슈퍼바이저 피드백

상담자는 내담자가 자신에 대한 탐색을 원하므로 성격검사 및 의사소통검사를 실시하기로 합의하고 내담자가 자신의 성향, 강점과 보완점을 탐색하도록 하였던 것 같음. 보통 해결중심상담에서는 적극적으로 검사도구를 활용하여 개인의 특성을 알려 주고 부족한 면을 연습하게 하는 것보다 잘하고 있을 때를 발견해 내어 확장하는 것을 격려함. 이 사례에서는 상담자가 두 가지 검사결과를 통해 내담자의 자기이해를 도우며 문제해결에 도움이 될 수 있도록 역할극을 통한 바람직한 대화

법 코칭과 시연을 시도하였음. 이러한 시도는 실제로 구체적인 도움을 주었을 것으로 보이나, 예외탐색을 통해 내담자의 자원을 끌어내는 것이 내담자가 실천하기에 보다 쉬운 방법일 수 있음. 해결중심 관점에서 검사결과를 활용할 때 어떤 특성이건 양면적 성격이 있으므로 그 특성을 단점보다는 강점으로 활용하고, 예외탐색을 통해 긍정적인 특성으로 확대시킬 수 있을 것임.

5회기

◎ **일시**: 2016년 ○월 ○일 (60분)

◎ **참석자**: 내담자

◎ **개입 방향**: 예외탐색, 긍정적인 변화에 대한 강화와 확대

◎ **회기 내용**

• 내담자가 눈에 띄게 밝은 웃음을 보이고 깔끔한 모습으로 상담에 참여하였기에 칭찬과 격려를 하였다. 내담자는 한 주간 색칠공부에 집중하다 보니 우울한 감정을 컨트롤하는 데 도움이 되었으며, 결과적으로 우울한 감정적인 문제가 하루만 발생했다고 하였다. 대체적으로 악몽도 잔상도 없는 시간을 보냈으나 어머니가 아버지와 음식점을 운영하면서 말다툼을 했었고, 화가 난다는 말에 통화가 끝나고 난 뒤 걱정이 밀려와서 다시 부정적인 생각과 우울함으로 고통스러웠다고 하였다.

• 문제가 발생하지 않을 때 자신이 무엇을 했는지, 문제가 발생하는 상황과 그렇지 않은 상황에 어떠한 차이점이 있는지에 대한 예외탐색을 하였는데, 이에 대해 자신의 감정을 잘 이해하고 지금 상황에서는 무엇을 해야 하는지 인지하며 생각을 전환해야겠다는 사고가 문제가 발생하지 않도록 돕는 부분이라고 하였다. 상담자는 상담을 통해 악몽, 불면증, 우울함, 잔상이 0인 상태가 될 수는 없겠지만 이러한 문제들을 조정할 수 있는 강한 내담자가 될 수 있을 것이라고 격려하였다.

• 만약 친구들이 이곳에 있다면 내담자가 어느 정도 변했다고 평가할 것 같은지 척도질문을 하자, 6점 정도 변화되었다고 평가할 것 같다고 하였고, 이유로는 친구들이 자신을 걱정하면서 왜 집단 활동을 하지 않느냐고 물었을 때 자신이 괜찮다고 이야기한 것이라고 하였다. 이에 대해 격려함으로써 내담자의 긍정적인 변화와 행동들을 지지하였다.

• 내담자는 대인 관계에서의 아쉬움에 대해 이야기하였으며, 중·고등학생 때는 친구들이 많았으나 대학교에 입학하면서부터 단체생활과 엄격한 규칙 등에 대해 자신도 모르게 위축되었다고 하였다. 학교생활에 대한 불안감이 있던 중에 어머니의 자해 사건이 함께 일어나면서 불안감이 증폭되어 누군가가 자신을 붙잡아 주고 나누어 주었으면 하는 마음도 있다고 하였다. 이에 상담자는 학교에서 가장 친하게 지내는 친구는 누구인지 혹은 내담자를 가장 많이 걱정하고 챙겨 주려는 친구는 누구인지 탐색하였으며, 지난 회기에 했던 역할극을 토대로 내담자가 친구에게 자신의 상태를 이야기할 수 있는지, 어느 선까지 이야기할 수 있는지에 대해서 이야기하였다. 내담자는 일정 부분을 나누게 되면 마음이 가벼워질 것 같다고 하였으며, 친구에게 의지하고 학교생활하는 데 도움이 될 것 같다고 이야기하면서 한결 편안한 얼굴을 보였으나 거절당하거나 자신을 이상하게 생각하는 데에 대한 불안감이 있었다.

• 상담을 마무리하면서 메시지 작성을 하기 위해 내담자에게 잠시 자리를 이동할 것을 권면하였고 상담사는 메시지 전달 후 상담을 마무리하였다.

"준혁 씨, 처음에는 친구들이 걱정해도 회피하거나 침묵하였는데, 이렇게 용기를 내서 괜찮다고 이야기한 것에 대해 칭찬해 드리고 싶습니다. 이런 준혁 씨의 행동 안에서 저는 준혁 씨가 스스로 문제를 해결하고 이끌어 갈 수 있는 힘을 보았습니다. 준혁 씨는 현재의 상황을 잘 이겨 낼 수 있고, 앞으로도 더 발전하고 성장할 것으로 믿어 의심치 않습니다. 이후의 생활에서 준혁 씨의 용기와 긍정적인 변화의 힘이 더욱 빛이 날 것이라 여겨집니다."

88

• 내담자는 메시지를 듣고 힘을 얻은 듯 활짝 웃으며 감사하다고 하였고, 앞으로 친구들과의 관계에 조금 더 적극적으로 대응해야겠다고 다짐하였다.

◎ 과제

자신의 상태에 대해 가장 걱정을 많이 하고 질문을 많이 하는 친구에게 현재 자신의 상태를 이야기해 주기

슈퍼바이저 피드백

내담자가 평소 좋아하는 그림 그리기를 활용한 색칠하기 활동은 내담자의 강점을 활용하여 증상에 사로잡히지 않도록 하는 데 효과적이었는데, 이는 해결중심 상담의 해결책 구축 방안의 기본인 강점을 활용하는 것으로 적절한 과제를 제시한 결과로 보임. 내담자의 성격적 장점인 적극성과 추진력을 문제해결의 동력으로 활용하면서 우울할 때 내담자가 해결방법으로 인식한 생각과 감정들을 잘 조절하는 방법들을 계속하게 함은 "효과가 있으면 더 하라."는 해결중심의 기본 원칙을 잘 따른 것이라 하겠음.

상담자는 척도로 질문하는 것뿐 아니라 그 이유를 물어 내담자의 생각을 확고하게 하는 방법에 대해서도 잘 알고 있는 듯함. 여기에 좀 더 확장질문을 하자면, '만약 6점에서 1점 올라가면 친구들은 내담자의 어떤 행동을 볼 수 있겠는지'에 관해 질문을 할 수 있고, 그렇게 했더라면 자연스레 상담과제로 연결되었을 것으로 생각됨.

또 중·고등학생 때 친구들이 많았을 때는 어떻게 친구가 많았었는지, 어떻게 지금하고 달랐는지를 탐색한다면 대인 관계에서의 내담자의 자원을 끌어낼 수 있을 것으로 보임.

6회기

◎ 일시: 2016년 ○월 ○일 (60분)

◎ 참석자: 내담자

◎ **개입 방향**: 긍정적 변화에 대한 강화와 확대, 종결에 대한 마음 준비

◎ **회기 내용**

• 내담자는 안정된 표정으로 상담실에 오자 먼저 "안녕하세요? 잘 지내셨나요?"라고 인사하였다. 상담자는 내담자에게 한 주 동안 준혁 씨를 만나고 상담하는 것을 기다렸다고 답하면서 어떻게 오늘은 먼저 인사를 해 주게 되었는지에 대해 질문하였다. 내담자는 이제 차츰 생활이 즐겁고 안정적으로 진행되는 것 같아서 예전의 자신의 모습처럼 적극적으로 돌아오는 것 같다고 하였다. 한 주 동안의 변화와 일상에 대해서 이야기하던 중 어머니로부터 부모님이 다퉜다는 이야기를 또 듣게 되었고, 순간 이전의 불안정한 감정들이 다시 올라와서 마음이 상했으며 다시 악몽에 시달릴 것 같아 두려웠으나, 이상하게 이전만큼 힘들거나 두렵지는 않아서 신기하였다고 하였다. 그 이유에 대해 탐색하자 이전에 상담을 통해 자신이 할 수 있는 것과 없는 것, 그리고 한계에 대해 생각하면서 잘할 수 있는 것이 무엇이 있는지 파악하고 극복하기 위해 했던 방안들에 대해 연습했던 것이 도움이 되었다고 이야기하였다.

• 상담자는 "엄마가 아빠와 다툰 이야기를 하였을 때 내담자가 어떤 이야기를 해 주길 바랐을까요?"라는 질문을 하였으며, 내담자는 "잘 모르겠어요. 내가 얼마나 그 일 때문에 힘들고 예민해졌는지를 잘 모르시는지, 그런 푸념을 할 때면 섭섭하고 화가 나기도 해요."라고 이야기하였다. 상담자는 역할극을 통해 내담자가 어머니의 역할을 하고 상담자가 내담자의 역할을 하면서 문제가 되는 상황의 대화를 나누었다. 내담자가 자신의 역할을 한 상담자의 이야기를 들었을 때 어떤 느낌이었는지를 이야기하였는데, "엄마도 섭섭했을 것 같네요…. 형도 집에 잘 없고 엄마 혼자라고 생각될 텐데…. 그냥 하소연했는데 제가 듣기 싫어만 한 것 같아요. 그냥 엄마 편만 들어 주면 되었을 텐데…."라고 하였다. 이에 대한 상담자의 코칭을 통해 역할을 바꾸어 내담자가 자신의 역할을 하였고, 어머니의 역할을 한 상담자와 대처방법을 연

습하여 긍정적인 대화가 이루어질 수 있도록 하였다. 이를 통해 내담자는 자신감을 갖고 같은 상황이 다시 일어났을 때 지혜롭게 대처할 수 있을 것 같다고 하였으며, 이러한 변화가 자신의 삶에 즐거움을 주고 있다고 이야기하였다.

• 그러면서도 여전히 친구들에게 현재 자신의 상태에 대해 이야기하기는 힘들었지만, 가장 많이 걱정하고 배려해 주는 친구에게는 현 상황과 우울한 감정에 대해 약간의 이야기를 해 주었다고 하였다. 생각했던 것보다 이야기를 듣고 친구가 도와주겠다고 하였고, 이후 우울한 기분이 들어서 혼자 앉아 있을 때 다른 친구들도 다가와서 힘내라고 이야기해 주었는데, 그때 눈물이 나올 정도로 감동했다고 하였다. 모든 것은 내담자의 용기와 상담을 통한 자발적인 실천에서 이루어진 것임을 명시하였고, 현재의 긍정적인 변화를 유지할 수 있는지에 대해 척도질문을 하였을 때 7점 정도라고 하였다. 자신에게 그동안의 행동들이 많은 도움을 주었고 상담을 통해 답답했던 감정들이 해소되어 좋았으나, 다시 그런 끔찍한 일들이 일어날까 봐 두려운 마음도 있어 7점을 주었다고 하였다. 7점에서 8점으로 향상되기 위해 무엇이 달라지면 가능할 것 같은지에 대한 질문에 부정적인 생각을 함으로써 일어나지 않은 상황을 미리 걱정하지 않는 것이라 하였고, 그런 일들이 일어나는 데 필요한 것이 무엇이 있는지 탐색하였다. 부정적인 생각에 집중하기보다 긍정적인 생각을 하는 것이 필요하고, 공상 대신에 그러한 상황이 되기 위한 것들에 대한 연구를 하는 데 시간을 보내기로 하였다.

• 계획했던 상담회기인 〈7회기〉가 다 되어 다음 주가 마지막 주로 마무리되어야 한다고 미리 이야기하니 내담자는 아쉬운 마음을 나타내었으나 이를 받아들였다. 상담자는 내담자의 아쉬운 감정에 머물러 주면서 상담을 통한 내담자의 변화와 적극성에 칭찬과 지지를 함으로써 앞으로의 생활이 더욱 즐겁고 긍정적으로 나아갈 것이라고 이야기하며 회기를 마무리하였다.

◎ 과제

긍정적인 생각에 집중해 보기

슈퍼바이저 피드백

　내담자가 "순간 이전의 불안정한 감정들이 다시 올라와서 마음이 상했으며 다시 악몽에 시달릴 것 같아 두려웠으나 이상하게 이전만큼 힘들거나 두렵지는 않아서 신기하였다."고 하였을 때, 상담자가 그 순간을 놓치지 않고 이유에 대해 탐색하였는데 이는 내담자가 변화를 인식하도록 돕는 좋은 기회가 되었을 것으로 보임. 마찬가지로 내담자가 "이제 차츰 생활이 즐겁고 안정적으로 진행되는 것 같아서 예전의 자신의 모습처럼 적극적으로 돌아오는 것 같다고 하였다."고 말할 때, "그런 모습이 어떤 모습인가요?"라고 질문하여 구체화했더라면 내담자가 자신의 모습을 확실히 인식하고 다지는 기회가 될 수 있었을 것으로 생각됨.

7회기

◎ **일시:** 2016년 ○월 ○일 (60분)

◎ **참석자:** 내담자

◎ **개입 방향:** 변화와 성장 확인, 변화 유지방안 탐색

◎ **회기 내용**

• 내담자가 아쉬워하는 표정으로 들어오면서 상담자에게 빵과 과자를 갖고 들어왔다. 빵과 과자를 갖고 온 것에 대해 상담자가 궁금해하며 감사를 표하였더니, 내담자는 마지막 상담이라 여러 가지 생각이 났으며 그동안 상담을 통해 많은 도움을 받았고 자신의 잃어버린 생활들을 찾을 수 있었음에 감사해서 드리는 것이라 이야기하였다. 내담자는 상담의 종결에 대해 아쉬움을 표현하면서도 앞으로의 생활에 대한 기대감을 나타냈다. 상담자는 상담을 시작하면서 생각했던 문제의 정도를 '심각하다'가 1점, '그렇지 않다'를 10점으로 가정하여 척도질문을 하였는데 내담자는 현재 8점 정도로 답하였

으며, 그 이유로는 상담을 통해 부정적인 생각에 집중하고 힘들어하기보다 자신이 즐겨 하고 긍정적인 부분에 집중하여 감정을 조절할 수 있었기 때문이라고 하였다.

• 앞으로의 생활 중에서 8점의 점수를 유지하게 된다면 무엇이 필요할 것인지에 대한 질문에 상담을 통해 시도했던 방법들을 적절히 활용하면 유지가 가능할 것 같다고 하였으며, 1점 정도 향상하기 위해서는 여가 시간을 활용하여 좋아하는 활동에 집중하는 시간을 늘리고, 친구들에게 자신의 상태를 이야기해서 공동체 활동에 무리가 가지 않도록 하는 것이라고 하였다. 이에 스스로 감정을 조절하기가 힘들 때 과제 수행하듯 시도했던 방법들을 모두 하려 하지 말고, 좋아하는 생각과 긍정적인 생각들을 하는 휴식시간을 갖도록 권면하였다.

• 상담자는 지난 회기 상담을 통해 일주일간 긍정적인 생각들에 집중해 보는 과제에 대해서 어떻게 수행했는지 점검하였고, 내담자는 주로 성공적인 학교생활에 대한 목표를 중심으로 도움이 될 수 있는 방법들에 대해 생각했다고 하였다. 상담자는 자발적으로 목표를 설정하고 긍정적인 생각들을 나열했던 내담자의 적극성에 칭찬하였으며, 생각을 단순히 머릿속에서만 멈추는 것이 아닌 실제적인 원동력이 되기 위해 기록하고 그림을 그리면서 현실적으로 나타날 수 있도록 하는 방법을 권장하였다.

• 앞으로의 생활에 두려움과 어려움이 있을 때 내담자가 어떻게 대처할 수 있는지에 대해 탐색을 하였는데, 이에 대해 내담자는 자신의 감정을 회피하지 않고 불편한 마음을 이야기하고 도와 달라고 주변에 말하면서 이제 혼자서 생각하고 감당하지만은 않을 것이라고 이야기하였다. 문제에 대해 적극적으로 직면하면서 헤쳐 나가다가 어떻게 해도 되지 않을 때는 다시 상담실에 찾아와도 되는지에 대해 상담자에게 질문하였고, 상담자는 언제든지 그러한 일이 있을 때 방문하면 좋을 것 같다고 이야기하였다.

• 내담자는 상담을 마치고 난 뒤 앞으로의 생활에 대한 두려움이 있지만, 그동안 생각보다 부모님이 사이가 좋지 않거나 다투는 부분에 대해 담담해

졌다고 하였으며 긍정적인 마음으로 종결을 받아들였다.

◎ 과제
상담을 통해 시도했던 방법들을 실생활에 스스로 적용하기

슈퍼바이저 피드백

"스스로 감정을 조절하기가 힘들 때 과제 수행하듯 시도했던 방법들을 모두 하려 하지 말고, 좋아하는 생각과 긍정적인 생각들을 하는 휴식시간을 갖도록 권면하였다."고 상담자가 이야기하였는데, 이보다는 좀 더 구체적으로 그동안 문제를 해결하기 위해 효과적이었던 생각이나 방법들을 열거해 보게 하고 그러한 것들을 계속해 보도록 권하는 것이 좋음. 종결상담에서 중요하게 다루어져야 하는 부분은 그동안의 성과를 낸 내담자의 노력과 방법에 대해 치하하고 잘해 왔으니 앞으로도 계속 잘할 수 있다는 자신감을 주는 일임.

또한 내담자가 "그동안 생각보다 부모님이 사이가 좋지 않거나 다투는 부분에 대해 담담해졌다."고 할 때 어떻게 담담해질 수 있었는지, 그전과는 뭐가 달라서 담담해질 수 있었는지 등의 추적질문이 필요하다고 보이며, 이는 내담자의 성장을 확인하는 방법으로 유용함.

축어록(7회기)	슈퍼바이저 피드백
상1: 한 주간 어떻게 지냈나요? 내1: 잘 지낸 것 같아요… 뭐… 악몽도 안 꾸고 잘 자고 그랬어요. 상2: 악몽도 꾸지 않고 잠도 잘 잤다니 놀라운데요? 내2: (웃으면서) 네, 저번에 이야기했던 색칠공부 있잖아요. 그거 하다 보니까 집중도 잘 되고 되게 좋던데요. 색칠하다 보니 아무 생각이 들지 않았어요. 상3: 색칠공부가 도움이 된다니 좋은 것 같네요. 내3: (뜸 들이며) 그런데…. 상4: 무슨 일 있었나요? 얼굴 표정이 좋지 않네요.	<상2> 내담자의 변화에 상담자가 놀랍다고 반응하는 것은 내담자가 변화를 인식하고, 그 원인을 돌아보게 하는 데 도움이 되었을 것으로 보임. <상4> 비언어적 반응인 내담자

내4: … 다 좋았는데, 엄마가 연락이 왔었어요. 아빠랑 싸웠다고….

상5: 부모님이 다퉈서 마음이 쓰였나 보군요.
내5: 네…. 처음엔 내가 없을 때 두분이서 심하게 싸우진 않을까, 엄마가 또 그런 상황에 놓이지 않을까 걱정했어요. 두렵고, 무섭고…. 그래서 다시 우울해졌었어요.

– 중략 –

내담자의 우울한 감정에서 머물려 주며 공감과 지지하였음.

상6: 그렇군요…. 많이 걱정이 되었을 것 같네요. 그럼에도 불구하고 상담을 하러 이 곳에 오신 것 자체가 저는 대단하다고 생각이 됩니다. 저라면 이렇게 상담을 받으러 오진 못했을 것 같아요. 어떻게 힘든 상황에도 이렇게 상담에 오실 수 있었나요?
내6: 상담을 받고 나면 마음이 가벼워지고 뭔가 다시 잘 할 수 있을 것만 같은 느낌이 들어서 힘이 나니까요. 그렇지만 통화하고 나서는 무섭고 우울해서 일이 손에 안 잡혀요….
상7: 상담을 받고 나면 힘이 생기고, 잘할 수 있을 것만 같은 느낌이 드는군요. (내담자를 바라보다, 잠시 후) 준혁 씨가 대체적으로 악몽과 잔상도 없는 좋은 시간을 보냈다고 했는데 그때는 어떻게 하셨길래 좋은 시간이 되었을까요?
내7: 그때 상담시간에 이야기했던 것…. 음…. 색칠공부나 좋은 생각들을 하거나 그런 것들에 집중했었어요.

의 표정을 놓치지 않고 주목함은 내담자에게 관심이 많음을 표현하는 것으로 내담자와의 긴밀한 관계를 형성하는데 도움이 되었을 것임.

〈상6〉 내담자의 걱정에 대해 공감하고, 이런 상황에서 상담에 온 것을 칭찬함으로써 내담자의 문제 개선 욕구를 강화한 것은 문제해결 동력이 되었을 것임.

〈상7〉 내담자의 긍정적인 반응에 집중하여 이를 요약, 반복하여 들려주는 것은 내담자가 자신의 긍정적인 행동에 관심과 가치를 두도록 하는 데 도움이 되었을 것으로 보임. 또한 문제에 집중하기보다 예외상황을 탐색하여 내담자의 주의를 환기시킨 것은 적절하였음.

상8: 좋은 생각이라면 어떤 생각들을 말하는 거죠?

내8: 여기서 친구들과 잘 지내고, 부모님이 서로 의지하고 사랑하고 가족이 화목한 것들? 그런 생각들을 하면 저절로 웃음이 나기도 해요.

상9: 그런 생각들이 준혁 씨를 행복하게 하는군요. 음, 준혁 씨가 바라고 생각하는 바로 이런 것들이 현실적으로 이루어진다면, 무엇이 좀 달라지면 원하는 것들이 실제적으로 일어날 수 있을까요?

내9: 부모님이 싸우지 않는다면 이루어질 수 있어요.

상10: 사람들과의 관계에서 한 번도 싸우지 않는다는 건 힘든 것 같아요. 다만, 싸우고 나서의 대처법이 관계를 돈독하게 하거나 원활하게 만들어 주는 것 같아요. 준혁 씨 생각은 어떤가요?

내10: 그건 맞지만, 아빠가 엄마를 때리는 것을 안 하실 거라 생각이 되지 않아서요. 불안해요.

상11: 준혁 씨가 많이 불안했군요. 혹시 부모님이 다투실 때, 화해하시거나 상황이 몸싸움까지 가지 않았던 때가 있었나요?

내11: 음…. 아빠가 외도를 한 뒤로 엄마가 예민해져서 그냥 맛있는 것만 사 와도 화를 내고 어느 년이 먹다 남긴 거냐고 하거든요. 그럴 때 아빠가 처음에는 받아주다가 나중에는… 때리는데…. 그때 제가 끼어들어서 따로 방으로 데리고 가서 엄마한테는 아빠 흉을 보고, 거실에 있는 아빠한테는 엄마 흉을 보고…. 그러면 조용해져요.

상12: 그때는 준혁 씨가 중간 역할을 잘해 주어서 부부 싸움이 더 이상 이어지지 않았군요.

내12: 네…. 제가 원래 이런 걸 잘해요.

상13: 엄마가 전화 하셨을 때, 준혁 씨는 어떻게 했었나요?

내13: 아무 말도 못 했어요. 너무 무서워서….

<상9> 내담자의 긍정적인 생각에 초점을 두고 내담자가 변화를 생각해 보게 한(change talk) 것은 문제해결을 위해 효과적임.

<상11> 내담자의 감정에 공감해준 것은 내담자의 불안을 감소시키는 데 도움이 되었을 것으로 보이며, 부모가 싸울 때 폭력이 일어나지 않았던 예외상황을 생각해 보게 함은 바람직하였음.

<상12> 가정의 평화를 위해 노력한 내담자의 기여를 칭찬함으로써 내담자가 부모를 위해 무책임하게 아무것도 하지 않은 것이 아니라 뭔가 도왔다고 생각하게 하는 데 도움을 주었다고 생각됨.

상14: 기숙생활을 하고 있는 준혁 씨에게 엄마가 왜 전화를 했을까요?

내14: (침묵) 그냥 이야기할 곳이 없어서…. 제가 잘 들어줬으니까 이야기하고 싶어서….

상15: 만약 준혁 씨가 엄마라면 아들에게 전화해서 가장 듣고 싶은 말은 무엇일까요?

내15: 걱정하지 마. 내가 아빠한테 뭐라고 해 줄게! 나만 믿어!

상16: 위로받고 지지받고 격려받고 싶은 거군요.

내16: 그랬을 것 같아요….

상17: 다음에 어머니께서 연락이 와서 이야기하게 된다면, 아까 이야기했던 말들을 전해 줄 수 있을까요?

내17: (자신없는 듯) 네….

상18: 준혁 씨가 좀 더 자신 있게 이전처럼 이야기할 수 있으려면, 무엇이 달라지면 그렇게 할 수 있을까요?

내18: 마음이 좀 편안해지면 할 수 있을 것 같아요.

상19: 마음이 편안해지려면 할 수 있는 일들은 무엇이 있을까요?

내19: 나쁜 생각들, 쓸데없는 생각들을 많이 하는데 이런 것 좀 줄이고…. 감정관리, 생각관리가 되면 잘 이야기할 수 있을 것 같아요.

상20: 그렇군요. 감정관리와 생각관리가 잘 되는 데 도움이 될 수 있는 것들이 있을까요?

내20: 긍정적인 생각들을 하는 시간이 생긴다면? 기숙생활을 해서 혼자만의 시간이 보장되지 않아요. 같이 있고 같이 생활하다 보니 생각할 시간이 없어요.

상21: 그렇군요. 그럼, 기숙생활을 하면서 친구들과 같이 있지 않는 때는 언제인가요?

내21: 독서실에 가거나 휴게실에 가는 것? 그런 때는 자유롭게 있을 수 있어요.

상22: 독서실이나 휴게실에 가서 자유롭게 있을 수 있군요. 좋은 것 같아요. 그곳에서 혹시 준혁 씨의 개인

<상14> 상담자의 질문 이전에 내담자의 정서 반응에 대한 충분한 공감이 필요함.

<상15> 내담자가 어머니의 마음을 이해하도록 돕는 관계성질문이 잘 되었다고 생각됨.

<상16> 어머니의 감정을 para-phrasing해 준 것은 내담자가 어머니를 이해하는 데 도움이 되었을 것으로 보임.

<상18> 자신 없어 하는 내담자에게 먼저 공감해 주는 것이 필요한 듯함. 하지만 자신 없어 하는 내담자를 격려하기 위해 다시 변화를 생각해 보게 하는 질문은 적절하다고 보임.

<상20> 내담자의 긍정적 생각을 확대하기 위해 해결방안을 모색하는 적절한 질문으로 보임.

<상21> 예외상황이 언제인지 생각을 구체적으로 확대하는 적절한 질문임.

시간을 가질 수 있을까요?

내22: 네.

상23: 개인시간을 갖게 된다면 무엇을 하고 싶으신가요?

내23: 음악을 들으면서 생각들을 정리하고, 무섭고 불안한 생각보단 긍정적인 생각들을 하려고 해요.

상24: 그러한 생각들이 준혁 씨에게 어떤 영향을 미치나요?

내24: 음…. 불안해지지 않고 머리를 비우기도 하고, 편안해져요.

상25: 개인적인 시간을 보내면서 긍정적인 생각을 하는 것들이 준혁 씨에게 좋은 영향을 미치는 것 같아요.

내25: 네. 그런 시간을 만들려고 하면 만들 수는 있는데…. 잘 안 했던 것 같아요…. 머리가 복잡하다고만 생각해서….

상26: 오늘 이후부터 시간을 만들어서 준혁 씨의 감정과 생각을 정리하고 긍정적으로 관리하면 좋을 것 같네요.

내26: (옅은 미소를 보이며) 네.

상27: 표정이 한결 편안해 보이세요.

내27: 네…. 말하고 나니 마음이 편안해지고 어렵지 않는 것들이라는 생각이 드네요. 근데 왜 그때는 그런 생각들을 못했는지 모르겠어요….

상28: 상담을 통해서 준혁 씨가 말한 부분들이 0의 상태로 될 수는 없지만 지금처럼 준혁 씨의 생각과 감정들을 조절하는 방법들을 잘 활용한다면 스스로 문제를 조정하고 컨트롤할 수 있을 거라 여겨지네요.

내28: 네…. 아직은 확실하게 자신 있다고 할 순 없지만, 그럴 수 있을 거라고 생각이 듭니다.

상29: (웃으면서) 준혁 씨의 장점은, 적극적으로 참여하고 추진력이 있기 때문에 잘하실 수 있을 거라 믿어요. 준혁 씨가 처음에 상담에 왔을 때보다 지금 모습을 보면 훨씬 밝아지고 자신감 있는 모습으로 느껴져요. 분명 표정이 많이 밝아지셨어요. 준혁 씨는 어떻게 생각하세요?

<상23> 예외상황을 구체화시키고 해결방안을 모색하기 위한 가상질문이 적절하게 제시되었음.

<상24> 예외상황의 영향력 확인으로 긍정적 변화를 모색하려는 상담자의 질문이 잘되었음.

<상27> 내담자의 비언어적 행동에 주목한 상담자의 반응은 내담자가 이야기를 전개시키는 데 바람직하였음.

<상29> 내담자의 장점을 활용하여 문제해결에 적극적이고 추진력 있게 행동할 수 있음을 격려하는 반응이나 내담자에게는 다소 부담으로 느껴질 수 있다고 생각됨. 얼마나 자신감이

내29: (부끄러운 듯 고개를 숙이면서) 그런가요? 저는 잘 모르겠지만, 요즘은 대체적으로는 많이 우울하거나 무기력하진 않아요. 어느 정도 우울할 때에 이 정도엔 무엇을 해야겠다는 생각이 들어서 그 순간을 넘어가기도 하고 그래서 좋은 것 같아요.

상30: 정말 많은 변화가 있었군요. 대단해요 준혁 씨. 많이 응원하고 박수 쳐 드리고 싶어요! 만약 친구들이 이곳에 있다고 가정했을 때, 그 친구분들에게 준혁 씨가 긍정적으로 변화되었는지에 대해서 물어본다면 여기서 1점에서 10점을 기준으로 했을 때에요, 변화의 정도를 몇 점으로 이야기할까요?

내30: 음…. 6점?

상31: 와! 6점을 주었네요! 6점을 준 데에는 어떤 이유가 있나요?

내31: 음…. 친구들이 제가 우울할 때 걱정하고 왜 훈련받지 않느냐고 물었을 때 평소 같았으면 대답도 안하고 누워 있거나 화내고 내쫓았을 텐데…. 요즘은 지금 많이 힘들어서 그렇다고…. 걱정해 줘서 고맙다고 이야기를 했어요. 처음에 말할 때는 나를 어떻게 생각할지 걱정했는데 생각보다 친구들이 이해해 주고 배려해 줘서 신기하고 고마웠어요. 다음부터는 언제 힘든지 언제 못 나가는지 이야기해 주면 대신 선생님한테 이야기해 준다고 앞으로도 이야기해 달라고 하더라구요. 제가 이야기하니까 친구들이 이해해 주고 도와주고…. 많은 것들이 달라져서 저도 당황스러웠어요.

상32: 친구들한테 이야기했군요. 그런 용기는 어디에서 나올 수 있었던 거예요?

내32: 상담받으면서 저도 노력해야 하고…. 저번에 상담 시간에 시연하고 연습해서 좀 더 쉽게 할 수 있었던 것 같아요.

상33: 대단해요 준혁 씨. 정말 대단해요. 그렇게 바로 적용해서 이야기하신 것 정말 칭찬해 주고 싶어요.

있는지, 또한 그 이유는 무엇인지 척도질문으로 구체화하고 확대했더라면 좋았을 것으로 생각됨.

<상30> 내담자의 긍정적 변화에 대한 친구의 입장을 묻는 관계성질문이 적절히 제시되어 내담자 스스로 긍정적 변화를 인식하는 데 도움이 되었을 것으로 보임.

<상31> 척도질문으로 향상된 점수의 이유를 확인함으로써 내담자 스스로 긍정적 변화를 인식하는 데 도움을 주었다고 생각됨.

<상32> 간접칭찬으로 내담자의 행동을 격려한 것은 바람직함.

<상33> 직접칭찬으로 성공적인 행동을 강화한 것은 적절하였음.

내33: 어제까지만 해도 우울한 것만 생각났는데, 이야기해 보니 우울하지만은 않았네요…. 잘한 것도 있었네요.

상34: 준혁 씨는 충분히 잘할 수 있는 사람이고 에너지가 있어요. 어렵고 힘든 시간을 이겨 내고 이 자리까지 계시잖아요. 그것만으로도 충분히 대견하고 노력한 다고 여겨집니다. 앞으로 어려운 일이 있을 때 이와 같이만 한다면 준혁 씨 앞으로 스스로 잘 해결해 나 갈 수 있을 것 같아요.

내34: 감사합니다. 선생님.

– 중략 –

이후 메시지 작성 및 과제 제시를 하며 상담을 마무리함.

<상34> 내담자가 예외상황을 인식하였으므로 이에 집중할 수 있도록 내담자의 생각을 인정하고 강화하는 추적질문이 필요하다고 생각됨. 이 외에 무엇을 노력하고 좋아졌는지 변화와 성장에 대한 구체적인 확인이 필요할 듯함.

3. 슈퍼비전을 위한 질문과 응답

1) 슈퍼바이지가 슈퍼바이저에게

(1) 내담자의 변화를 지속적으로 유지하는 데 있어 상담이 추가적으로 진행되어야 할 것으로 사료되었으나 내담자가 상담을 종결하기 원하기에 종결은 하였는데, 추후 문제가 발생한다면 어떤 접근 방법으로 다시 상담을 진행하는 것이 좋은지요?

☞ 처음 상담을 시작할 때부터 내담자가 속해 있는 기관으로부터 7회 상담을 요청받았고, 그 후 상담기간이 부족하면 연속상담을 요청하기로 하고 상담을 시작한 것으로 들었습니다. 상담자가 상담을 시작하면서 이러한 기간 제한을 요청받을 때 마음이 급해졌을 것이라는 생각이 듭니다. 보통 기관에 따라 상담횟수를 정해 놓기도 하는데, 이 사례는 아마도 기관을 벗어나 외부로 나가서 상담을 하는 것이라 더욱 기간을 제한한 듯합니다. 따라서 상담자와 내담자 모두 정해진 기

간 내에 목표를 달성하려고 노력을 많이 하였을 것 같고, 종결회기 전 상담자가 사전 공지를 통해 내담자의 종결에 대한 마음 준비를 돕고 종결상담을 진행한 것으로 보입니다.

기관과 내담자의 의견을 존중하여 종결은 하면서도 상담자가 미진해하는 이유는 다소 급하게 종결한 것이 아닌가 하는 생각이 들어서이겠지요. 저 또한 종결회기 마지막 부분에 내담자가 상담을 마치고 난 뒤 부모의 싸움에 전보다 담담해졌지만 앞으로의 생활에 대한 두려움이 있다고 표현한 데서 내담자가 아직 준비가 덜 된 느낌을 받습니다. 종결시점을 결정하기 위해서 우리는 흔히 상담 초기에 상담목표를 정할 때 몇 점 정도 달성하면 상담을 종결해도 좋은지 내담자와 종결목표점수를 계획하곤 합니다. 이 사례에서는 종결회기가 거의 정해진 상태에서 상담을 하였기 때문에 이와 같은 질문으로 상담을 시작할 수 없었는지 모르겠으나, 상담 초기에 희망하는 목표 달성 정도로 종결시점을 정하는 것은 상담자와 내담자가 합의 종결하는 데 유용합니다.

이런 상황에서 상담자는 종결회기에서 다루는 효과 유지와 향상방법 등을 탐색하여 내담자가 종결을 준비하도록 잘 도와주었다고 생각합니다. 덧붙여 종결회기이니 만큼 몇 가지 좀 더 다루었더라면 하는 점은, 첫째, 종결회기에서 상담자는 문제의 심각성을 척도질문하였는데 이러한 질문으로 내담자의 문제해결 능력을 알아볼 수도 있으나, 내담자가 설정한 두 가지 목표의 달성여부 정도를 질문하였더라면 이 정도에서 종결해도 좋은지 상담기간을 연장해야 하는지를 결정하는 데 보다 구체적으로 질문할 수 있어 도움이 되었을 것입니다. 둘째, 첫 번째 점과 비슷하긴 하나 상담자가 마지막 주라고 이야기하니 내담자가 아쉬운 마음을 나타냈을 때, 계속 상담을 한다면 뭐가 좋아질지를 탐색하여 혼자서 할 수 있는 방법을 논의할 수 있으리라 봅니다. 셋째, 상담자가 그동안의 내담자의 노력에 대해 내담자 스스로 짚어 보게 함으로써 열심히 노력한 성과들을 확인해 주었더라면 후일에 대한 자신감을 갖는 데 도움을 줄 수 있었을 것입니다. 넷째, 문제의 재발과 후퇴에 대한 준비로서 지금까지 빠른 시간 내에 내담자가 많이 좋아졌는데 재발과 후퇴가 있을 수 있음을 언급하고, 이에 대해 내담자가 어떻게 대처할 것인지 또 어떻게 극복할 것인지에 대한 적극적인 상담이 필요합니다.

내담자가 속해 있는 기관과의 약속인 〈7회기〉라는 정해진 회기 안에 상담을 종결하게 되어 좀 더 상담이 진행되었더라면 하는 안타까움이 있습니다. 내담자도 기관에서 정해 준 회기를 마음에 두고 있어서 회기를 연장하는 것이 쉽지 않았던 것 같지만 상담자도 종결하면서 다소 불안한 마음이 들었던 것 같은데, 이런 경우는 미리 기관에 양해를 구하고 상담일정을 조정하였더라면 하는 아쉬움이 남습니다. 그리하여 한 달 뒤에라도 잘 지내고 있는지 확인하는 추수상담을 약속하고 헤어졌더라면 향후 내담자의 노력과 유지를 확인할 수 있기에 두 사람 모두 좀 더 편안한 마음으로 종결을 준비했을 것으로 생각됩니다.

추후 문제가 발생한다면 어떤 접근 방법으로 다시 상담을 진행하는 것이 좋은지에 대한 답변으로, 해결중심상담에서는 문제가 재발되어 상담을 재개한 경우 보통 그것보다 더 나빠졌을 수도 있는데 그 정도로 멈춘 것은 다행이며 어떻게 그렇게 할 수 있었는지, 더 이상 악화되지 않도록 무엇을 했는지를 질문할 수 있습니다. 또한 처음 상담을 하러 왔을 때와는 어떤 차이가 있는지, 그때보다 나은 점이 있다면 무엇인지, 그동안 해 온 노력과 성과들은 무엇인지, 이런 후퇴를 통해서 배운 것은 무엇인지, 앞으로 이렇게 알게 된 것들이 도움이 된다면 무슨 도움이 될 것인지 등의 질문을 통해 예외, 강점 및 자원을 발견하도록 돕는 것입니다.

(2) 트라우마를 겪고 있는 내담자뿐만 아니라 사건의 중심에 있는 부모와의 상담이 필요하다고 여겨졌습니다. 내담자의 변화에 대해 긍정적으로 반응하며 관심을 가지나, 상담에 참여하는 데는 거부하는 부모님을 대상으로 상담을 권면할 수 있도록 하는 개입방법은 어떠한 것들이 있을까요?

☞ 상담자는 사건의 중심에 있는 부모와의 상담이 필요하다는 생각을 갖고 있습니다. 먼저 궁금한 것은 내담자가 부모와의 상담을 원한 것이었는지, 아니면 상담자의 생각인지 알고 싶습니다. 또한 부모가 상담에 참여하기를 거부한다는 내용으로 봐서는 내담자가 이미 부모상담을 청한 듯한데 어떤 이유를 들어 부모님을 초청하였는지, 상담자께서는 부모님이 오셨더라면 어떤 작업을 하기 원하셨는지 궁금합니다. 저도 가정 내에서 보다 큰 권력을 가진 부모의 적극적 참여가 내담자의 치유와 회복에 도움이 되었을 것으로 생각하지만 상담자가 이를 적극 권하는 것은 조심스럽다는 생각입니다. 부모가 끝내 참여하기 원치 않았을 경우, 오히려 내담자에게 여한을 남길 수 있기 때문이지요.

만약 부모상담을 계획했으나 뜻대로 이루지 않았을 경우, 부모가 상담 온 것을 가정하는 가상질문을 다음과 같이 할 수 있을 것입니다. 부모님이 오면 무엇이 좋아질 것 같은지, 부모님으로부터 무엇을 알고 싶은지, 안다면 무엇이 달라질 것인지, 또 부모님에게 무엇을 말하고 듣고 싶은지, 말한다면 무엇이 달라질 것인지, 그런 것들이 무슨 도움이 될 것인지를 탐색함으로써 가족상담의 효과를 부분적으로 얻을 수 있을 것입니다.

저는 보통 부모님을 초청할 때, 내담자의 긍정적 변화를 직접 오셔서 이야기해 주신다면 내담자를 돕는 데 큰 도움이 될 것이라고 이야기하곤 합니다. 즉, 내담자가 가정에서 어떻게 생활하며 무엇이 좋아진 것 같은지, 어떤 변화가 있는지 알고 싶으며, 아들에 대해 걱정하고 관심을 많이 갖고 계시니 도와주십사 청합니다. 또한 부모님이 아들의 변화에 대해 어떻게 생각하고 느끼는지 말씀해 주신다면 아들의 성장과 발전에 도움이 될 것이라고 말씀드릴 것입니다.

(3) 예외탐색을 주로 진행하면서 내담자가 호소하는 감정에 충분히 머물러 주거나 공감해 주는 부분에 대해서는 부족하였던 것 같습니다. 부정적인 감정에 대해 머무는 과정이 오히려 내담자의 우울함을 증폭시키는 것 같은 염려가 있었는데, 우울한 내담자의 감정에 대해 충분히 머물러 주면서 자연스럽게 생각을 전환하는 방법에 '그렇지 않았던 때'를 탐색하는 것 외에 무엇이 있을까요?

☞ 여기에서 감정에 충분히 머문다는 의미는 무엇인지 궁금합니다. 충분히 머문다는 것과 공감은 어떤 차이가 있는지, 머문다는 것이 지금 현재에서 그 감정을 느끼도록 하는 것인지도 궁금합니다. 공감이라고 한다면 내담자의 감정을 이해하고 느끼는 것으로 상담자의 기본 자세를 말하는 것 같은데요, 상담자가 어떤 의미로 머무는 것과 공감을 표현하신 건지 잘 모르겠습니다. 내담자가 호소하는 부정적 감정에 대한 공감은 꼭 필요하다고 보며, 공감이 더 필요하다고 생각하는 부분에 대해서는 축어록에서 저의 의견을 제시하였습니다.
해결중심상담에서는 내담자의 감정과 정서를 다루는 데 있어서 다른 전통적인 상담방법과 다소 차이가 있습니다. 해결중심상담에서도 내담자가 감정을 나타낼 때 공감해 주는 것은 신뢰 관계 형성에 중요하다고 보지만, 감정상태를 더 설명하도록 하거나 원인과 결과를 추정하도록 탐색하는 질문보다 그 대신에 감정과 정서상태를 관찰할 수 있는 행위와 맥락으로 끌어내는 것이 중요하다는 관점을 갖고 있습니다. 그 이유는 감정은 행동과 연관되어 있어서 행위와 맥락을 통해 변화할 수 있다고 보기 때문이지요. 예를 들어, 내담자에게 우울한 감정이 어떤 것인지, 그 원인은 무엇인지 등의 정서상태에 대한 질문보다 우울하기 전에 어떤 상황에 놓여 있었는지, 우울할 때는 보통 무엇을 하는지와 같이 우울과 관련되어 전과 중간, 후에 어떤 상황이 벌어지는지의 상황에 초점을 맞추어 관찰 가능한 것을 탐색하곤 합니다. 내담자가 말하는 우울한 감정은 우울과 관련된 무언가가 전과 후에 발생한다고 보며 흔히 외부의 상황과 연관되어 다른 사람과의 관계 속에서 나타난다고 보는 것이지요. 이 사례의 경우 내담자의 우울한 감정은 어머니가 전화를 했을 때나, 어머니의 자해 장면이 떠오를 때 생기기도 합니다. 또 우울할 때는 학교에서 집단 활동에 나가지 않고 친구들이 말을 시키면 화를 내기도 하여 학교생활과 대인 관계에 문제를 가져오기도 합니다. 이와 같은 탐색들은 정서의 내적 상태보다 외적 상태, 즉 맥락 내에서 행위로 나타나는 감정을 이야기하는 것으로 해결중심상담에서 내담자의 감정을 다루는 방법입니다.

　그러나 감정을 다루는 데 있어 우리가 가장 관심을 두어야 할 부분은 부정적인 감정이 일어나지 않는 예외탐색이 될 것입니다. 해결중심상담에서는 내담자의 감정에 공감하며 감정이 일어난 상황과 전후 관계, 및 상호작용에 대해 탐색할 때 우울한 감정에서 벗어날 수 있었던 예외를 탐색합니다. 이에 상담자께서도 '그렇지 않았던 때를' 탐색하였고 과제와 더불어 매 회기마다 예외탐색을 하였을 것입니다. 기분이 좋을 때, 친구들과 잘 지낼 때, 학교생활과 단체생활을 잘할 때 등과 같이 '~ 대신에' 좋을 때 무엇을 어떻게 하는지 탐색할 수 있습니다. 진정 내담자가 원하는 것은 부정적인 정서를 재경험하는 것보다 긍정적인 정서를 갖는 것일 것이고, 부정적 정서를 경험할 때는 빨리 거기에서 빠져나오는 것이기 때문입니다.

해결중심상담에서는 부정적인 정서를 해결해야 하는 문제로 간주하지 않으며 오히려 보다 나은 것을 만들어 내는 내담자의 자원으로 보기도 합니다. 다시 말해 부정적인 정서란 내담자가 '보다 나은 기분'을 느낄 수 있는 상황을 만들도록 돕는다고 보고, 이런 느낌이 해결방안을 성공적으로 구축하고 강화하는 한 부분임을 내담자가 기억하도록 돕는 것입니다.

다른 형태의 예외탐색으로 과거의 부정적 경험을 이야기할 때, 충분히 어려움을 공감하고 인정하면서도 문제보다는 이를 이겨 낸 자원과 강점을 파악한다면, 부정적 정서를 이야기할 기회를 제공하면서 내담자의 대처 능력을 알 수 있는 좋은 기회가 될 수 있습니다. 상담자의 우려처럼 간혹 내담자가 자신의 감정에 깊이 들어가 빠져나오기 힘들어하는 경우를 접하기도 하는데, 이때는 우리가 잘 알고 있는 기적질문을 통해 내담자가 속해 있는 불행한 세계를 빠져나와 행복한 세계로 전환할 수 있도록 도와줄 수 있을 것입니다.

2) 슈퍼바이저가 슈퍼바이지에게

(1) 상담자는 이 상담을 통해 어떤 부분이 성장했다고 생각합니까?

- 신경정신과로부터 진단받은 내담자의 PTSD 증상에 대해 더욱 이해할 수 있게 되었고, 이러한 증상에 대하여 해결중심적인 상담기법을 적절하게 활용함으로써 간과하고 놓칠 수 있었던 부분들을 세심하게 바라보는 능력이 성장되었습니다. 이를 테면, 내담자가 지속적으로 불안한 생각과 잔상이 보여 일상생활에 어려움이 있다고 호소하였는데 이에 대해 증상에 집중하기보다 예외를 탐색하고 성공적인 상황을 볼 수 있도록 함으로써 가장 기본적인 해결중심적 관점을 확대하고 능력을 증대시킬 수 있었다고 봅니다.

(2) 이 상담에서 도움이 된 상담자로서의 강점과 자원은 무엇이라 생각합니까?

• 저의 긍정적인 생각, 수용적 태도, 밝은 표정 등이 우울해하고 힘들어하는 내담자에게 에너지를 줄 수 있었던 것 같습니다. 내담자는 이러한 부분에서 힘을 얻고 상담에 대해 신뢰가 생기고 배울 수 있었다고 하였습니다.

(3) 상담자는 내담자의 목표가 성취되었다고 생각합니까?

• 내담자의 목표는 두 가지로 집약될 수 있습니다. 첫 번째 목표는 어머니에 대한 충격적인 사건에서 벗어나고 싶은 것이었고, 두 번째는 우울한 감정에서 헤어나와 사람들과 잘 어울리는 것이었습니다. 첫 번째 목표인 어머니에 대한 충격적인 사건에서 벗어나고 싶은 것에 대해서는, 내담자가 '자신이 즐거워하는 활동을 집중적으로 할 때'가 잔상과 부정적인 생각이 들지 않은 때라고 한 것을 중심으로 긍정적인 공상, 색칠공부 등의 활동을 함으로써 예외적인 상황이 증가하였습니다. 그 결과, 트라우마로 인한 잔상과 부정적 생각의 빈도가 감소하였고, 부모의 사이가 좋지 않을 때의 염려와 걱정에 대해서도 스스로 조절할 수 있게 됨으로써 목표가 성취되었다고 생각합니다.

• 두 번째 학업의 특성상 훈련과 공동체 활동이 많은데, 우울함으로 인해 함께하지 못하는 것으로 피해를 입히고 더욱 위축된다고 호소한 부분에 대해 스스로 감정 컨트롤을 하게 되면서 친구들에게 현재 자신의 상태를 이야기하는 데서부터 시작하여 어느 정도 자연스럽게 소통을 할 수 있게 되었습니다. 부적응적인 모습을 보이던 학교생활에 적응력이 높아졌고 대인 관계가 증진됨으로써 내담자 스스로 목표 달성에 대한 만족도가 높았습니다.

(4) 내담자는 이 상담을 통해 무엇이 도움이 되었다고 말씀하실까요?

• 상담자가 이미 내담자에게 유사한 질문을 한 적이 있었는데, 내담자는

상담 전에는 문제 속에 갇혀 스스로를 바라보고 자신의 강점을 바라볼
수 없었으며 발전적으로 나아가야 할 방향성을 찾지 못하였으나, 상담
을 통해 문제사건 안에 있는 자신을 환기시키고 예외적인 상황을 탐색
하여 잘 기능할 수 있는 자신이 되었다고 하였습니다. 또한 스스로 감정
을 통제할 수 있는 사람이 될 수 있었다고도 하였습니다.

(5) 적절하게 사용한 상담자의 상담기술과 도움은 무엇인가요?

• 해결중심상담의 철학과 기법을 중심으로 다양한 개입을 하였습니다.
예외질문을 통하여 문제에 집중하기보다 그렇지 않은 때를 탐색하여 환
기시켜 주었고, 척도질문을 통해 내담자의 심리정서적인 상태와 마음을
수량적으로 알 수 있게 하였으며, 혼란스러운 감정을 정리하는 데 도움
을 주었습니다. 또한 관계성질문을 통해 내담자는 자신의 변화를 확인
하고 목표를 달성하고자 노력하는 데 동기 부여가 되었을 것으로 생각
됩니다.

• 또한 역할 시연과 연습은 내담자가 실제 생활에서 소통하는 데 두려움
을 경감시키고 적절히 활용하는 데 도움이 되었을 것으로 생각되며, 성
격검사와 의사소통검사 등의 활용은 내담자가 자신에 대해 알고 타인을
이해할 수 있는 시간이 되었을 것으로 생각합니다.

(6) 다음에 이와 유사한 내담자를 만난다면, 이 사례에서 배운 어떤 것을 더 하고 싶은가요? 만일 다르게 하고 싶은 것이 있다면 어떻게 다르게 하고 싶은지요?

• 상담을 통해 아쉬운 점은 내담자의 문제와 감정에 대해 충분히 머물러
주지 못한 것입니다. 다시 상담을 한다면 이러한 부분을 충분히 수용하
며 들어주는 시간을 갖고 단기상담 안에서 보다 전략적으로 상담을 진
행할 것 같습니다. 또한 어머니와의 상담이 함께 진행되어 가족상담으
로 진행되었더라면 내담자의 문제가 개인의 문제로만 인식되기보다 가
족 전체의 역동이 일어나 긍정적인 변화를 도출할 수 있었을 것으로 생

각됩니다.

4. 슈퍼바이저 메시지

　　이 사례는 청소년기부터 가정폭력에 노출되어 성장해 온 내담자가 어느 날 부모의 싸움 중에 어머니가 자해하는 장면을 목격하고 외상 후스트레스 증상으로 시달려 상담을 의뢰한 경우입니다. 대학생이 된 후 기숙사생활을 하고 있는 내담자는 어머니가 손목을 그어 피가 나는 장면이 자꾸 떠올라 잠도 잘 자지 못하고, 악몽에 시달리면서 우울감과 무기력감, 어머니의 자해를 막지 못했다는 죄책감으로 인해 친구들과 어울리지 못하고 공동체 생활을 제대로 할 수 없어서 상담을 신청하였습니다.

　　〈7회기〉 동안의 길지 않은 회기들을 통해 내담자의 증상이 완화되고 원하는 바에 근접할 수 있었던 것은 상담자가 해결중심상담 원리에 입각하여 한 단계씩 차근차근 상담을 진행한 결과라고 생각됩니다. 더욱이 내담자는 부모의 성장 배경의 차이에서 비롯된 가정불화와 아버지의 외도 및 외박으로 인해 아동기부터 장기간에 걸쳐 지속되고 반복된 부모의 싸움을 경험하며 가정폭력의 목격자로 살아온 터여서 만성적인 우울감과 무기력감을 갖고 있었을 텐데, 이와 같이 단기간에 상담효과를 가져온 것은 상담자가 증상을 없애는 것에 집중하기보다는 증상이 나타나지 않을 때에 초점을 맞추는 해결중심상담의 장점을 잘 살린 것으로 보입니다.

　　상담자의 관점은 내담자의 증상에 집중하기보다는 예외를 탐색하고 성공적인 상황을 바라보는 해결중심상담을 기반으로 하고 있습니다. 해결중심상담에서는 증상 제거보다 증상이 일어나지 않을 때에 주목하여 내담자가 원하는 미래를 만들어 가도록 돕는 것이 중요한

데, 상담자는 이 관점을 잘 유지하였다고 생각합니다. 흔히 상담자는 내담자가 만성적인 불안과 잔상으로 인한 고통을 호소할 때, 쉽게 그 증상의 힘듦에 함몰되어 증상을 제거하는 것에 관심을 두기 쉽습니다. 그러나 해결중심상담자는 해결책 구축을 위한 중요한 방법인 예외탐색을 통해 그동안 배경에 머물렀던 예외를 전경으로 배치함으로써 내담자가 상황을 바라보는 지배적인 방식을 뒤집어 놓을 수 있지요. 이 사례에서는 상담자가 어머니의 자해 장면을 재경험하지 않도록 하는 것에 관심을 두는 것이 아니라, 잔상이 나타나지 않을 때는 언제인지 예외적 상황을 탐색함으로써 내담자의 변화를 잘 이끌어 간 것을 볼 수 있습니다. 육체적으로 힘들어도 훈련과 정신없이 운동을 할 때면 잔상이 보이지 않는다는 점을 발견하고 인식하게 함으로써 긍정적인 영향을 미치는 것들을 찾아보도록 지각 변화를 꾀하였고, 뿐만 아니라 문제가 발생하지 않을 때 자신이 무엇을 했는지, 문제가 발생하는 상황과 그렇지 않는 상황에 어떠한 차이점이 있는지에 대한 예외탐색을 함으로써 예외상황을 구체화하는 노력을 하였습니다. 이와 같이 회기마다 예외탐색과 강점 활용을 통해 효과적인 것을 생각해 보게 하는 것은 내담자가 문제 발생과 유지의 관계, 그리고 문제해결의 방법을 인식하는 데 큰 도움이 되었을 것으로 생각됩니다.

이 사례는 특별히 해결중심상담에서 중시하는 라포 형성과 상담목표 설정이 잘 이루어진 것을 볼 수 있습니다. 내담자는 본 상담자와의 상담에 앞서 신경정신과 의사와 다른 상담자와의 상담경험이 있었는데, 서로 다른 이유로 두 번 모두 도움을 얻지 못하였습니다. 내담자는 신경정신과에서의 상담이 향후 취업할 때의 심리적인 부담으로 작용하여 PTSD란 진단을 받고 중도 포기하였고, 학교의 생활전문상담사로부터는 지지받지 못하고 지시받는다는 느낌 때문에 상담을 지속하지 못하였습니다. 그러나 본 상담에서 그만큼의 효과를 얻은 것은 상담자와의 라포 형성이 잘 이루어진 것으로 판단되며, 상담이 지속될 수 있도록 내담자에게 신뢰감을 준 상담자의 능력을 엿볼 수 있습니다. 내담자가 과거 경험을 이야기하는 것을 힘들어할 때 억지로 기억과 감정을 꺼내지 않아도 된다고 하거나, 회기를 거듭하면서도 독촉하지 않고 내담자의 속도에 맞게 이야기하도록 기다려 주는 '보조맞추기' 등을 통해 내담자와의 좋은 관계를 형성하였습니다. 더욱이 중도에 상담을 그만둔 이전 경험이 있으므로 내담자의 상담에 대한 동기를 알아봄으로써 내담자가 상담에 얼마나 노력할 것인지를 파악한 것은 이제 새로운 상담을 시작함에 앞서 내담자의 각오를 생각해 보게 하는 좋은 기회가 되었다고 생각합니다. 내담자로 하여금 상담에 대한 의지의 표현으로 '향후 상담에 꾸준히 참석하는 것'이라는 답변을 끌어냄은 첫 상담부터 내담자의 참여를 다지게 하는 계기가 되었을 것입니다.

우리는 만성적인 가정폭력하에서 자란 아동이 갖는 증상으로, 이 사례에서 볼 수 있듯이 사건에 대한 재경험, 우울, 불안, 자기비난, 죄책감, 인간관계의 문제 등 '복합성 외상후스트레스 증상'에 시달리는 모습을 볼 수 있습니다. 상담자가 내담자의 이러한 다양한 증상에 눌리지 않고 내담자가 상담에서 원하는 것이 무엇인지 보람질문을 함으로써 명료하게 상담목표를 두 가지로 구체화한 것은 참으로 놀랍습니다. 해결중심상담에서는 상담의 방향을 잡기 위해 목표 설정을 중요시하는데, 상담자가 〈1, 2회기〉에서 목표를 설정함은 복잡한 증상에 비해 빠른 효과를 내는 데 큰 도움이 된 것으로 보입니다.

상담자는 해결중심상담의 철학과 전략에 대해 깊은 이해가 있을 뿐 아니라 해결중심적으로 개입하는 데도 유능하다고 생각됩니다. 기본적으로 상담자는 개입방법으로 해결중심질문을 잘 활용하고 있는데, 보람질문으로 시작하여 척도질문과 관계성질문이 목표를 향한 진전을 가져오는 데 큰 역할을 하였습니다. 〈2회기〉 이후 거의 매 회기마다 무엇이 좋아졌는지를 질문함으로써 내담자에게 변화가 계속 진행될 것이라는 믿음을 유지하도록 도움을 주었고, 자칫하면 문제 이야기로 빠질 수 있는 지점에서 대처질문을 함으로써 해결지향으로 선회하는 기본이 탄탄한 상담자의 능력을 엿볼 수 있었습니다. 또한 축어록에서 보면 변화를 이끌어 내기 위해 "무엇이 달라지면 원하는 것들이 실제적으로 일어날 수 있나요?"라고 반복 질문하였는데, 이 또한 문제에 함몰되어 있는 내담자에게 희망을 주고 내담자가 변화를 기대하게 만드는 것으로 관점 이동에 유력한 개입입니다.

좀 더 개발되었으면 하는 점은, 첫째, 내담자의 반응에 좀 더 추적질문을 함으로써 내담자 스스로 정리하거나 답을 찾아가도록 구체화했으면 합니다. 둘째, 척도질문을 유용하게 잘 사용하고는 있지만 다양한 주제로 더욱 확대하기를 바랍니다. 상담의 동기를 척도질문하면서 얼마나 노력할 것인가를 묻는 것 외에, 실제로 할 수 있는 가능성은 얼마인지, 실제로 얼마나 노력했는지, 노력한 것들은 어떤 것들인지, 어느 정도 목표 달성했는지, 어느 정도 목표 달성하면 상담을 종결하려 하는지 등으로 보다 구체화할 필요가 있습니다.

보완하고 발전시켰으면 하는 점으로는 '복합성 외상후스트레스 증상'을 가진 내담자의 경우, 자존감 회복을 통한 치유경험을 가진다면 훨씬 정서적으로 안정될 수 있었을 것으로 여겨져 이에 대한 작업이 아쉽습니다. 해결중심상담에서는 부정적인 경험이나 감정을 다루는 것이 부적절하다고 생각하는 오해를 하는 경우가 있는데, 충분히 어려움을 공감하고 인정하며 내담자의 누적된 불안과 부정적인 경험에 대해 이야기할 기회를 제공할 수 있습니다. 이때 해결중심상담에서는 문제보다는 이를 이겨 낸 자원과 강점을 파악하는 것이 중요합니다. 내담자는 열악한 가정환경 속에서도 열심히 자신의 생활을 해 나가려고 하는 의지가 있고, 학업에도 열심이었으며, 내담자를 걱정하는 부모와 친구들이 있는 등 많은 강점과 자원이 파악되고 있습니다. 힘든 과거를 가지고 있지만 이를 잘 극복하여 대학생활을 하고 있는 것을 볼 수 있는데 대처 능력이 남다를 것으로 보입니다. 내담자가 "나는 왜 이런 일을 당하고 살았나." 하는 부정적 인식에서 그러한 경험들 가운데 자신이 헤쳐 나온 힘과 대처 능력, 자원과 강점을 찾아내게 함은 그동안의 피해자 의식에서 새로운 시각으로 자신과 경험을 바라보게 하는 좋은 치유경험이 될 것입니다. 이 외에 부정적 경험뿐 아니라 예외적 상황인 안정되고 좋았던 시절을 회상하게 함으로써 긍정적인 경험을 탐색하여 강점과 자원을 밝혀낸다면, 내담자가 자신의 삶을 다른 관점에서 조망하는 계기가 될 것이며, 내담자의 우울감과 불안 감소 및 자존감 향상에 큰 도움을 줄 수 있을 것이라 사료됩니다.

"좋은 엄마가 되고 싶어요."

1. 사례 정보

1) 내담자의 인적 사항

- 박○미(가명, 여, 41세)

2) 의뢰 경위

- 바우처 유형 중 하나인 발달장애인 부모심리 상담서비스 신청을 통해 상담을 신청함.

3) 상담횟수

- 면접상담 3회(진행 중)

4) 호소문제

- 7세인 첫째 아이가 자폐 2급으로 4세 때 장애진단을 받은 상태이다. 하지만 남편은 아직 그 충격에서 헤어나지 못한 상태로 아이의 상태를 인

식하면서도 자신의 기대에 미치지 못하면 아이에게 심하게 채근하거나
비난하는 등의 행동을 한다. 이런 남편의 행동으로 아이가 남편만 보면
회피하거나 불안해하는 등의 심리적 긴장감을 많이 보인다.
- 장애 자녀에게 악영향을 제공하고 있는 남편의 모습에 아내 또한 감정
적으로 대응하며 부부 관계도 갈등적 관계가 지속되고 있어 이중고를
경험하고 있다.
- 부부 관계에서 경험하는 갈등의 감정을 아이들에게 표현하는 것 같아
너무 미안한 마음이 크다.

5) 상담목표
- 아이들을 대하는 태도 변화하기
- 이야기할 때 아이가 이해할 수 있도록 차근차근 설명해 주기
- 아이들과 이야기 나눌 때 상냥하고 부드럽게 표현하기

6) 내담자의 가족 관계

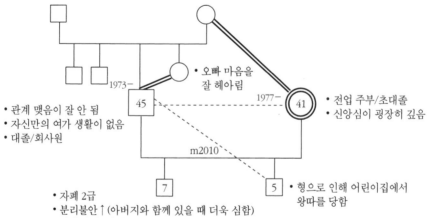

- 남편(47세): 타인과 관계 맺기가 어려우며, 집과 회사 외에는 별 관심이 없음. 자신만의 여가 생활이란 건 없는데, 그 이유는 아이에게 집중하다 보니 다른 것에 집중하지 못해 그런 것이라고 함. 하지만 아이의 성장에 도움을 제공하기보다는 그냥 아이의 부적응적 행동에만 집중하는 부분이 많음. 첫째 아이의 장애에 대해 수용하는 듯하면서도 과도한 기대로 서로 힘든 과정에 있음.
- 아내(44세): 신앙심이 깊으며, 자녀의 장애를 빨리 받아들임. 하지만 첫째 아이 문제로 남편과 갈등 관계가 지속되고 있음.
- 첫째 아이(7세): 4세 때 자폐 2급 진단을 받음. 비록 자폐 아동이지만 상황 판단과 인식은 어느 정도 되는 상태임. 그러나 타인과의 적절한 소통에는 어려움을 보인다고 함. 한글을 혼자 익힘.
- 둘째 아이(4세): 형으로 인해 적절한 돌봄을 제공받지 못하는 상황임. 형과 같은 유치원에 다니는데, 형으로 인해 또래 아이들에게 왕따를 당함. 상황에 대해 지혜롭게 받아들이는 아이로 일찍 철이 든 모습이 많음.

7) 내담자의 강점과 자원
- 자녀의 장애를 빨리 수용하는 힘이 있다.
- 자녀 양육에 대해 변화하고자 하는 욕구가 크다.
- 장애 자녀에 대한 불안감으로 인한 우울감이 적다.
- 자녀 양육, 교회 일 등 매사 열심히 살아가고 있다.

2. 상담과정

1회기

◎ **일시**: 2016년 ○월 ○일 (60분)

◎ **참석자**: 내담자

◎ **개입 방향**: 상담구조화 및 상담참여동기 탐색

◎ (내담자의) 회기목표: 장애아를 둔 부모의 심정을 이해받고 싶어요.

◎ 회기 내용

• 내담자는 바우처 사업 중 하나인 발달장애인 부모심리 상담서비스라는 사업을 알고 마음의 이야기라도 나누고 싶은 심정으로 신청하게 되었다고 하였다.

• 상담의 전반적인 과정에 대한 안내 후, 상담을 시작하였다. 내담자는 자신들의 결혼과정에 대해 간단하게 전달해 줬다. 부부 둘 다 좀 늦은 나이에 만나(남편40세, 아내37세) 우연찮게 연애를 시작하던 중 임신이라는 사실을 알게 되어 연애 5개월 만에 결혼을 서두르게 되었다고 하였다. 내담자는 첫째 아이 출산 후, 성장과정에서 아이가 눈 마주침과 소통에 대한 반응 등이 다른 아이들과 좀 다르다는 것을 잘 알아채지 못하고 그냥 좀 부산스러운 면이 있다고 생각했다고 하였다. 아이의 산만한 행동에 도움이 되고자 심리치료도 진행해 봤으나 효과를 보지 못하고 오히려 아이 상태는 더 빠지는 것 같았다고 한다. 아이의 정확한 상태를 알고 싶어 찾아간 병원에서 진료 및 검사를 통해 아이의 상태를 알게 되었는데, 그때 아이가 4세 때로 자폐 2급 확정을 받았다고 한다. 내담자는 그때의 충격을 생각하면 말로 다할 수 없는 심정이었다고 회상하였다.

• 부모로서 억장이 무너지는 심정이셨을 텐데, 어떻게 아이 증상을 빨리 수용하고 도움이 될 수 있는 것들을 잘 찾아 제공해 주시고 계신가요?   내담자는 비록 아이는 자폐 2급이지만, 다른 자폐 2급 아이들에 비하면 아이의 상태는 좋은 상황으로 혼자서 한글도 다 익혔고, 상황 판단과 인식도 어느 정도 가능한데, 타인과의 적절한 소통에만 어려움을 보인다고 하였다.

• 어머님의 빠른 대처가 아이에게 많이 도움이 되었네요?   내담자는 어차피 자식이 그런 상황이라는데 계속 거부해 봐야 도움이 되지 않을 것 같아 빨리 받아들이고 아이에게 조금이라도 도움이 될 수 있는 것이 무엇인지 찾아 재활치료를 열심히 해 주는 것이 낫겠다는 생각이 들었다고 하였다. 하지만 내

담자의 남편은 아직도 아이의 상태에 대해 혼란스러워하는 것 같아 마음이 좋지 않다고 하였다.

• 혼란스럽다는 것은 어떤 말씀이신가요?   남편은 아이의 병을 알면서도 아이의 행동에 기다려 주지 못하고 큰소리치며 다그치고, 끊임없는 잔소리와 경우에 따라선 폭력도 가끔 행한다고 내담자는 표현했다. 이런 남편의 행동은 아이에게 악영향을 미쳐 조금씩 아주 더디게라도 좋아지고 있는 것들이 원상태로 돌아갈까 걱정되는 마음이 크다고 내담자는 자신의 심정을 전해 주었다. 또한 남편에 대한 편치 않은 마음이 크다 보니 내담자는 남편과도 갈등적 상황이 계속 반복되고 있다고 하였다.

이렇게 내담자의 부부 관계가 자녀 문제로 인해 갈등이 계속되면서 내담자는 남편과의 관계에서 해소되지 않은 감정들을 본의 아니게 아이들에게 쏟아 내는 횟수가 점점 많아지는 것을 느낀다고 하였다.

• 오늘 상담을 통해 무엇이 조금이라도 나아진다면 상담에 참여하길 잘했구나 하고 생각하실 수 있으시겠어요?   이에 내담자는 아이들을 대하는 태도가 달라지기를 바라는데, 자신도 모르게 아이들한테 화를 많이 내고 있는 모습에 힘들다고 하였다.

• 화내는 모습 대신 어떤 모습을 보여 주고 싶으세요?   아이들한테 차근차근, 부드럽게 표현해 주면, 아이들도 엄마가 원하는 대로 잘 따라온다는 것을 내담자는 충분히 알고 있다고 하였다. 하지만 화를 참아야 하는 그 순간에 그게 잘되지 않아 아이와 함께 자신도 너무 힘들다고 하였다.

• 장애아동을 둔 부모님들은 상담 후, 머릿속이 더 혼란스럽고 답답하다는 심정을 전해 주는 경우가 종종 있었습니다. 이런 어머님들의 반응에 오늘 상담하고자 들어온 문을 다시 열고 나갈 땐 어지러운 심정을 조금이라도 털어버리고 가실 수 있도록 참여의 경험을 묻곤 합니다. 어머님은 이번 상담에서 어떤 경험을 하셨나요?   내담자는 자신을 잘 모르는 사람한테 어떤 평가도 없이 이야기할 수 있는 시간이 주어졌다는 것이 좋았으며, 아이 그리고 가족에 대한 이야기를 할 땐 언제나 경직되고 피해 버리는 경우가 많았는데, 오늘은 그런 생각 없이 이야기할 수

있었던 것이 가장 좋았다고 하였다.

◎ 메시지

아이의 장애에 대해 충격이 크셨을 텐데도 불구하고, 빨리 수용하여 아이에게 심리적 안정과 적절한 재활훈련에 최선을 다하고자 애쓴 마음이 바로 부모의 마음이 아닐까 싶습니다. 그런 마음과 달리 감정 조절이 잘되지 않는 그런 모습이 아이들에게 그대로 표출되어 애들이 상처받지 않을까 염려하시는 어머니의 모습을 통해 아이들을 참 많이 사랑하신다는것을 느꼈습니다. 앞으로 진행되는 회기를 통해 아이들에게 어머니의 그 마음을 잘 전달할 수 있는 것들이 무엇이 있는지 발견할 수 있는 시간이 되었으면 좋겠습니다.

2회기

◎ 일시: 2016년 ○월 ○일 (60분)
◎ 참석자: 내담자
◎ 개입 방향: 상담구조화 및 상담참여동기 탐색
◎ (내담자의) 회기목표: 아이들과 잘 지내는 부모가 되고 싶어요.

◎ 회기 내용

• 지난주 상담 후, 오늘 오시기 전까지 조금이라도 좋아진 것이 있으셨나요?   내담자는 남편이 상담을 다녀온 후, 좋았냐며 상담참여한 것에 관심을 보였다고 하였다. 내담자는 그런 남편을 보며 속으로 자신보다 남편이 받았으면 좋겠다는 생각을 잠시 하면서, 그냥 편견 없이 들어 주는 누군가와 이야기를 나누고 나니 작지만 마음이 평안한 한 주를 지낸 것 같다고 하였다. 그래서 그런지 내담자는 아이들에 대해서 안 좋은 것을 보려하기보다 조금이라도 좋은 것을 보고자 노력한 한 주이기도 했지만, 그런 모습은 짧게 잠깐이고 아이들과 함께하는 것도 잘되지 않아 속상한 마음이었다고 하였다.

• 아이들과 함께한다는 게 어떤 의미인가요? 내담자는 아이들과 같이 놀고 싶고 잘 놀아 주고 싶은데, 잘되지 않는 자신의 속상하고 답답한 심정을 얘기했다. 내담자는 첫째 아이의 재활치료와 둘째 아이의 심리치료를 위해 치료실을 다니다 보면 1주일 내내 치료실만 전전하다 거의 녹초가 되는 상황이 다반사인 것 같다고 하였다. 그러면서 내담자는 놀아 주고 싶은데 방법도 잘 몰라 잘 못 놀아 주는 것도 있다면서, 엄마로서의 욕심은 두 아이끼리라도 잘 놀면 좋은데, 두 아이도 놀이가 되지 않아 각자 따로 놀아 달라는 요구에 많이 지치게 된다고 하였다. 내담자는 이런 상황은 자신뿐만 아니라 아이들도 힘들고, 결국 아이들 성장에도 도움이 되지 않을 것 같아 남편에게 둘째 아이만 챙기고 놀아 달라는 요청을 했으나, 남편은 둘째 아이와 놀다가도 바로 첫째 아이를 간섭하면서 둘째 아이한테 의도치 않은 소외감을 느끼게 하다고 하였다.

• 아버님이 첫째 아이에 대해서 관심이 큰가 봐요? 내담자는 그런 남편의 모습에 대해 아이에 대한 관심이 아니고, 그냥 첫째 아이의 질책거리를 찾는 것으로밖에 안 보인다고 하였다. 내담자의 첫째 아이는 내년에 초등학교 입학을 앞두고 있는 상태로, 일반 학교 입학을 통한 통합 교육을 제공해 주고 싶은 마음이 큰데, 그 마음은 어디까지나 내담자 자신의 욕심으로 아이가 일반 학교 아이들과 함께하면서 장애라는 걸로 소외당하지 않을까 하는 걱정과 염려의 마음도 크게 가지고 있었다.

• 불안한 마음을 줄이는 데 좀 도움이 되는 것을 찾는다면 무엇이 있을까요? 내담자는 자신의 첫째 아이가 또래 아이들에 비해 다소 더디다 보니 혹시 배제당할까 싶은 부분을 제일 걱정하였다. 그러다 보니 첫째 아이에게 빨리빨리 움직이라고 다그치고 재촉하는 경우가 많고, 기다려 주지 못하고 화내는 것, 자녀 양육과 관련되어 계속되는 남편과의 갈등, 남편에게 질책당하는 첫째 아이를 보고 있는 심정 등 여러 복잡한 심정과 해결되지 못한 감정이 첫째 아이에게 영향을 미치고 있는 것 같다고 하였다.

• 오늘 이 자리에 남편분이 함께하셔서 아내의 이야기를 들으셨다면 지금 어떤 마

음으로 이 자리에 계실까요? 　내담자는 자신의 심정을 조금은 이해해 주지 않을까 하는 마음을 표현했다. 비록 남편은 첫째 아이의 태도를 아직 받아들이지 못해 계속해서 첫째 아이에게 악영향을 미치고, 내담자는 그런 남편의 행동에 계속적인 불만을 제기하고 있지만, 첫째 아이에 대해 받아들이지 못하는 남편을 바라보고 있자면 한편으론 남편 또한 불쌍하다는 마음도 느껴진다고 하였다.

• 남편도 많이 힘드시다는 말씀이시네요. 그래도 어떻게 남편분은 자녀에게 지속적인 관심을 주실 수 있을까요? 　내담자는 자신의 남편은 원래 타인과 관계 맺음을 잘하지 못하는 사람으로 거의 집과 회사 이 두 곳만 왔다 갔다 한다고 하였다. 그러다 보니 힘들거나 고민이 있어도 함께 공유하면서 나눌 친구나 동료 등이 주변에 없는데, 그나마 여동생하고는 나름 잘 통하는지 이야기도 곧잘 잘 주고받으며, 힘들 때마다 남편은 여동생과 이야기를 나누며 자신의 감정을 추스른다고 하였다.

• 지난 〈1회기〉 때처럼 오늘 참여한 상담에 대한 경험 또는 느낌을 묻는다면, 어떠셨나요? 　내담자는 사는 게 매일 똑같은 상황이다 보니 오늘은 상담에 가면 무슨 이야기를 할지 사실 고민이 되기도 했는데, 천천히 상담사와 함께 얘기하다 보니 어느새 내가 하고 싶은 말을 하고 있다는 것만으로도 신기하다는 생각이 든다고 했다.

◎ 메시지

아이들과 잘 지내고 싶고 잘 놀아 주고 싶은데 마음 같지 않다 보니 속상한 마음이 크셨네요. 어머님~ 천릿길도 한 걸음부터라는 이야기가 있잖아요. 조급히 생각하지 마시고 천천히 해 보자는 말씀 드리고 싶고요. 오늘 상담을 통해 남편에게 불만도 있지만, 인간으로서의 연민도 많이 느끼시고 계시는구나 하는 것이 느껴졌습니다. 오늘 돌아가서는 힘든 상황에도 나름 남편이 애쓰고 있는 것을 한번 관찰해 보는 한 주가 되셨으면 좋겠습니다.

3회기

◎ **일시**: 2016년 ○월 ○일 (60분)

◎ **참석자**: 내담자

◎ **개입 방향**: 내담자의 마음 여유 찾아보기

◎ **(내담자의) 회기목표**: 마음의 여유를 느껴 보고 싶어요.

◎ 회기 내용(축어록)

- 전략 -

• 상담자는 내담자에게 성탄절에 아이들이 어떻게 지냈는지 물으며 상담을 시작하였다. 하지만 내담자는 첫째 아이가 장애아동이다보니 사람 많은 곳을 돌아다니는 데는 어려움이 있어 그냥 집에만 있었다고 하였다. 이런 상황에 둘째 아이는 떼를 쓸 만도 한데, 선물을 달라고 하지도 않고 외출하자는 등의 보챔도 없이 엄마인 내담자가 설명해 주는 이야기 그 자체를 그냥 받아들이는 모습을 보며 너무 일찍 철이 든 것 같아 속상한 마음이 들었다고 하였다.

• 3교대 근무를 하는 남편이 출근하지 않고 집에서 쉬는 하루가 있는데, 그때 아이와 내담자는 마음이 불편하다고 표현하였다(남편만 없으면 집은 편안하다고 표현).

• 편안하다는 것은?   남편은 우리한테 막 몰아붙이고 쪼는 스타일인데 남편이 없으면 아이와 나는 눈치 보지 않고 재미있게 잘 지낼 것 같다. 하지만 이번 성탄절에 남편은 집에 있었고, 결국 성탄절 예배에 가기 전 남편이 첫째 아이에게 하는 행동(인신공격과 조금 더딘 행동에 막 쏘아붙이고 쥐 잡듯이 함) 때문에 싸우게 되었다. 남편의 이런 행동에 첫째 아이는 아버지만 보면 불안해하고 긴장하며 내담자 뒤로 숨으려고만 한다고 했다. 또한 남편은 내담자와 하루에도 수시로 통화하면서 아이들 일과를 묻곤 하는데, 나는 잘한 것, 칭찬 부분만 전해 주고 싶은데 남편은 어떻게든 유도하여 아이가 좀 못한 것을 들으려 한다고 했다.

축어록(3회기)	슈퍼바이저 피드백
내15: 네. 그것만 물어봐요. 그러니까 저는 불안한 거죠. 오늘 무슨 짓을 했는지? 오늘 또 어떻게 난리를 쳤는지? 이제 그런 게 궁금하고, 그런 이야기를 안 들려주고 싶은데, 어떻게든 꼭 건드려서 끄집어내요. 안 좋은 일을요. 그런 남편의 행동에 진짜 스트레스 받아요. 진짜 왜 그런지를 모르겠어요.	
상16: 그러게요. 좋은 이야기만 들어도 부족할 텐데…. 자꾸 아이에 대해 나쁜 이야기를 어떻게든 끄집어내게 해서 들으려고 하는 거 많이 힘드시겠어요.	
내16: 그러니깐요. 듣는 자기도 그거 힘들면서 꼭 건드려서 그걸 들으려고 해요. 이상해요 성격이….	
상17: 아이에 대한 많은 이야기 중 아이가 잘못 한 걸 듣는 게 남편에게 어떤 심정인지? 그런 이야기가 어떻게 도움이 되는지 저도 궁금하네요.	
내17: 저도 그거를 잘 모르겠어요. 왜 그러는지? 또 본인도 그런 이야기 들으면서 힘들어하고…. 진짜 이해 안 돼요.	
상18: 많이 답답해하시는 모습이 보이시네요.	
내18: 화가 나고 그렇게 해서 집을 또 난리를 쳐 놓고…. 왜 군이 내가 좋은 것도 많이 있고 또 좋아지는 모습을 보고 그래야 애가 또 좋아지고 애도 많이 편해지지, 안 좋은 것만 군이 꾸짖으면 한도 끝도 없다. 뭐 하러 군이 그걸 그렇게 끄집어내나 이렇게 얘기하면 자기는 그런 마음 없고, 잘 모르겠대요. (네~) 당신이 그런 마음으로 애를 바라보니까, 다 그렇게 바보같이 행동하는 것밖에 안 보이는 거라고, 왜 그렇게 바라보냐고 계속 얘기를 해도 안 되더라고요.	
상19: 네~그럼에도 불구하고 남편에게 "그래도 아이가 오늘 이런 걸 잘했어."하고 이야기를 해 주시고자 한 경험이 있으세요?	
내19: 글쎄요. 제가 참 가끔 가다 한 번씩 해요.	

상20: 네~혹? 그럴 때 남편의 반응은 어떤가요?

내20: 그러니까 애기를 많이 못 볼 때 있잖아요. 일 근무 때문에 애 잘 때 들어 오거나 아니면 교육을 가거나 해서 좀 떨어져 있거나…. 그럴 때는 제가 좋은 말을 해 줘요. "애가 이런 저런 얘기했다. 이렇게 했다. 이런 말을 했다." 하면 좀 편안한 마음이 되곤 해요. 편안해하고 아이를 바라보는 게 좀 부드러워요. 그런데 이젠 내가 그런 얘기를 했더라도 자기가 항상 애를 보고 있고, 항상 같이 있는 시간이 많거나 보고 있는데 내가 그런 얘기를 하면 안 들어가죠.

상21: 네~아이의 잘한 이야기에 대해서 편안해하시고 아이를 바라보는 모습도 부드러워지시네요.

내21: 네~전화로 오늘 하루 종일 저하고만 같이 있고 아빠가 집에 못 들어오는 날이거나 아니면 늦게 들어와 애들이 먼저 자거나 이럴 때는 내가 이런 일이 있었다, 이런 이야기를 해 줘요.

상22: 네~참 잘하셨다고 말씀드리고 싶어요. 좀 전 말씀 중에 아이의 칭찬에 남편이 편안해하신다고 하셨는데 아내인 내 입장에서 남편이 편안해한다는 것을 어떻게 아셨어요?

내22: 말도 좀 부드럽고, 표정도 좀 그냥 웃기도 하고 그러면서 뭐라 하지…. 아이한테 표현도 좀 부드럽게 하고 부드럽게 이름 부르거나…. 뭐 우리 새끼 하면서…. 이렇게 얘기를 하곤 해요.

상23: 남편이 표현하는 표정의 의미를 아주 잘 관찰하셨네요. 남편이 편안해지면 두드러지게 나타나는 것이 말투와 표정이신가봐요?

내23: 네~네~

상24: 네~아주 잘 관찰하셨어요. 그럼 남편의 편안한 말투와 표정이 또 나오는 때가 있다면 그게 언제 또 있을까요?

내24: 잘 때요.

<상22> 편안하다는 표현을 행동적인 것으로 묘사해서 객관적으로 관찰할 수 있도록 한 점이 바람직함.

<상23> 재확인을 통해 긍정적인 행동화를 이끌어 내고 있음.

<상24> 긍정적인 변화를 확대하는 질문으로 적절한 시기에 바람직한 질문을 하고 있음.

상25: 아이들 잘 때를 말씀하시는 건가요?

내25: 애들 잘 때 쳐다보면…. 왜, 잘 때 보잖아요. [네~]
그때는 가서 안아 주고, 내 새끼 하면서 이렇게….

상26: 아이들 자는 모습은 다 천사처럼 보이죠?

내26: 네~

상27: 그건 엄마 마음도 같을 것 같아요. 혹? 그런 경험 있
으세요? 내가 어떤 일 때문에 혼내 놓고 훌쩍거리고
자는 애 보면 그렇게 안쓰러우면서도 미안하고, 또
그냥 자는 그 모습만으로도 너무 예쁘고…. 남편분
은 자는 아이들을 보면서 어떤 마음이 전해지기에
그런 행동들을 보여 주셨을까요?

<상27> 내담자가 남편에게 공
감하도록 돕고 있음.

내27: 아빠도 애들을 예뻐하죠.

상28: 그럼요. 아내분이 남편의 그런 마음을 알아주셨네요?

내28: 남편을 보면서 자기 자식이라는 것을 또, 자기한테
애들이 그런 자식이라는 거, 자기 새끼라고 그런 생
각을 갖고 대하거나 하고 있다는 것을 못 느끼겠어
요. 너무 막 이렇게 하니깐요. 근데, 한편으론 여유
도 없고 그렇다 보니…. 그런데 잘 때 아이들 바라보
고 안아 주고 얘기하고 하는 것 보면, '아! 그래도 자
기 새끼고 자기 애기라는 생각을 이제는 좀 갖고 있
구나!' 그런 마음이 좀 들기도 해요. 근데 그런 마음
을 평소에도 가져야 되는데, 평소에는 그런 마음 없
이 그냥 계속 그렇게 하고 이 예쁜 모습을 잠깐밖에
못 보니까….

상29: 그러네요.

내29: 어떻게 보면 좀 불쌍하죠. 그거 보면 자기도 자기 의
지와 상관없이 그렇게 하고 있으니까….

상30: 여유 없는 남편의 마음이 그렇게도 나오네요. 그럼
남편에게 여유가 좀 생긴다면 아이들을 바라보는 부
분에 있어서도 나아질 수 있을까요?

내30: 그렇긴 할 것 같은데, 그러기 위해선 두 가지밖에 없
을 것 같아요. 아이가 좀 좋아진다거나 아니면 아

빠가 좀 뭐랄까 어떤 식으로도 심적 스트레스를 좀 풀거나 하면?

상31: 아내 입장에서 두 가지의 방법을 찾으셨네요. 그럼 아내의 입장에서 남편에게 도움이 되는 것을 찾아 주신다면 어떤 것을 찾아 드리고 싶으세요?

〈상31〉 남편에 대해 불평하는 내담자에게 내담자 자신이 뭔가 하도록 내담자를 돕고 있음. 바람직한 개입질문임.

내31: 도움은 아이가 좋아지는 건데, 아이는 그럴 수 없잖아요. 빨리 빨리 좋아질 수는 없으니까, 결국 아빠가 좀 도움을 받고 스트레스를 다른 쪽으로 풀고 뭐를 좀 한다거나? 아님 저처럼 상담이라도 받으면서 스트레스를 푼다거나? 말하고 풀 데가 있어야 될 거 같아요.

상32: 아~상담이요? 남편에게 상담을 받아 보라 하면 어떨까요?

〈상32〉 이러한 질문도 가능하지만 이 대신에 내담자가 언급한 두 가지 중에 어떤 것이 남편이 하기 쉬울지에 대해 물어보면서 내담자가 선택할 수 있도록 돕는 질문을 하면 좀 더 바람직할 듯함.

내32: 저는 장애아동 엄마들하고 얘기를 한다거나 하면서 나름 풀 데도 있고 그러다 보니 그나마 견딜 수 있는데, 애 아빠는 풀 데가 없잖아요. 형제들한테 좋은 소리도 한두 번인데, 이런 이야기 계속한들 누가 좋아하겠어요. 그러다 보니 애 아빠는 그런 쪽에서 힘들지 않을까 해요.

상33: 그러게요. 마음 편하게 이야기라도 한다면 좀 마음이 편안해질 순 있겠네요. 남편의 마음이 편안해지는 것이 자녀와의 관계 향상에 많이 도움될 것 같아 그 부분을 계속해서 말씀해 주시고 계시는데요. 그럼 아내 입장에서 부자가 잘 지냈으면 하는 바람이 10점이고, 개의치 않다가 0점이라면 부자가 잘 지냈으면 하는 바람이 몇 점 정도나 되세요?

〈상33〉 아이를 대하는 태도의 변화를 중심으로 척도질문을 사용하면 좀 더 해결방향으로 쉽게 나아갈 수 있다고 봄.

내33: 잘 지냈으면 하는 바람은 10점이요.

상34: 아~그만큼 간절하다는 말씀이시네요.

내34: 네~왜냐면은 내가 애 아빠한테 얘기하기를 지금 저 나이 때 다른 집 애들은 얼마나 사랑받고, 부모가 같이 놀아 주며 얼마나 예쁨을 받겠냐고. 그런데 우리 아이는 그런 거 하나도 못 받고 불쌍하지 않냐고 얘기를 하죠. 내 자식이 아니라 제삼자의 입장에서 바

라봐도 너무 불쌍해요. 놀아 주는 것도 없고, 그렇다
고 해서 음…. 뭐랄까 예뻐하거나 막 사랑하는 것도
없고, 아이만 보면 막 쫓듯이 막 화를 내고 그렇게 잔
소리를 하니까 애가 아빠만 보면 막 피하고 불안해하
고 막 엉뚱한 소리 하고…. 어떻게 보면 가정폭력이
죠. 그래서 남편에게 남들이 이거 알았으면 벌써 신
고했다고, 잡혀 들어갔다고, 잡혀갔다고 얘기해요.

상35: 아이와 아빠가 잘 지냈으면 하는 바람이 간절한데,
둘 관계가 계속 힘든 모습을 볼 때마다 많이 속상하
시고 힘드셨겠어요. 근데 미움도 뒤집어 보면 사랑
이 숨어 있다고 하는데, 혹? 남편께 아이한테 그렇게
하는 마음은 어떤 마음에서 그렇게 나오는 거야? 하
고 여쭤 본다면, 남편은 뭐라고 대답해 주실까요?

<상35> 남편의 부정적 태도의
근본적 배경을 이해하도록 한
질문으로 재명명의 기회를 얻
을 수 있는 질문임.

내35: 너무… 애기를… 애기에 대한 기대도 많고….

상36: 아이에 대한 기대가 많으셨네요. 근데 그런 기대가
의도치 않게 비난하고 질책하는 모습으로 표현되면
서 서로 힘든 상황이었고요. 오늘 이 자리에 남편분
이 함께해 주셔서 아내, 엄마의 입장에서 부자가 이
렇게 잘 지냈으면 하는 바람의 마음이 10점이라는
것을 이 자리에서 듣게 되셨다면 아내의 마음을 어
떻게 전해 받으셨을까요?

내36: 글쎄요. 편안한 입장에서 들었다면 조금 와닿기는
하겠죠?

상37: 네~그럼 어떤 부분을 남편이 좀 더 알아주고 느껴
주셨으면 좋으셨을까요?

<상37> 구체화하는 질문으로
바람직함.

내37: 음…. 그러게요. 남편한테 바라는 건 그냥… 뭐랄
까…. 우리가 어떻게 하느냐에 따라 애가 좋아지는
게 더디거나 빨라지거나 할 것 같은데, 이런 건 본인
도 알고 내가 수십 번 애기를 하는데도 그게 안 되니
까 그거를 좀 더 노력해 줘서 애가 빨리 좋아지면 좋
아지는 만큼 우리가 편안해지는 거잖아요. 이게 두
가지 얻을 수 있는 방법일 것 같은데, 왜 그게 안되

는 건지? 아이의 더딘 성장을 조금만 지켜봐 줬으면 좋겠다고요. 그런 모습에 자신이 느낀 감정을 참지 못하고 그걸 자기 마음대로 쏟아 내 집안을 쑥대밭으로 만들어 놓으면, 우린 재밌게 잘 놀다가도 한사람이 막 그러고 나면, 셋 다 막 마음이 힘들어지는 거죠. 왜 그렇게 하는 건지? 집을 엉망진창을 만들어 놓는 건지….

상38: 아내와 함께 자녀 성장을 위해 남편이 협조자로서 함께해 준다면, 좋아질 수 있는 것들이 많아지는 거네요.

내38: 저는 아빠한테 바라지도 않아요. 제가 다 할 테니까 그냥 여기서 저기서 엉망진창으로 만들지만 않았으면 좋겠어요. 애들한테 화내거나 다그치는, 그냥 뭐 안 해도 되니까 그냥 있는 그대로 바라만 보고 있으면 좋겠어요.

상39: 엉망진창이요?

내39: 네~아이에 대해 마음에 들지 않는 것을 다 퍼붓고 분위기 싸하게 만들어 놓는 거요.

상40: 음…. 그럼 남편께 아이와 관계에 대해 우리 사이 좋아요, 편안해요가 10점이고 아니 우리 둘은 지금 너무 힘든 상황이 0점이라면 남편은 몇 점 정도라고 말씀하실까요?

내40: 0점이라고 생각할 것 같아요.

상41: 남편분도 아이와의 관계가 힘든 상황이라고 인식하신다는 말씀이시죠?

내41: 네~본인이 뭐 하면 안된다는 것도 알고, 아기에 대한 만족도 없고 하기에….

상42: 현재 상황은 0점이네요. 하지만 그래도 자녀와 관계가 이 정도라도 됐음 좋겠다라는 정도가 있다면 어느 정도라고 하실까요?

내42: 그럼… 한 5점?

상43: 5점…. 그 정도면 아빠는 자녀와 관계에 만족하실

<상39> 남편의 부정적 행동을 파헤치는 듯한 반응임. 이 대신에 이 시점에서 '남편이 아내의 그런 마음을 아시는지요?' 등의 질문이 어떨지.

수 있으신가 봐요. 그럼 5점 정도가 되면 엄마 눈에
는 두 사람의 관계가 어떻게 비춰질까요?

내44: 물론… 우리 애가 아프다는 것을 아니까….

상44: 그렇죠…. 충분히 알고 계시죠….

내44: 아니까 저는 아이의 상태에 대해 10을 다 받아들인
다면 애 아빠는 2 정도만 받아들일 수 있으니까….

상45: 아이의 상태에 대해서요?

내45: 네…. 2, 3 정도는 받아들일 수 있으니까 애가 조금
더 좋아지거나, 자기의 마음이 조금 더 여유가 있으
면 그 정도는 알고 있으니까 편하게 이상한 행동을
하더라도, 부족한 점이 있어도 우리 아이는 인제 이
정도는 인식을 하고 들어가니까….

상46: 네~마음의 여유에 대해 두 가지를 이야기하셨는
데, 아이가 좋아지는 것이 조금 힘들 수 있으니까 남편이
심적 여유를 찾는 게 좋겠다 하고 말씀을 주셨잖아요?

내46: 네~

상47: 이야기가 계속 나오는 게 남편의 심적 여유인데요.
남편에게 심적 여유란 뭘까요?

내47: 심적 여유가…. 제가 말씀드렸듯이 제가 좋은 얘기
를 하거나 아이가 좋아진 모습들을 보이거나 말이
한마디가 늘거나 그러면 며칠은 괜찮아요. 며칠은
좀 괜찮은데, 그 외에는 자기도 그래요. 또 찾아왔나
보다 또 돌아왔다고. 주기가 짧고 계속 반복이죠.

상48: 남편께서도 심적 여유를 잘 느끼지 못해 악순환이
계속 반복되는 건 아닌가 하는 생각도 드는데요. 만
약 아내가 남편의 심적 여유를 좀 더 유지할 수 있게
도와주시고 느끼실 수 있게 도움 주신다면 어떻게
도와주시면 조금 더 유지할 수 있으실까요?

<상45> 이후에 좋아지는 상태를 알아볼 수 있는 척도질문 사용을 권함. 즉, '1점 더 높아진 상태는 무엇을 보면 알 수 있을까? 그러기 위해 내담자가 도울 수 있는 것은 무엇일까?' 등에 관한 질문이 해결지향적임.

<상48> 내담자인 아내가 뭔가를 하도록 하는 좋은 질문임. 그러나 내담자는 남편의 심적여유가 해결책임으로 이에 대한 상세한 탐색이 필요함. 척도질문을 활용하여 1점 더 높아진 상태를 탐색하고 그 상태가 되도록 내담자가 어떻게 도울 수 있는지를 생

각하게 하는 질문을 하는 과정으로 진행함이 더 바람직함.

<내48>의 언급에 <상49>의 질문 대신 뭐라고 좋게 얘기해 줄 수 있는지에 대한 질문이 바람직함.

<내49> 다음에 <상50> 대신에 '남편에게 누가 다독여 줄 수 있는가? 어떻게 하는 것이 다독여 주는 것일까?' 등의 질문을 통해 좀 더 구체적이고 행동화된 해결방법을 얻을 수 있도록 돕는 것이 바람직함. 그 후 예외를 찾기 위한 예외질문이 좀 더 필요할 듯함.

내48: 뭐…. 제가 말한다고 해서 많이 들어가진 않겠지만, 그래도 자기도 보고 있으니깐 내가 좀 더 뭐랄까 좋게 얘기해 주고.

상49: 남편에게요?

내49: 네…. 그리고 좀 다독여 주면 좀 더 낫긴 할 텐데…. 솔직히 저도 그런 마음의 여유도 없고….

상50: 엄마 역시 마음의 여유가 없으시네요.

내50: 아니 솔직히 싫어요. 지치거든요. 수백 번, 수천 번 얘기를 했고, 음~7년 넘게 5년 넘게 솔직히 아이 돌보는 담당을 내가 다 하고, 집이고 뭐고 내가 다 하는데 솔직히 자기는 하는 것도 없는데, 왜 그거 자기 마음 하나 다스리는 것도 못해 가지고 내가 그것까지 해 줘야 되는지 화가 나요. 솔직히 그래서 어떤 때는 해 주고 싶다 하다가도 어떤 때는 내버려 두고 싶기도 하고….

상51: 어머니의 이야기에서 많이 지치셨구나 하는 게 그대로 전해지네요. 많이 힘드셨겠어요. 남편의 마음이 이해되면서도 한편으론, 나도 하는데 너는 왜 안 되냐? 하는 마음에….

내51: 솔직히 내가 다 하는데 자기는 자기 마음 다스리는 것도 못해서 저러는 거잖아요. 솔직히 화가 나요. 자기가 애기를 애기가 아빠한테 잠깐 붙어 있는 것도 불안해하는데 솔직히 애기를 잘 보지도 못하거든요. 내가 다 하잖아요. 데리고 있으면서 힘든 상황도 있고, 엉뚱한 상황도 있고, 막…. 별의별 상황도 있지만 내가 다 하잖아요.

상52: 하루 종일 아이들 돌보랴, 아이 재활치료 다 챙기 랴, 거기다 동생 심리치료까지 챙기시랴 참 많은 일을 하고 계시네요. 자녀 돌봄에 대해선 남편에게 부담 주지 않으시려 많이 애쓰시네요. 이런 상황에도 남편이 마음의 여유를 경험하지 못하고 있는 이유가 있다면 어떤 부분이 그러신 거라 생각되세요?

내52: 성격인 것 같아요. 타고난 성격.

상53: 아···. 타고난 성격이라는 것은 어떤 성격을 말씀하시는 건가요?

내53: 음···. 좀 뭐랄까 자기만의 생각에 딱 갇히면 융통성이 없는 거죠. 다른 사람 말을 안 듣거나, 고집이 센 거죠. 자기가 딱 이렇게 막 이렇게 힘들어하는 생각을 가지면 추리려는 생각을 안 하는 것 같아요.

상54: 자기만의 생각에 갇히시는 거네요.

내54: 네.

상55: 뭐 개인적으로 봤을 때 충분히 그럴 수 있는 이유도 있겠지만, 두 분에게 주어진 역할이 부부라는 역할만 있는 것이 아닌, 부모라는 역할도 있기에 나 개인적인 성향만 가지고 자녀를 키우기는 참 쉬운 일은 아닐 것 같다는 마음이 드네요. 여기서 남편은 자신에게 주어진 역할에서 상황과 관계에서 어떤 역할들을 수행해야 하는지 아직 방법을 잘 찾지 못하시는 것 같은데···. 어떤 도움이 주어진다면 역할 수행하는 데 도움이 될 수 있을까요?

내55: 우린··· 둘 다···. 음··· 부모의 자격이 없다···. 맨날 그런 얘기해요.

상56: 부모로서의 자격이요?

내56: 울 아이들이 불쌍하다, 부모를 잘못 만나서 그렇지 하는 생각이 많이 들어요.

상57: 부모의 마음이야 모든 걸 다 줘도 항상 부족하다 생각하죠. 근데, 부모에게 어떤 자격이 있어야 우리 아이들이 행복해지는지 저도 좀 궁금하네요?

<상52>는 남편이 마음의 여유를 경험하지 못하는 이유를 물어 문제 이야기로 이끌어 갔다. 대신에 남편의 입장을 좀 이해할 수 있도록 해서 내담자가 남편의 작은 변화를 만들 수 있도록 돕는 방법을 생각해 볼 수 있도록 하거나 혹은 내담자 자신이 편해지는 방법을 찾을 수 있도록 이끄는 것이 바람직할 듯함.

내57: 다른 건 몰라도 아이들을 좀 더 사랑해 주고…. 뭐랄까 그러니까 어디서 잘못된 건지 잘 모르겠지만…. 좀…. 다른 건 둘째치고 다른 조건 다 떠나서 더 충분히 사랑받고, 더 아이들이 관심 받으며, 그 다음에 이 아이들의 장점을 막 그렇게 해 주고 충분히 다른 사람을 만났으면 할 수 있을 텐데…. 왜 우리는 못해 주고 그러는지 우리 애들이 불쌍하다는 생각만 들어요.

상58: 상담이 끝나가는 시간이라 제가 화제를 다른 걸로 전환하기는 좀 어려운 부분도 있는데요. 이 질문은 꼭! 드리고 싶어서요. 엄마는 우리 아이들에게 계속해서 부족하다는 말씀을 주시는데, 우리 아이들에게 "제가 너희들은 엄마 아빠의 사랑을 얼마나 받고 있니?"라고 물었을 때 '최고예요!'가 10점, '아니요. 엄마·아빠는 사랑을 전혀 주지 않아요.'가 0점이라고 하면 아이들은 부모님에게 받는 사랑의 정도를 얼마 정도라고 지금 대답을 해 줄 것 같으세요?

내58: 엄마를 봤을 때, 아니면 아빠를 봤을 때요?

상59: 두 분께요.

내59: 따로따로일 것 같아요.

상60: 따로따로일 것 같으세요?

내60: 네~

상61: 음…. 그럼 어느 분의 사랑을 먼저 말씀해 주실래요?

내61: 저는 중간중간 물어보기는 해요. 아이들한테 물었을 때 마음이 착해서 그런지 어~엄마가 최고! 제일 좋다고 얘기하고, 엄마가 사랑한다는 것을 알더라고요.

상62: 아이들이 전해 주는 이야기를 점수로 이야기해 주신다면?

내62: 음~엄마가 자기를 사랑하고 있다는 것을 6점 정도.

상63: 네~6점 정도요?

내63: 네~그 정도로 생각되어져요.

<상62>부터 <상67>까지에서 척도질문을 사정도구로 사용하기보다는 1점 더 오른 상태를 상상하고 행동으로 옮기는 데 사용하는 도구로 사용할 것을 기억하기 바람.

상64: 엄마의 입장에서는 조금 아쉬워하는 듯한 모습이 느껴지시는데…. 아이들이 몇 점 정도 주면, '아~내가 잘하고 있구나!' 하고 엄마도 좀 더 마음이 뿌듯하시겠어요?

내64: 저는 솔직히 의식적으로 애들한테 많이 다른 것들은 못해 주기에, 많이 힘든 상황이다 보니 의식적으로 아이들이 사랑받고 있다는 것을 알게 하고자 제가 일부러 말이나 그런 것을 더 해요.

상65: 네~

내65: 그렇게 했기 때문에 애들이 그렇게 생각하고 있지, 그렇지 않았음 그 정도도 생각해 주지 않았을 것 같아요.

상66: 그렇다면 아이들이 아버지에게 대해서 부여하는 점수는 몇 점 정도 될까요?

내66: 아빠는 상황에 따라 다르긴 하지만 조금 놀아 주고 하면, 보편적으로 음…. 한 3, 4 정도?

상67: 네~3, 4점이면, 엄마보단 좀 낮은 점수네요. 부모라는 입장에선 좀 아쉬운 부분도 있으시겠다는 생각도 들지만, 그래도 아이들이 엄마·아빠의 사랑에 대해 알고, 느끼고 있다는 걸로 이해해도 되는 건가요?

내67: 네~그렇죠.

상68: 내 자녀에게 더 많은 사랑을 주고, 줘도 항상 부족하다고 느끼는 마음은 어느 부모나 다 같은 마음인가 봐요. 이런 부모의 마음을 우리 자녀가 알기에는 아직 많은 시간이 필요할 수도 있으나, 오늘 현재 나는 부모로서 최선을 다하고 있다는 마음으로 상담을 마쳤으면 좋겠네요.

내68: 네~최선을 다하고 있다…. 그러게요.

상69: 회기를 마치며 이번 회기는 어떤 경험이 되셨나요?

내69: 부부가 다 여유가 없구나 하는 것을 알게 되었고, 그런 마음이 아이들에게 부정적으로 표출되고 있다는 것을 다시 재확인하게 되는 시간이 되었네요.

◎ 메시지

이번 회기에서는 엄마와 아빠 두 분 모두 심적 여유가 없다는 이야기를 해 주셨습니다. 그만큼 힘드시다는 말씀이지 않을까 싶네요. 너무 삶이 바쁘고 힘들다 보면 지금 당장은 그런 여유를 느끼지 못하고 사는 것 같지요. 그래도 나름 이럴 땐 우리가 조금은 여유로웠는데… 하는 시간이 있으셨을 것 같은데…. 오늘 상담 마치고 가셔서 '그래 우리가 이땐 좀 여유로웠지!' 하는 순간을 찾아보는 시간을 가져 보셨으면 좋겠습니다.

3. 슈퍼비젼을 위한 질문과 응답

1) 슈퍼바이지가 슈퍼바이저에게

(1) 발달장애아의 부모와 상담을 하다 보면, 회기 내 잘 이야기도 하지 않지만 이야기를 하더라도 뭔가 부족함을 느끼고 돌아간다는 느낌을 상담장면에서 종종 경험하곤 합니다. 이에 회기 마무리에서 회기에 대한 느낌, 회기 중 다뤄진 내용 정리, 회기목표 달성 정도 등을 파악하는 시도를 실시하였는데, 이렇게 회기를 진행해도 괜찮은지 알고 싶습니다.

☞ 상담자는 장애아동의 부모들과 오랜 동안의 상담을 통해 이들의 특성을 이해하고 있습니다. 이런 배경으로 조금이라도 이들에게 심리적 지지와 상담에서 뭔가 얻어 갈 수 있다는 느낌을 갖도록 하기 위해 정리의 시간을 갖고 있다고 생각합니다. 이러한 과정이 내담자에게 도움이 된다면 이 시간을 갖는 것도 무방하다고 생각합니다. 그러나 상담자들이 유사한 문제를 갖고 있는 내담자들을 오랜 동안 만나다 보면 그들이 갖고 있는 어떤 공통점이 있다고 생각하게 됩니다. 사실 이러한 것은 내담자의 문제 유형화로 진전될 수 있는데, 이런 유형화를 통해 우리 상담자들이 갖는 오류도 큽니다. 특히, 해결중심모델

에서는 이를 지양하고 있습니다. 그러니 내담자를 유형화하거나 문제를 유형화하는 것에서는 벗어나도록 유의해야 할 듯합니다.

(2) 해결중심상담에서는 내담자가 원하는 목표가 무엇보다 중요하다는 것을 충분히 알고 있습니다. 이에 상담 전체 목표가 아닌, 회기 중 다뤄졌으면 하는 회기 목표(agenda)를 찾고자 회기에서 다뤄졌으면 하는 내용이 무엇인지 묻고, 그것을 구체화하면서 회기를 이끌어도 괜찮은지 알고 싶습니다.

☞ 해결중심모델에서는 내담자의 목표중심으로 상담을 진행하지요. 상담목표가 첫 회기에 설정되었다면 내담자가 다른 목표를 제시하지 않는 한 처음에 설정한 목표를 가지고 한 주간의 예외탐색, 확장, 강화 등을 통해 변화를 찾아가고 목표 달성을 향해 나아갑니다. 그러나 간혹 내담자들은 이 전의 회기에서 제시한 목표와는 조금 다른 목표를 금번의 회기에 제시하기도 합니다. 그런 경우에는 첫 회기에서 제시한 목표와 금번 회기에 제시한 목표가 어떻게 관련되는지에 대한 탐색을 합니다. 간혹 조금 다르다고 생각되는 목표를 제시하는 경우에 어떤 것을 더 먼저 다루고자 하는지에 대한 질문을 하여 정리할 수 있습니다.

(3) EARS 중 E(이끌어 내기)를 통해 A(확장하기)를 시도하고 싶은데, 내담자는 이 부분에서 확장되기보단 다시 원점으로 돌아오는 느낌에 상담자 스스로 답답함을 느끼는 사례였습니다. 이럴 경우 내담자와 어떻게 작업하는 게 괜찮은지 알고 싶습니다.

☞ 이런 경우에 내담자는 뭔가 원점으로 돌아가 좀 더 많은 것을 풀어내고자 하는 욕구가 있을지도 모릅니다. 내담자가 돌아간 시점에서 언급하는 것을 다시 재확인하고 내담자가 원하는 것을 명료화하고 시작해 보는 것이 어떨지요. 또 한편 상담자가 너무 성급히 내담자의 변화를 확대하고 이끌어 내려 할 때 준비가 되어 있지 않은 내담자는 당황할 수도 있습니다. 이런 점을 고려해야 할 듯합니다.

2) 슈퍼바이저가 슈퍼바이지에게

(1) 이 상담사례를 통해 상담자는 어떤 부분에서 성장하였다고 생각합니까?

• 내담자가 상담목표를 잘 찾지 못한다고 해서 성급하게 상담자가 이끌며 목표를 정하는 것이 아닌, 충분히 들어 주고 기다려 주면 내담자는 자신이 원하는 것이 무엇인지 명확하고 구체적으로 표현할 수 있다는 것을 다시금 알게 되었습니다.

• 남편과의 관계 개선을 도모하고 싶은 내담자의 욕구를 충족시키고자 남편을 상담장면에 꼭 초대할 필요는 없다는 것을 알게 되는 상담이었습니다. 내담자의 이야기를 잘 듣고 그에 맞는 관계성질문을 활용해 부부 관계의 역동을 파악할 수 있으며, 이야기를 잘 따라가다 예외적 상황을 발견할 수 있는 부분에 질문만 잘해도 충분히 가족상담으로 연결하여 부부가 서로에게 자원이 될 수 있다는 것을 다시금 알게 되었습니다.

특히, 아래와 같은 기법 활용을 적절히 사용할 수 있었다고 생각합니다.

① 간접칭찬: 내담자 스스로 강점이 많은 괜찮은 사람이라는 것을 느낄 수 있게 도우며, 이를 통해 자신의 목표에 좀 더 자신감 있게 다가갈 수 있도록 노력함.

② 구체화: 애매한 표현에 대해 구체적이고 명확하고 행동적인 것으로 표현할 수 있도록 도와 자신의 상황에 대한 인식을 높여 주고자 노력함.

③ 척도질문: 욕구, 목표, 변화 등에 적절히 사용하여 자신의 변화와 의지 등에 대해 좀 더 객관화시키는 데 도움을 제공하고자 노력함.

④ 관계성질문: 자신의 변화 또는 욕구에 대해 자신이 생각하고 있는 의미 있는 사람들의 시선으로 평가하게 하여 변화에 대한 의지와 더 나아가 확장시킬 수 있는 동기를 제공하고자 노력함. (〈2회기〉 상담 참조)

(2) 이 상담에서 도움이 된 상담자로서의 강점과 자원은 무엇이라 생각합니까?

• 상담에 함께하지 않은 남편에 대해 내담자의 이야기 중 자연스럽게 상담장면으로 이끌어 서로의 관점에서 바라보고 생각해 볼 수 있는 기회를 마련하여 배우자에 대한 이해의 폭을 넓힐 수 있는 기회를 마련하였습니다.

• 내담자의 표현을 일반적으로 받아들여 상담자 입장에서 해석하는 것이 아닌, 내담자가 다시 구체화하고 행동적으로 표현할 수 있도록 한 부분은 내담자에게 자신의 상황을 조금 더 구체적으로 이해할 수 있는 기회를 마련해 준 것으로 인식됩니다.

(3) 내담자는 이 상담을 통해 무엇이 도움이 되었다고 말씀하실까요?

• 가슴에 담아 둔 자신의 이야기를 편견 없이 들어 줄 수 있는 공간이 있었다는 것만으로도 내담자는 가슴이 후련해지는 경험을 했다고 할 것 같습니다.

• 부모로서 항상 부족하다고만 생각했는데, 그것이 아닌 최선을 다하고 있었고 지금도 자녀를 위해 노력과 최선을 다한다는 것을 다시 알아차리는 시간이 되었다고 할 것 같습니다.

• 이렇듯 최선을 다하는 자기에 대한 인식은 부모로서 자신감을 키우고, 더 나아가 포기하지 않고 더 노력할 수 있는 원동력이 되었다고 할 것 같습니다.

(4) 다음에 이와 유사한 내담자를 만난다면, 이 사례에서 배운 어떤 것을 더 하고 싶은가요? 만일 다르게 하고 싶은 것이 있다면 어떻게 다르게 하고 싶은가요?

- 해야 할 것과 자기 상황에 도움이 될 것 같은 것을 이것저것 쏟아 내는 내담자의 반응에 그냥 그것을 상담자의 입장에서 이해하고 받아들이기 보다 아주 구체적으로 쪼개 내담자가 어떤 것부터 하고 싶은지, 어떤 것이 가장 도움이 되는지 구체적으로 인식하게 하는 것이 필요할 것 같습니다.

- 자녀 양육에 있어서 부부가 서로 자원이 되는 것이 부부와 자녀에게 긍정적인 부분에 도움이 된다는 것을 인식시키며 부부의 결혼동기 탐색, 특히 좋았던 부분을 많이 찾아낼 수 있도록 예외적 질문 활용과 머무르기를 통해 확대시켜 나갈 수 있도록 돕고 싶으며, 예외적 상황을 지금 현재의 삶과 연결하여 활용하면 삶의 어떤 부분에 도움이 될지 찾아보게 하고 싶습니다.

- 인간이 성장할 시 여러 단계의 발달과정을 거치는 것처럼 가족도 성장하기 위해선 발달 단계가 있음을 인식시켜 주고 싶습니다. 이를 통해 각 단계에서 나타나는 가족의 이슈는 무엇이며, 이때 부부가 어떻게 협조 체계를 갖추어야 과업을 잘 이룰 수 있는지 인식하는 데 도움을 제공하고 싶습니다.

4. 슈퍼바이저 메시지

상담자는 장애아동 부모에 대한 이해의 폭이 큽니다. 장애아동 부모상담의 오랜 경험을 통해 매 회기 내담자에게 상담의 경험을 함께 나누는 등의 개입은 바람직합니다.

또한 모델에 대한 이해도 깊고 기법의 사용도 적시에 잘하고 있으며 내담자의 목표 달성의 방향으로 잘 이끌어 갔습니다.

특히, 〈1, 2회기〉에 제시되고 있는 상담자의 질문 등은 내담자와의 관계형성, 문제해결에 도움을 주는 것들로 그 활용이 좋았습니다. 또한 축어록의 우편에 제시한 슈퍼바이저의 언급에서도 나타나 있듯이 바람직한 공감, 질문 등을 활용하여 내담자를 잘 도왔습니다.

상담자는 간접칭찬, 구체화, 척도질문, 관계성질문 등의 기법을 그때그때 잘 활용하여 상담을 진행하였습니다. 이러한 상담자의 힘으로 내담자가 상담의 목표를 잘 만들어 가도록 도왔으며, 내담자 자신의 역할을 인식하도록 도와 내담자 개인의 변화를 이끌었습니다. 뿐만 아니라 남편에 대한 이해의 태도를 갖도록 도와 부부가 협력자로서의 관계를 갖도록 하여 체계적 변화를 이끈 것은 매우 바람직합니다.

구체적으로 회기중심으로 언급한다면 〈1회기〉에서 상담자는 내담자의 호소문제를 잘 경청하고, 칭찬을 통해 내담자를 지지해 주었습니다. 관계 형성을 위한 개입 또한 바람직합니다. 목표 설정을 위해 적합한 질문을 했고, 내담자의 부정적 표현을 긍정적으로 표현하도록 돕고, 명료하고 구체적으로 표현할 수 있도록 질문한 것은 매우 바람직합니다. 종결 단계에서 내담자와 함께 상담을 통한 변화를 확인하기 위한 작업을 잘했습니다. 부연하고 싶은 것은 메시지에서 생각할 기회를 갖게 하는 과제도 좋았을 듯합니다.

〈2회기〉에서는 상담 시작 초기에 좋아진 변화를 찾아 내담자가 긍정적인 희망적 태도를 갖고 상담을 시작하게 도왔습니다. 내담자의 답을 명료화할 수 있는 질문을 통해 내담자가 구체적이고 행동적 변화를 생각할 수 있도록 돕고 있었습니다.

특히, 내담자가 혼자 상담에 참석했지만 상담자는 가족의 상호작용을 생각하며 상담을 진행했습니다. 상담에 참석하지 않은 남편의 입장에 대한 질문(관계성질문의 활용 등), 남편에 대한 지지 등은 매우 바람직합니다. 뿐만 아니라 내담자의 답에 구체화, 명료화, 행동화하는 질문을 통해 내담자가 어떤 변화를 추구하는지를 명확하게 확인할 수 있도록 도왔습니다. 이러한 개입은 매우 훌륭합니다. 그러나 내담자가 문제에 대한 언급을 하는 경우에도 해결중심으로 전환하지 못한 부분이 있습니다. 예를 들어, 상담자는 구체화하고자 하는 질문(아이들과 함께한다는 게 어떤 의미인가요?)을 시도했으나 결국 내담자의 속상한 마음을 더 드러나게 해서 문제를 이야기하게 되었습니다. 이 장면에서 내담자가 표현한 대로 '속상한' 대신에 어떤 마음이 되길 원하고 이것은 어떤 것인지 질문한 후 예외질문 등을 통해 해결의 방향으로 이끌어 가는 것이 바람직합니다. 결론적으로 예외탐색을 좀 더 적극적으로 잘 사용하도록 노력하기 바랍니다.

〈3회기〉는 축어록에 자세한 슈퍼비전 내용이 있으니 참조하기 바랍니다.

상담자는 자신이 내담자의 문제해결자가 아니라 내담자가 문제를 해결하도록 도와야 한다는 해결중심모델의 철학을 인지하고 상담을 하려는 노력의 모습을 읽을 수 있습니다. 그러나 어려운 문제를 하소연하고 있는 내담자에게 자신도 모르게 문제해결의 방향을 제시하거나 하는 것은 일반적으로 누구에게나 자주 나타나는 현상이지만, 이러한 것을 유의하면 바람직한 해결중심모델 상담자로 성장할 수 있다고 봅니다.

이를 위해 몇 가지 제안하고자 하는 것은 질문기법(예: 척도질문)의 정확한 표현에 대한 숙련, 또 내담자의 언급에 대해 상담자의 가치가 부여된 평가, 선택 등의 대응에 대한 점검이 필요합니다(예: 〈상50〉, 〈상52〉 이하), 예를 들어, 〈상52〉는 문제를 탐색하는 질문이 되었습니다. 그래서 문제에 대한 대화가 진행되었습니다.

해결중심모델의 상담자로서 내담자의 불평을 따라가지 않고 목표를 향해 나갈 수 있도록, 즉 상담의 전반적인 방향을 잘 이끌어 갈 수 있도록 하는 큰 틀을 유지하는 힘을 키우도록 노력할 수 있기를 바랍니다. 이를 위해 상담지는 언제나 내담자가 원하는 해결의 상태를 상세히 탐색해야 합니다. 이러한 탐색을 통해 척도질문을 활용하여 그 상태에 도달할 수 있도록 하는 질문과 해결을 위한 예외질문을 좀 더 적극적으로 잘 사용할 수 있는 기술 습득의 훈련이 필요하다고 봅니다.

"내가 나를 지켜야겠다!"

1. 사례 정보

1) 내담자의 인적 사항

- 이저력(가명, 여, 43세, 전문대 졸, 방과 후 교사)

2) 의뢰 경위

- 내담자는 자기중심적이고 일방적인 남편과의 결혼생활이 힘들고, 살아가는 게 무미건조하고 의미가 없음. 남편은 화가 나면 심한 욕설과 감정 폭발로 시댁식구들조차도 건드리지 못하나, 밖에서는 사이좋은 부부처럼 보임. 내담자는 감정을 숨기고 살다 보니 우울하고 죽고 싶은 충동이 듬. 이러한 사실을 알게 된 친척이 "참지 말고 이혼하라."고 제의하여 마지막 수단으로 상담을 신청함.

3) 상담횟수

- 면접상담 7회

4) 호소문제

- "나를 반려견 취급하고, 싸움을 시작하면 새벽까지 재우지 않고 괴롭혀요."
- "일주일에 5일은 낮에 남편과 함께 있어 숨 막혀요."
- "밤낮없이 주무르고 성관계를 요구해요."

5) 상담목표

(1) 내담자의 목표

- 심리적 스트레스 줄이기
- 자기존재감 회복하기

(2) 상담자의 목표

- 자기의사, 감정의 적절한 표현으로 감정 억압 줄이기
- 자기이해 및 존재감 회복하기
- 가정폭력 대처방법 알기

(3) 합의한 목표

- 심리적 스트레스 줄이기: 자기의사·감정을 적절히 표현하여 감정의 억압 줄이기, 산책하기, 교제시간 늘리기
- 자기존재감 회복하기: 공무원시험 공부 시작하기
- 가정폭력 이해 및 대처방법 알기

6) 가족 관계

- 성장 배경: 내담자(이저력)는 서울 출신으로 2남2녀 중 둘째로 태어났음. 오빠는 초등학교 5학년 때 다쳐 장애를 가지고 있으며 아버지는 일정한 수입이 없이 막노동을 하였으며, 엄마의 비난과 구박을 받았던 무능

한 분으로 기억함. 엄마는 친구들과 놀고 늦게 들어오는 편이어서 엄마에 대한 애틋함이 없는 편이었음. 지하 연탄 광을 개조한 컴컴하고 난방도 되지 않는 가난하고 희망 없는 가정환경 때문에 중2 때 자살을 생각하기도 했음. 초등학교 4학년 때 엄마가 싸 준 초라한 도시락을 보며 '돈을 벌어야겠다.'고 생각했고, 고졸 이후 취업하여 '나를 지켜 줄 사람 없고 내가 나를 지켜야겠다.'는 결심에 안 먹고 안 입으며 돈을 모았음. 직장생활을 하며 야간 전문대에 진학했고 집 전세금과 동생 등록금 등을 내담자가 해결하며 집안 대소사를 부모 대신 결정하는 가장 역할을 하였음.

- 내담자(43세): 짧은 커트 머리에 꾸미지 않은 모습이나 이목구비가 뚜렷하고 적당한 체격에 언어 구사가 논리정연하고 발음이 정확하여 전달력이 좋음. 남편에 대한 부정적 기억이 끊임없이 나오며, 남편이 돈 벌기를 요청해 방과 후 교사 일을 하고 있음.

- 남편(46세): 근무 형태상 주중 낮에 집에 있으며, 아내에 대한 통제와 간섭이 심하고 성관계를 자주 요구함. 자기중심적이며 화가 나거나 자신의 마음에 들지 않으면 거침없이 비난과 모욕을 줄 뿐 아니라 아무도 못 말릴 만큼 다혈질이어서 형제들도 개입하지 않음. 그러나 결혼 전 큰 형수의 가출로 고생한 엄마에 대한 생각이 각별하고, 학교상담에 직접 갈 만큼 자녀의 성적과 성공에 관심이 큼.

- 자녀(12세, 10세): 부모의 관심과 기대를 많이 받고 있으며, 기대에 어긋나지 않게 성적, 교우 관계 등이 원만한 모범생들임. 특히, 둘째 자녀는 내담자와 정서적으로 긴밀하며 동질감을 느낌.

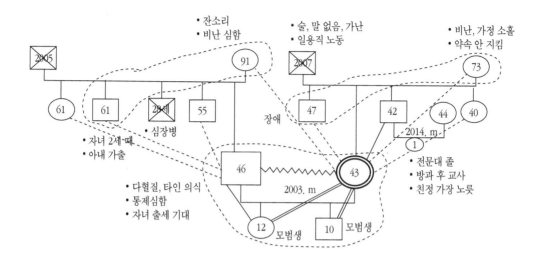

7) 내담자와 내담자 가족의 강점과 자원

• 숫자에 강하고(주산 능력이 뛰어남), 기억력이 좋다.

• 자녀교육에 관심이 많고, 자신의 교육관에 대한 자부심이 크다.

• 성실성, 책임감, 집중력이 뛰어나다.

• 생활력, 현실감각, 적응력이 뛰어나다.

2. 상담과정

1회기

◎ **일시:** 2015월 ○월 ○일 (60분)

◎ **참석자:** 내담자(이저력)

◎ **개입 방향:** 라포 형성 및 주 호소문제 탐색

◎ **회기 내용**

• 내담자는 하루 일과가 남편중심으로 움직이며, 근무 중에도 수시로 전화해 어디인지 확인한다고 호소하였다. "너만 잘하면 우리 집 문제없다."며

비난, 지적과 통제가 심해 이대로 간다면 수명이 단축될 것 같다. 신혼 초 몇 번 대응해 보았으나 싸움만 더 커져 포기하고 남편이 원하는 대로 살고 있으며, 지금은 사는 게 의미 없고 '나 혼자 없어지면 된다.'는 생각이 든다. 남편은 틈만 나면 스킨십을 요구한다. 남편과 살 닿는 게 너무 힘들고 예민해져서 이제는 남편이 코고는 소리를 들어야 안도감을 느낀다. 힘든 마음을 잘 들어주는 동서에게 시어머니 생일 문제로 벌어진 싸움에 대해 얘기했더니 "바뀌지 않을 테니 그렇게 사느니 차라리 이혼하라."는 말을 듣고 이혼을 생각하고 있다. 현재 하고 있는 방과 후 교사 일도 "돈 벌어 와라, 애들에게 지장 주지 말고."라며 남편이 일방적으로 정해 주었다.

• 상담자의 개입: 이곳에서 무슨 일이 일어나면 '여기에 내가 참 잘 왔구나!'라는 생각이 들까요?   측근 중 가장 잘 알고 눈치 빠른 동서도 이제 그만 살고 이혼하라고 한다. 어떻게 하면 좋게 헤어질 수 있는지, 앞으로 내가 살 수 있는 방법을 알기 원한다.

• 힘들 때 견딘 힘은 무엇인가요?   첫째는 자녀이고, 둘째는 결혼 선택에 대한 책임감 때문이다.

• 결혼생활 중 그래도 이건 괜찮았다 하는 것은 무엇인가요?   경제적으로 궁핍하게는 살지 않은 것이다.

• 오늘 상담 후 소감은 무엇인가요?   별 기대 없이 왔는데 그래도 말을 하고 나니 조금 후련하다. 감정적으로는 이혼을 고려 중이지만 아직 잘 모르겠다.

◎ 메시지 및 과제

'나 혼자 없어지면 된다.'라고 생각할 만큼 어려운 가운데에서도 상담을 왔다는 것은 내담자가 뭔가 가능성을 찾아보려는 노력이므로 상담에 참여한 자체에 의미가 있다. 일주일간 생활하면서 자신이 어떨 때 덜 불안하거나 편안한지 관찰해 오기를 바란다.

2회기

◎ 일시: 2015년 ○월 ○일 (60분)

◎ 참석자: 내담자(이저력)

◎ 개입 방향: 주요 욕구 탐색 및 목표 설정

◎ 회기 내용

• 남편은 내담자 없이는 아이들과 식당에도 안 가고 "남들에게 애비 없는 아이들로 보이고 싶지 않다."며 남들의 눈을 많이 의식한다. 자녀교육에 관심이 많아 휴가를 내서라도 학부모상담에 적극적으로 참여하고, 그런 자리에서도 혼자만 말을 많이 하여 상대적으로 내담자는 '꿔다 놓은 보릿자루' 같은 느낌을 가진다. 표면적으로 남들 앞에서는 좋은 부부 관계로 보인다. 결혼 전 큰 형수가 가출하여 어머니가 조카를 키우며 고생하는 것을 지켜본 남편의 효성은 지극하다. 남편 눈치를 안 보고 자유롭게 생활한다면 스트레스를 받아도 견딜 만할 텐데 달리 방법이 없어 답답하다.

• 결혼동기   선보고 두 달 만에 결혼 날짜를 잡았고 5개월 만에 결혼하였다. 내담자는 남편의 안정적인 직업에 '밥은 굶지 않겠다.'고 생각되었고, 시어머니에 대한 효성을 보며 내 부모에게도 당연히 그렇게 할 것으로 예상해서 결혼을 결정했다. 남편은 서울 여자이며 번듯한 직장의 대리인 내담자가 남 보기에 괜찮다는 생각이었을 것이다. 지인들이 결혼생활에 반대했고 내담자도 힘들어 남편에게 헤어질 것을 요구했으나 "네가 감히, 어린 것이, 여자가… 엄마 충격받는 건 못 본다. 네 가족 모두 죽인다."고 협박하여 물러났다.

• 결혼 전반부와 후반부 생활이 어떻게 변화되길 원하나요?   집에서 눈치만 보던 생활에서 외부 교제로 활력을 얻는 본래 성격을 잘 살리기 원한다.

• 뭐가 좀 달라지면 어려운 상황에서 벗어나는 데 도움이 될 것 같은가요?   남편과 함께 있는 시간을 줄이면 숨통이 트일 것이나 워낙 일거수일투족을 다 알아서 방법을 모르겠다.

• 남편과 함께 있는 시간을 줄이면 뭐가 좋아질 것으로 예상되나요?　꼬투리, 잔소리를 덜 듣게 되어 싸움이 줄어들 것이다.

• 어떻게 보내는 시간이 좋은가요?　친구와 밥 먹고 차 마실 때 사는 맛이 난다.

• 아침에 눈을 떠서 가장 먼저 어떤 모습을 보면 기적이 일어났구나 생각될까요? 남편 없고, 아이들은 자고, 혼자 커피 마시는 여유 있는 모습이 연상된다.

• 가정폭력에 대한 이해　가정폭력의 개념 및 적절한 대처방법을 안내하였다.

◎ 메시지 및 과제

자녀에 대한 남편의 관심과 혼자 식당에 가지 않을 만큼 내담자의 자리에 비중을 두는 부분을 재정의하였다. 가끔 뒷산에 올라가던 경험을 되살려 산책하기와 나를 위해 즐거움을 줄 수 있는 것 생각해 보기를 과제로 제안하였다.

3회기

◎ 일시: 2015년 ○월 ○일 (60분)
◎ 참석자: 내담자(이저력)
◎ 개입 방향: 원가족 탐색을 통한 내담자 강점 찾기

◎ 회기 내용

• 일주일간 있었던 변화에 대해 이야기를 나누었다. 내담자는 상담에 오며 느낌이 달라지면서 막연하지만 무언가 변화될 수 있다는 희망과 기대감이 생겼다고 하였다. 지난주에는 '참고 사는 게 좋은 건 아니다. 내가 바뀌어야 한다.'라는 생각을 했다. 주중에 남편의 행동을 보면서 '참을까? 말까?' 망설였고 '말자.'로 접었다. 가정을 벗어나 소속감과 성과를 느낄 수 있도록 밖에서 일하는 것을 찾아볼 생각으로 우체국 공무원시험을 생각해 보고 어떤

것들을 준비해야 하는지 정보 수집도 했다. 시험 준비가 가장 명분 있게 외출할 수 있는 방법이라고 판단되어 남편에게 자신의 생각을 전했고, 책방에 가서 남편이 정해 준 책을 구입했다. 시험이 어렵다는 정보를 들었는데, 혹시 내 발등을 내가 찍는 게 아닐까 걱정된다.

• 원가족 탐색   가난이 싫고 암담하여 자살을 생각했던 적도 있으나 고등학교 시절 성적이 올라가며 자신을 대하는 주변의 태도가 달라지는 것을 보고 존재감을 느꼈고, 졸업 이후에는 직장생활을 하며 대학 진학, 해외여행, 취미생활 등 생애 가장 만족하는 시간을 보냈었다.

• 가장 행복했던 시기는 언제인가요?   여상 입학 시 끝에서 30등이었으나 중간고사 시 전교 30등으로 올라간 사실을 확인 후 주변 시선이 달라지는 것을 경험한 것이다.

• 자신을 대하는 것이 달라지며 어떤 느낌이 좋았나요?   주변 환경은 여전히 열악했지만 교사, 친구들이 자신을 대하는 게 달라지면서 나의 존재감이 느껴져 좋았다.

• 현재 어디에 관심이 가 있나요?   전에는 "나만 없어지면 돼."라고 생각했는데 이제는 "내가 왜 없어져?"라는 생각으로 바뀌었다.

• 내 아내가 힘들었구나, 내가 너무 심했구나… 라고 남편이 생각하게 되려면 내가 뭐가 좀 달라지면 될까요?   무조건 참지 않고 마음을 편하게 먹어야겠다.

◎ 메시지 및 과제

직장생활을 하며 공부와 여행 등 자신이 하고 싶은 일을 할 뿐만 아니라 가정경제까지 책임지는 내담자를 보며 오래전 땅 속 깊이 묻어 놓은 보물을 캐내어 본 것 같은 상담자의 느낌을 전하고 격려하였다. 내담자의 저력이 충분히 느껴지며 지금 변화하고자 하는 행동들을 일주일간 적용해 보기로 약속하였다.

4회기

◎ **일시**: 2015년 ○월 ○일 (60분)

◎ **참석자**: 내담자(이저력)

◎ **개입 방향**: 긍정적인 경험을 통한 변화 알아채기

◎ **회기 내용**

• 내담자 자신은 긴장감, 불안감, 허둥대던 행동이 차분하고 편안해졌고 남편의 변화도 경험하였다. 남편은 예전에 혼자 밥을 차려 먹으며 트집거리를 잡아 내담자가 집에 오면 퍼붓는 잔소리와 트집에 질려 차라리 안 나가는 편이 낫겠다고 생각했었는데, 이번에는 아무런 일이 안 일어났고 설거지까지 깨끗하게 해 놓았다. 가족 나들이로 놀이동산에 다녀왔고 처음으로 유쾌하고 즐거운 시간을 보냈다. 어떻게 그럴 수 있었는지 물었더니 전에는 어딜 가도 긴장되고 마음의 부담이 컸었는데 편하게 생각하니 해방감이 느껴졌고 가족 모두 같은 느낌을 받은 것 같았다고 했다.

• 남편의 변화를 어떻게 받아들이나요?　보통 남편이 잠자리를 요구하는 날이면 미리 서비스를 해 주는 편이어서 그날의 변화도 그렇게 받아들이고 싶지만, 그래도 잔소리 없이 조용히 지나간 건 분명한 변화이다. 고맙다고 표현했다.

• 남편의 좋은 점은 어떤 것들이 있을까요?　책임감 있고 집안일을 잘 거들어 주는 편이다.

• 남편에 대한 마음이나 태도의 변화는 생겼나요?　트집을 안 잡히려 긴장하거나 허둥대는 일이 많았고, 그럴수록 더 실수하고 표정도 굳어 있었을 것이다. 지금은 '에라 모르겠다. 어떻게 되겠지.'라는 생각에 오히려 마음이 편하다. 내 의사를 명확하게 밝힐 때 예상외로 남편이 화를 내지 않고 수긍하여 놀랐다.

◎ **메시지 및 과제**

결혼생활 갈등의 원인이 남편과 시댁식구들뿐 아니라 내담자의 몫도 있다는 사실을 인정하고 자신의 행동 변화에도 공감하는 모습을 보니 그 자리에 머무르지 않고 성장할 가능성이 큰 사람이라는 느낌을 전하였다.

5회기

◎ **일시**: 2015년 ○월 ○일 (60분)
◎ **참석자**: 내담자(이저력)
◎ **개입 방향**: 가정에 대한 내담자의 기여도 확인을 통한 자신감 회복하기

◎ **회기 내용**

• 그동안 내담자가 가정에서 어떤 기여를 했는지 확인하여 낮았던 자신감을 회복하였다.

• 축어록 참조

6회기

◎ **일시**: 2015년 ○월 ○일 (60분)
◎ **참석자**: 내담자(이저력)
◎ **개입 방향**: 내담자의 긍정적 변화 다지기 및 확대하기

◎ **회기 내용**

• 자녀를 통해 내담자의 갈등대처방법을 알게 되면서 타인중심으로(남편) 살아온 자신의 행동패턴에 대한 변화필요성을 재확인하였다. 지난주 자녀가 친구들에게 괴롭힘을 당해도 말도 못하는 것을 알게 되면서 담임교사에게 아이의 어려움을 전하고 해당 학부모에게도 의사전달을 명확하게 하며 정리하였다. 아이가 호소할 때마다 '참아라.'를 강조한 것이 좋은 대응이 아니며,

오히려 상대방의 폭력을 강화시켜 준다는 상담자의 조언을 경험으로 배웠다. 시댁에 가서도 자신이 원하는 것을 명확하게 전달했는데, 의외로 남편과 시어머니가 의견을 받아들이는 것을 보고 많이 놀랐다.

• 내담자의 어떤 점들이 변화되길 바라나요?   부정적인 생각에 미리 나쁜 결과를 단정 짓던 부분이 있었다. 남편에 대한 부정적인 생각 대신 좋은 점을 보려고 노력해 보겠다. 그러나 아직은 겁나고 이게 맞는 건지 혼란스럽다.

◎ 메시지 및 과제

내담자가 오랫동안 익숙했던 패턴에서 벗어나 경험하는 지금의 혼란스럽고 두려운 느낌에 대해 일반화하였다. 그럼에도 불구하고 깨달은 것을 즉시 적용해 보는 용기에 찬사를 보내며, 예상 밖으로 남편과 시어머니가 보낸 반응에 자신감을 얻어 예감이 좋다. 지속적인 변화를 위한 인내와 시도를 당부했다.

7회기

◎ **일시**: 2015년 ○월 ○일 (60분)
◎ **참석자**: 내담자(이저력)
◎ **개입 방향**: 종결상담

◎ **회기 내용**

• 내담자는 남편이 "요즘 세졌어!"라고 말해 상담받으며 시도하는 자신의 전략이 '들켰나?' 하는 생각에 움찔했다고 했다. 초기 상담에 왔을 때와 종결 시점에서의 내담자 변화에 대한 내용을 정리 차원에서 나눴다. 최종 소감은 '주치의에게 치료받고 나아서 퇴원하는 느낌'이라고 표현하였다. 이제는 이혼과 죽고 싶은 마음이 정리되었고, 자신은 무가치하고 존재감 없는 사람이라 생각했었는데 자신감이 생겼고 남편에 대한 생각도 몇 가지 달라졌다. 가족에 대한 과도한 관심이 자신을 힘들게 했으므로 자신의 생각을 정확히 전달하고 충돌이 일어나기 전 미리 잘 대처하도록 노력할 것을 약속하였다.

• 앞으로의 생활계획은 무엇인가요?   내가 힘을 키워야 남편이 함부로 하지 않을 것임을 알았으므로 시험공부와 남편과의 분리를 위해 날마다 도서관에 갈 것이다.

• 앞으로 비슷한 어려운 일이 생길 때 어떻게 대처할 건가요?   전처럼 무조건 참거나 숨지 않을 것이며, 나의 의사를 솔직하고 명확하게 전달할 것이다.

• 만약 남편이 전처럼 폭력적인 행동을 한다면 어떻게 대처할 건가요?   남편이 꼭지가 돌 때는 부딪치지 않도록 미리 피할 것이다. 그러나 일방적으로 당하지는 않을 것이며, 폭력을 행사할 경우에는 증거를 남겨 좀 더 적극적으로 대응할 것이다.

축어록(5회기)	슈퍼바이저 피드백
상1: 저력 씨가 지금 현재 처해 있는 상황에서 나의 역할이 또 있을 텐데요, 뭐라고 생각하시나요? 내1: 사실 저는 못 느끼겠어요. 지금 잘 모르겠어요. 상2: 지금 혹시라도 있는 중에서 어떤 역할을 할 때가 가장 좋으세요? 내2: 저는 지금은 사실 가정에서는 못 느껴요. 소속감도 못 느끼고 제 존재감도 잘 모르겠고. 그런데 학교에 가서 아이들 수업할 때 아이들이 선생님~하면서 수업 들으러 와요. 그때가 가장 행복한 것 같아요. 상3: 아하! 네~ 내3: 아이들이 수업 시간에 맞춰서 오는구나, 내 한마디에 아이들이 조용해지고, 내 수업에 경청해 주고 그런 느낌들? 또 아이들 수업 전에 제가 서둘러 일찍 와요. 미리 아이들 기다리고 있거든요. 그 느낌이 굉장히 좋아요. 상4: 으흠~네.	\<상1\> 내담자가 처해 있는 상황에서 다른 자신을 찾을 수 있도록 이끌어 내기를 시작함 (EARS). \<상2\> 계속해서 이끌어 내기를 시도함. 현재의 어려움을 짧게 인정하고 이끌어 내기를 시도해도 좋을 듯함. 대안: '그렇지요. 어려운 시기지요. 그래도 한번 생각해 보신다면….' \<상3\> 공감적 경청의 표현이 내담자의 말을 격려하는 역할을 함.

내4: 조금 후에 번잡해질 이 교실이 지금 이렇게 고요한데, 조금 있으면 아이들이 몰려오겠네? 그 느낌들이, 고요함이 되게 즐겨요. 사실은.

상5: 아까 저력 씨가 아이들을 가르칠 때 그 존재감을 느낀다고 말씀해 주셨어요. 그죠? 저력 씨가 내가 하는 역할 중에서 즐거울 때가 존재감을 느끼고 소속감을 느낄 때, 아이들이 나를 보러 오는구나…. 내 한마디 한마디에 영향을 주고 결국은 내 존재감이네요? 내가 일을 할 때 존재감이 드러나고 소속감을 느끼는 게 행복한 거네요.

내5: 네. 그렇죠.

상6: 가정에서는 일을 할 때 아이들이나 남편이나 이 가정에서 '그래도 내가 필요해. 이럴 때 참 기뻐.' 존재감이 드러난다거나.

내6: 사실은 잘 못 느껴요. 느꼈을 때는 아이를 출산하거나 어떤 결과물이 나타났을 때요. 가정의 살림이라는 거는 잘하면 본전 못하면 비난, 어떤 결과가 없고 못한 것에 대한 질책만 있지 어떤 노고에 대한 칭찬이라던가 그런 거는 전혀 못 느꼈던 것 같아요. 그런데 아이를 출산했을 때는 내가 딸, 아들을 낳았구나…. 보이니깐 그때 참 큰일을 했구나!

상7: 참 큰일을 했구나. 음…. 아이를 낳았을 때 내가 큰일을 했구나.. 그래요. 아이들을 낳았을 때 결과물이 나오고 가장 기뻤다. 가사 일은 매일 해도 그날이 그날 같고, 결과물이 드러나는 게 아니니깐…. 이제 그러신 거네요.

내7: 아이들 수업할 때는 늘 결과물이 있어야 해요. 출석 체크해야 하고 계획안 내야 되고, 공개수업도 진행해

<상5> 이끌어 낸 예외에 대한 확장의 시도.
대안: '그렇군요. 번잡해질 교실의 고요함을 즐긴다. 참 멋있는 표현이네요. 아이들을 가르칠 준비를 하고 기다리고 하는 것을 즐기시는 것 같아요. 멋진 선생님처럼 들리는데요.' 정도를 말해 주면 내담자의 말을 공감적으로 경청하고 있음을 알릴 수 있는 기회가 될 것으로 보임.

<상6> 또 다른 이끌어 내기 시도. 이끌기를 시도할 때 상담자가 이끄는 것보다는 내담자가 그 영역을 결정하고 스스로 역량 강화될 수 있도록 돕는 것도 필요함.
이끌어 내는 것도 중요하지만 이끌어 낸 후 그것을 확장하고 강화하는 것도 필요함. 학교에서의 존재감에 대해 조금 더 확장하고 강화하는 작업이 병행될 필요가 있음.

<상7> 내담자의 반응에 대해 요약과 재정의를 통해 공감적 경청을 하고 있음을 표현함.
내담자가 부정적인 반응을 보였던 부분보다는 그렇지 않은 부분을 강조함으로써 내담자의 시각을 전환하고자 시도함.

야 하고, 늘 수업하기 전 후에 성과물이 있는데, 집
안일은 느낄 수가 없죠.

상8: 그럼에도 불구하고 결혼생활 몇 년 하셨죠? 저력 씨
가?

내8: 12년이요.

상9: 어머니가 아이를 낳으면서 가장 뿌듯하고 큰일을 했구
나라고 생각했던 아이들이 이렇게 컸어요. 12년 동안
살아오면서 그래도 해낸 것 같은 것, 혹시 그런 것것들
이 있다면? 잘 한번 생각해 보세요. 12년 동안 아무리
미미하고 남편에게 비난받아 왔어도 있었을 거예요.

내9: 나이만 먹은 것 같아요.

상10: 아이들도 이렇게 많이 컸고, 결혼생활 12년 하시면
서 남편도 나름 역할을 했지만, 내가 해 온 역할 중
에서 최종 결과는 아니더라도 이뤘던 것은 어떤 것
이 있었던 것 같아요?

내10: 지금 이렇게 집에 살게 된 것도 제가 한몫을 한 것
같은데, 전셋집 3천에서 시작했는데 그래도 좋은 집
은 아니지만 살고 있는 집에 사는 것만으로도 한몫
했다고 생각하는데….

상11: 아~한몫, 지금 3천만 원 시작으로 몇 평으로 늘리
신 거세요?

내11: 49평이요.

상12: 아이구~아파트 49평이면 뭐 어쨌든 자기명의잖아요.

내12: 남편 명의죠.

<상8> 일종의 대처질문을 함으
로써 내담자가 굳건히 견뎌 왔
음을 볼 수 있도록 시도함.
내담자는 계속해서 수업에 대한
이야기를 하고, 상담자는 가정
에서의 이야기를 하고자 함. 이
럴 때 수업에서의 내담자의 이
야기를 충분히 들어 줄 수 있고,
그 안에서 내담자의 역량이 스
스로 강화된 부분을 찾는 것도
도움이 될 것으로 보임.

<상9> 내담자가 가정에서 느끼는
보람을 이끌어 내기 위해 노력함.
상담자는 내담자와 충분한 라포
가 형성되었음을 알고 이 부분에
대한 내담자의 예외를 찾아내기
위해 고군분투하고 있음.

<상10> 결혼 12년 동안에 내담자
가 한 일에 대해 다른 각도에서 볼
수 있도록 시도함. 배우자로부터
오랜 학대를 받았던 내담자에게
매우 필요한 작업으로 보임.

<상12> 내담자의 성취에 대한
공감적 경청이 이뤄짐.

상13: 남편 명의지만, 그래도 우리집이잖아요.

내13: 저는 우리집이라는 생각을 안 들어요.

상14: 그래요. 어쨌든 저력 씨 말대로, 남편 것이지만 한몫을 했다 이거죠? 아내 입장에서.

내14: 근데 남편은 그리 생각을 안 하더라고요.

상15: 어떻게? 어떤 식으로?

내15: 남편은 이렇게 말해요. 나는 결혼을 하지 않았다면, 더 많이 모으고 살았을 것이다. 이러한 말을 한번씩 툭 뱉어요. 그게 참 어리석다고 생각하거든요.

대안: '아파트 49평이요? 굉장하네요. 어떻게 그렇게 하실 수가 있었어요. 많이 힘들었을 텐데….'와 같이 질문 형식으로 함으로써 간접적인 칭찬을 할 수 있음. 간접칭찬은 내담자가 스스로 역량을 강화할 수 있도록 도울 수 있는 매우 좋은 방법임. <상13> 앞부분의 '자기명의'라는 언급이 학대하는 남편과의 관계에서 남편의 힘을 재확인시켜 주는 역할을 할 수 있음을 생각할 필요가 있음. 상담자가 앞서 나가기보다는 내담자가 상담을 이끌 수 있도록 하는 것이 필요함. <상14> 상담자가 내담자의 부정적 반응에 매우 현명하게 대처함.

<상15> 내담자가 다시 문제중심으로 대화를 전환했을 때 상담자는 이것에 대해 알아보고 싶은 유혹을 많이 느낌. 이럴 때 상담자는 이것이 해결에 어떻게 도움이 될지에 대한 판단을 한 후 문제중심으로 한동안 머물 것인지 아니면 해결중심으로 다시 전환을 할 것인지에 대해 결정해야 함.

대안: '그러시군요. 그건 조금 있다고 다시 들어보기로 하고요, 좀 전에 한몫을 했다고 하셨는데 무엇을 어떻게 하셨나요?'라고 질문할 수 있음.

상16: 아하~저력 씨가 한몫을 했다라고 생각하는데 남편은 그렇게 생각을 안 한다. 내가 결혼을 하지 않았으면 더 많이 모으고 잘 살았을 것이다? 왜 그렇게 생각했을까요?

내16: 저도 그래요. 자기 엄마 모시고 편하게 살지. 나랑 왜 결혼하고 사나. 나를 힘들게 하나, 사실 그런 말을 왜 하는지 이해가 안 가요.

상17: 남편은 재산을 모으는 것? 그런 쪽으로 생각을 해서 하셨을 거예요.

내17: 저는 한몫을 했다고 생각하는데, 남편은 그거에 반대로 생각하는 것 같아요. 수고했어가 아니라 너만 아니었으면 이렇게 들리니깐. 나는 그렇게 생각하지만 상대방은 반대로 생각하니깐 생각을 하면 안 될 것 같다?

상18: 아~그렇지만, 상대가 어떻게 생각하든, 평가하든, 저력 씨가 집을 만드는 데 큰 몫을 했다, 일단 그분 생각은 접어 두고 저력 씨 본인이 생각하는 것은 자유예요. 또한 내가 이외에 한몫한 것, 집에 기여한 것이 있으면 뭐가 있을까요?

내18: 아이들 큰 거.

상19: 아이들이 어떻게 컸어요?

내19: 착하고 바르게?

상20: 오~착하고 바르게? 예쁘게 잘 키우신 거네요. 어머니가 어떤 역할을 하셨길래 아이들이 착하고 바르게 컸을까요?

내20: 어려운 질문 같아요. 음, 알아서 한 것 같아요.

<상16> '왜'라는 질문이 중요하게 활용될 때도 있지만 '그런 말씀을 들으면 속이 많이 상하시겠어요.'와 같이 인정한 후 해결 중심으로의 전환을 꾀하는 것도 필요해 보임.

<상17> 계속해서 문제중심의 대화에 머물고 있음.
대안: 이러한 상황에서 '나랑 왜 결혼하고 사나라고 하셨는데, 저력 씨가 생각하는 결혼의 모습과는 매우 달랐던 것 같아요. 저력 씨가 원하는 결혼의 모습은 어떤 것인가요?' 또는 '남편이 그런 말씀을 하는 대신 어떤 말을 해 주시길 원하시는 건가요?'라고 물으며 해결중심으로 전환을 꾀할 수도 있음.

<상18> 내담자의 역량 강화에 매우 도움이 되는 상담자의 접근임.
또 다른 이끌어 내기의 시도임.

<상20> 자녀가 착하고 바르게 성장한 것에 대해 내담자의 역할을 스스로 알아낼 수 있도록 하는 매우 좋은 질문으로 보임.

상21: 어머니가 어떻게 하셨길래 아이들이 바르게 컸을까요?

내21: 작은애 같은 경우에는 본인이 저를 보호해 줘야 한다는 생각을 늘 해요.

– 중략 –

상22: 바르게 컸다, 잘 컸다. 두 아이 모두.

내22: 육아는 잘 크고 바르게 크는 건 답은 없는 것 같아요. 제가 보았을 때 잘 큰 거지 아직 열 살이고 다 큰 것이 아니니깐.

상23: 어머니가 바라보는 시선이 중요해요. 어머니가 그렇게 아이들을 바라본 거잖아요. 물론 그 아이들이 바르고 잘 커서 어머니가 바라볼 수 있구요. 설사 부족하더라도 어머니가 바르게 잘 컸다라고 바라볼 수 있어요. 어머니가 어떻게 그렇게 생각하시게 되셨을까요? 그런 시선으로?

내23: 저는 마음속으로만 생각을 해요. 주변에서 운동도 잘하고 공부도 잘하고 회장도 하고 투표 몰표도 받고 주변에서 자주 들어요. 학교 가서도 아이를 참 잘 키우셨네요.

상24: 주변에서도 그렇게 이야기해 주니깐 맞구나 잘 크고 있구나…. 어머니가 어떻게 하셨길래

내24: 저는 잘 모르겠어요. 저는 늘 약한 모습만 보인 것 같은데….

<상21> 자녀가 스스로 그렇게 된 것보다는 내담자의 역할이 분명히 컸을 것이라는 확신이 있어야 할 수 있는 질문으로 내담자에 대한 상담자의 믿음이 분명하게 드러남.

<상23> 내담자가 자신의 역할에 대해 잘 풀어내지 못함에 상담자의 마음이 약간 급해지는 것으로 보임.
대안: 이럴 때 '물론 그렇지요. 어머니의 역할은 끝이 없지요. 참 현명하신 어머니이시네요.'와 같이 공감을 해 주며 대화의 초점이 내담자 자신을 향할 수 있도록 해 주는 것이 하나의 방법이 될 수 있음.

<상24> 대안: '아이는 혼자 크지 않는데, 어머니의 역할이 크셨던 것 같아요. 어머니 스스로 생각하시기엔 별것 아닌 것 같지만 그런 하나하나가 모여서 아이가 크는 자양분이 되지요.'와 같은 말로 공감한 후 내담자에 대한 초점을 유지해 나가는 것도 하나의 방법이 될 수 있음.

상25: 어머니, 만약 두 아이가 같이 왔다고 생각해 보세요. 제가 아이들에게 '엄마가 어떻게 해 주었길래 너희들이 바르게 잘 자랄 수 있었을까?' 물어봤을 때 아이들이 뭐라고 대답했을까요?

내25: 본인들도 대답하기 힘들 것 같은데, 밥을 잘 준다? 한 가지 교육관, 양육 방식 중 하나가 부족함, 목마름을 확실하게 만든다?

상26: 아~ 예를 들어서? 어머니.

내26: "엄마 뭐가 먹고 싶어." "알겠어." 바로 주지 않죠. 인내심, 참는 것? 주변에 친했던 엄마 중에 시댁 도움과 남편 사업 성공으로 부자 된 엄마가 있는데 그 집을 보면서 느끼는 건 돈은 많지만 주말마다 장난감 사 주고 그걸 보면서 많은 걸 깨달았어요. 본인이 요구하는 대로 생기니깐, 욕심이 끝없고 만족하지 못하고 소중한 걸 모르는 걸 보아요.

상27: 옆에서 보시면서, 그걸 깨달으셨구나!

내27: 그걸 깨달은 것보다는 저는 경제적으로 여의치 않아서 늘 못 사 주고, 기다리게 했던 게 몸에 배었어요. 근데 그 집을 보니깐 매일 사 주니깐….

상28: 근데 어머니가 그래도 '언제 사 줄게.' 약속을 하네요. 지금 당장은 아니더라도. 기다리게 하네요.

내28: 그 집을 보니깐 아이들에게 너무 부족함 없이 먹을 것, 장난감을 사 주지만 그 아이들은 만족을 못하더라구요. 그에 반해 저희 아이들은 기다리면서 만족을 해요. 이게 정말 절실한 게 아이들 이게 필요하구나.

상29: 우와! 어머니 고수다. 정말 아이들에게 귀한 가치를…. 어머니가 한 역할이 왜 없어요?

<상25> 자녀의 시각으로 내담자 자신의 기여에 대해 생각할 수 있도록 하는 관계성질문으로 매우 좋은 접근임.

<상26> 내담자가 긍정적인 것과 부정적인 것을 동시에 대답했을 때 긍정적인 부분을 확대할 수 있는 기회가 됨.
대안: '밥을 잘 준다? 아하. 정말 중요한 역할을 잘 하시는군요. 어머님이 많이 힘드신 가운데서 말이죠. 다 귀찮아 자신만 생각하며 아이들을 팽개치는 부모들도 많지요. 밥을 잘 주는 어머니의 모습을 아이들은 어떻게 볼까요?'와 같이 질문할 수 있음.

<상27> 공감적 경청

<상28> 대안: '그렇죠. 아이들에게 그렇게 기다리지 못하고 바로 해 주는 것이 교육에 도움이 되지 않지요. 어머니는 그것을 보고 깨달으셨군요.'

<상29> 내담자와의 관계를 중심으로 강화하기가 잘 이루어짐.

내29: 그래요? 저번에 놀이동산 가서 그랬어요. 너희들 엄마 잘 만났다. 다른 애들은 이런 곳 못 와 본 아이들도 엄청 많아. 이렇게 아이들이 KTX 안 타 본 애들 많더라. 우리는 1년에 몇 번을 타는데.

– 중략 –

상30: 어머니가 말씀하신 게 맞아요. 답이 없어요. 어머니께 다시 물어볼께요. 큰애는 뭐라고 할 것 같아요? 엄마가 어떤 면이 좋아요? 하면.

내30: 큰애는 '주산선생님이라 좋아요.' 아이들 가르치는 거에 뿌듯해하거든요.

상31: 아~우리 엄마가 아이를 가르치는 역할을 뿌듯해하나 보죠? 어머니 이렇게 많은데~어머니, 만약 남편이 여기 왔어요. 남편은 뭐라고 할 것 같아요? 내 아내가 이런 점이 좋아요. 12년 동안 그래도 우리가족에게, 큰 역할 하는 거예요~

내31: 한번 생각해 볼게요.

상32: 보통 인연 아니에요. 12년이면, 남편은 뭐라고 할 것 같아요? 저력 씨에게.

내32: 그냥 애들 잘 키운 거?

상33: 당연히 아이들 잘 키운 건 저력 씨의 큰 공이죠. 또 뭐라고 할 것 같아요? 그래도 내 아내, 내 자녀, 아마 프라이드 가지고 있을 거예요. 남편분이 뭐라고 할 것 같아요?

<상30> 내담자의 가족 중 구체적인 대상을 언급하며 조금 더 깊게 들어가 관계성질문을 시도함.

<상31> 대안: '어머님처럼 큰아이도 어머님이 선생님의 역할을 하는 것을 좋아하는군요. 좋은 어머니이듯 좋은 선생님이신 것 같아요.'
큰아들의 시각을 통한 강화 이후 곧바로 남편을 통한 관계성 질문으로 전환함. 모든 가족의 지지를 한꺼번에 얻어 내야 하는 것은 아니며 천천히 가는 것이 빨리 가는 것이라는 해결중심치료의 원칙을 생각할 필요가 있음.

<상32> 대안: '남편이 저력 씨의 어떤 점을 높이 평가해 주었으면 좋을까요? 아내로서, 엄마로서?'

<상33> 대안: '아 그렇군요. 남편도 아이들 잘 키운 것을 저력 씨의 공으로 생각하실 것 같군요. 어떻게 그렇게 생각하셨어요? 무엇을 보고?'

내33: 인내력?

상34: 그래요. 저력씨 주변에도 자주 만나는 분들이 있어요?

내34: 학부모들 아니면 만날 사람들이 없어요.

상35: 학부모들이 볼 때는 저력 씨의 어떤 점에서 아이들이 잘 컸다고 생각할까요? 어머니들이 볼 때, 무엇을 보았길래, 엄마 역할 잘한다 이런 이야기할 것 같으세요?

내35: 내 성격? 소탈하고 재미있고.

상36: 아~어머니들 앞에서 재미있나 보죠? 본 모습은 재미있는 분이시네요?

내36: 분위기 메이커? 소싯적에.

상37: 아~그래요? 소싯적에 자질이 어머니들 앞에서는 나오나 보네요?

내37: 가끔?

상38: 아이들 앞에서는요?

내38: 큰애한테는 잘 안 하는데 작은애한테는, 큰애와 작은애와 성향이 반대예요. 큰애는 이기적이고, 작은애는 배려심이 있고.

상39: 자녀들 앞에서 재미있는 기질이 나오시네요. 재미있는 엄마네요. 혹시 남편 앞에서는 그런 기질이 나오세요?

내39: 남편 앞에서도 싸우지 않고 경직되지 않으면, 남편도 그런 스타일이에요.

상40: 오~남편도 그런 스타일이에요? 그러면 서로 공통점이 있으시네.

내40: 뭐, 그런 부분에서는….

상41: 그럴 때는 분위기가 어떠세요?

내41: 그게 허탈해요. 의미 없이 하는 개그이니깐.

<상34> 내담자가 인내력에 대해 언급하였으며, 이는 매우 큰 장점이자 자원으로 보임. 이에 대해 좀 더 머무는 것이 필요함. 대안: '인내력. 그렇군요. 조금 더 설명해 주실 수 있겠어요?'

<상35> 이끌어 내기를 시도함. 주변의 주요 인물을 통한 관계 성질문을 시도함.

<상37> 대안: '어머니들하고 있을 때는 어떻기에 그렇게 분위기 메이커가 되실 수 있었나요?'

<상40> 남편에 대한 긍정적 언급이 처음으로 이뤄짐. 배우자와의 사이에서 일어나는 예외적 상황을 알아낼 수 있는 매우 중요한 기회가 될 수 있음.

－ 중략 －

상42: 행동을 조심한다…. 그러다 보니 알게 모르게 경계가 되고 긴장이 된다…. 그런 얘기시죠? 내가 혼자 당할 수 없으니깐 비난했던 것들이 저력 씨한테 어떤 도움이 되었어요?

내42: 나도 그래. 너 그렇게 해? 나도 그렇게 해야지…. 이렇게 대응을 했어요. 그러니깐 일이 더 커지더라구요. 그냥 가만히 있으면 뭔가 더 (몸이) 사그라들 것 같은데.

상43: 그럼 도움이 안 된 거네요? 그럼 대응하기 위해서 서로 경계했던 거네요. 서로 비난하고 말 받아치면서….

내43: 그건 최근이에요.

－ 중략 －

상44: 남편 미운 건, 저력 씨가 못된 게 아니고 눌려 있던 것들이 나온 거예요. 자연스러운 인간의 감정이에요. 죄책감 가지지 말고 '그동안 눌려 있었던 감정이래, 저력아.' 라고 생각하세요. 이건 결국 과정이에요. 나를 잘 들여다보면서 편안하게 바라보세요.

내44: 스스로 바꿔야 한다는 걸 알고 나서 어디서부터 뭘 바꿔야 하는지 생각이 드는 거예요. 착하게 살아온 것부터 바꿔야겠구나, 하나씩 둘씩 떠올라, 근데 이게 맞는지 틀리는지 판단이 안 서요. 이러다가 어느 순간 답인가? 아닌가? 몰라서 원점이 되는 게 있어요.

상45: 늘 타인중심이었고 내 감정을 접고 그렇게 살았어. 그래서 이렇게 된 거예요. 이제 알았어요. 습관을 고치는 데 엄청난 노력을 해서 바뀌지만, 방해 없이 가나요? 오르락내리락 누구든지 그래요.

대안: '혹시 남편이 경직되지 않았을 때는 언제였나요? 최근에? 그때는 뭐가 달라서 그랬나요? 저력 씨는 그때 뭘 하셨어요? 어떻게 하셨어요? 아이들은 어땠어요?'

<상43> 대안: '혹시 그렇게 대응하지 않고 다르게 대응했던 적이 있으신가요? 그때는 어땠어요?'

<상44> 공감적 경청을 통한 내담자의 역량 강화를 꾀함. 내담자와의 굳건히 형성된 라포를 통해 자신의 상황을 새롭게 볼 수 있는 기회를 제공함.

<상45> 상담자는 내담자와 좋은 라포를 형성하여 좀 더 직접적으로 내담자의 상황을 해석해 주고자 시도함.

– 중략 –

우선 그렇게 하려면 저력 씨가 바뀌어야 하는데 과정
이라고 생각하고 그동안의 삶의 패턴을 바꾸려고 하
니깐 마음속에서도 이렇게 갈등이 일어나는 거예요.

내45: 갈등이 일어나요. 오늘도 선생님 늦었잖아요. 평소
같으면 죄책감에 스스로를 엄청 힘들게 했을 거예요.
원래 저도 그렇고 상대방이 늦는 것도 너무 싫어요.
그게 너무 힘들어요. 근데, 오늘 아침에는 그나마
여러 생각이 들고 갈등을 했어요. 택시를 탈까, 생각
을 했었어요. 속으로는 마음이 늦어서 너무 힘든데 상
대방이 선생님이니깐 조금 이해를 해 주실까? 그래,
이런 힘듦도 한번 겪어 보자. 예전의 그 힘든 게 오늘
은 조금 틀렸어요. 사실은 이게 답인지 모르겠어요.

상46: 잘하셨어요!

내46: 마음을 조금이라도 편하게 가져 볼까? 이런 변화가
있었어요.

상47: 저력 씨에게는 큰 변화네요.

내47: 남들에게는 별거 아니지만 엄청난 변화였어요. 첫
번째 상담 때 30분 일찍 왔잖아요.

상48: 잘 가고 있고요. 지금 저력 씨에게 마음에 지진이 일
어나고 있어요.

내48: 남들이 날 얼마나 욕을 할까? 이게 싫었던 거예요.

내담자와의 관계 정도에 따라
다를 수 있지만, 내담자를 앞에
서 이끌기보다 뒤에서 이끌기
를 시도할 필요가 있음.

<상46> 대안: '그렇게 하시기가
저력 씨의 평소 모습에서 생각
해 보면 많이 힘들었을 텐데요.
대단하세요. 어떻게 그렇게 하
실 수 있었어요?'

<상47> 대안: '저력 씨에게 큰 변
화처럼 보이는데요. 그런가요?'

<상48> '마음의 지진'이라는 상징
이 내담자의 변화를 표현하는 데
매우 적절하게 활용되고 있음.
대안: '그랬었지요. 저력 씨의 말
씀을 듣고 보니 정말 많은 변화가
있었네요. 그런 변화를 척도로 표
현해 보면 어떨까요? 10은 저력
씨가 원하는 것이 다 이루어진 상
태이고, 1은 처음 왔을 때를 의미
한다면, 지금 몇 점쯤일까요?'

3. 슈퍼비전을 위한 질문과 응답

1) 슈퍼바이지가 슈퍼바이저에게

(1) 부부상담이 진행되지 않은 상황에서 내담자 혼자만의 변화로는 한계가 있을 것으로 예상되어 가정폭력 남편을 부부상담에 오게 할 방법을 알고 싶습니다. 또한 내담자가 원하지 않을 때 신고의무기관으로서 딜레마를 어떻게 대처해야 할까요?

☞ 상담자의 질문과 우려를 충분히 이해할 수 있습니다. 그렇지만 부부상담에서, 특히 가정폭력과 관련된 상황에서 가해자의 역할을 하는 배우자가 상담에 자의적으로 참여하는 것은 이례적입니다. 이러한 상황에서 한계를 먼저 생각하는 것보다 '지금 여기'에서 일어나고 있는 일에 주목할 필요가 있습니다. 즉, 누군가는 이러한 상황을 변화시키고자 하는 마음을 가지고 상담에 임하고 있으며, 변화를 원하는 그 누군가와 먼저 작업을 시작하는 것이 중요하다는 것입니다. 이 사례에서도 아내인 내담자와만 상담을 진행하였으나 종결회기 즈음에는 내담자 스스로 남편의 변화에 대한 자신의 관찰에 대해 보고할 수 있었습니다. 체계이론에 의하면 체계의 어느 한 부분의 변화는 다른 부분에 영향을 미칠 수 있고, 이는 가족치료이론과 모델의 발전에 큰 원동력으로 작용하여 왔습니다. 더구나 부부는 매우 밀접한 체계로 어느 한 사람의 변화는 다른 사람에게 어쩔 수 없이 직·간접으로 영향을 미치게 되어 있습니다. 이 사례에서 내담자인 부인이 긴장을 덜 하고 스스로 원하는 것을 직접적으로 남편에게 말할 수 있었을 때, 남편이 전과 다른 반응을 하고 별 문제없이 지나갔던 예외적인 경험을 보고합니다. 물론 남편이 함께 상담에 임한다면 더 효과적일 수도 있을 것입니다. 그러나 이 사례에서처럼 부인에 대해 매우 강요적이고 집

착하며 본인이 문제라고 보지 않는 남편의 경우, 상담에 초대하는 것을 신중하게 고려할 필요가 있습니다. 오히려 현재 진행되고 있는 부인과의 상담도 중단될 수 있는 가능성이 있기 때문입니다. 즉, 현재 한계로 보이는 상황이 어떤 면에서는 순기능적이기도 하다는 것인데, 효과적인 상담이 되기 위해 부부가 항상 꼭 함께 상담에 임해야 할 필요가 있는 것은 아닐 수 있습니다.

☞ 가정폭력의 상황에서 내담자가 신고를 원하지 않을 때, 신고의 무기관으로서 윤리적 딜레마를 겪는 것은 당연합니다. 이때 가장 중요한 것은 내담자의 안전을 확보하는 것입니다. 내담자가 안전하지 않은 상황에서 계속된 가정폭력이 발생할 경우, 상담자는 이를 신고하고 이들이 보호받을 수 있도록 최선을 다해야 합니다. 그렇지만 내담자가 스스로 자신의 안전을 지킬 수 있고, 또 그러한 예외적인 상황을 경험했고, 내담자와 상담자가 공동으로 판단하기에 안전에 큰 문제가 없고, 내담자가 원치 않는 상황이라면 항상 신고가 선행되어야 하는 것은 아니라고 생각합니다. 김인수 선생님은 "I'm glad to be alive…."라는 사례에서 형에 의한 괴롭힘과 폭력으로 자살을 시도했던 청소년 내담자가 자신을 보호할 수 있는 방법을 스스로의 경험 속에서 찾을 수 있도록 돕는 것에 초점을 두고 상담을 진행합니다. 그러나 일반적으로 상담자는 이러한 상황에서 그 어느 쪽으로도 확신을 갖기 어렵습니다. 이럴 때 슈퍼바이저와의 유기적 논의가 필요합니다.

(2) 공식적으로 공무원시험 공부를 시작한 내담자가 심리적으로 더 부담을 갖지
    않을까 우려됩니다.

☞ 공무원시험 준비를 시작한 내담자가 심리적으로 더 부담을
갖고, 이러한 부담이 가정 내에서의 내담자 입장을 더 고립되고 만
들 수 있지 않을까 염려하는 상담자의 마음이 충분히 이해가 됩니
다. 공무원시험은 누구에게나 매우 큰 도전이고 많은 시간이 걸리
는 일입니다. 그렇지만 공무원시험을 준비하겠다는 것은 내담자
스스로의 선택이고, 상담자는 이 과정에서 많은 어려움이 있을 수
있고, 그럴 때 필요하다면 상담자가 다시 도움을 줄 수 있다는 뜻
을 전하는 것이 필요해 보입니다. 현재 7회로 상담이 종료된 상황
인데, 내담자에게 시험을 준비하며 또 다른 일로 심경의 변화와 신
변의 안전 등에 문제가 생긴다면 언제든 상담소에 찾아올 수 있음
을 알리는 것입니다.

(3) 고집스러울 만큼 집요하게 남편에 대해 비난하고 고조된 감정을 보이는 내담
    자를 보며 남편과 내담자가 많이 닮았다고 느꼈습니다.

☞ 오랜 동안 배우자에게 정서적 학대를 받아 온 내담자 중 많은 사
람들이 외상후 스트레스장애(PTSD)의 증상을 보이기도 합니다. 남편
에 대해 비난하고 고조된 감정을 보이는 것은 어찌 보면 당연할 수도
있고, 장기간에 걸쳐 일어난 일이라는 것을 고려할 때 어느 면에서 필
요해 보이기도 합니다. 또한 이러한 표현은 자포자기하고 무기력한
모습을 보이는 내담자에 비해 삶에 대한 에너지로 비춰질 수 있습니
다. 그렇지만 해결중심치료자가 해결중심적인 대화를 유지하고자 할

때, 이러한 내담자의 특징은 큰 장애로 느껴지기도 합니다. 상담자는 내담자에게 상담과정에서 남편을 비난하고 감정이 격앙되는 것이 내담자에게 어떻게 도움이 되는지를 한발 뒤에서 파악할 필요가 있습니다. 때로는 내담자에게 이를 직접 물어보며 그들의 욕구와 필요를 파악하는 것이 도움이 될 수도 있습니다. 더불어, 해결중심치료에서 계속해서 문제중심적 대화를 유지하는 것은 도움이 되지 않기도 합니다. 상담자는 가정폭력으로 인한 PTSD에 대한 이해와 더불어 계속되는 내담자의 불평과 비난을 해결중심적인 대화로 전환할 수 있는 대화의 기술을 연마할 필요가 있습니다.

2) 슈퍼바이저가 슈퍼바이지에게

(1) 이 상담사례에서 내담자의 목표가 성취된 것은 무엇이라고 생각하나요?

- 이혼하지 않기로 결정하고 가정폭력에 대한 이해와 대처방식을 적용해 볼 수 있었습니다.
- 남편과 물리적 분리에 대한 준비를 위해 공무원시험 공부를 시작하기로 선택하였습니다.
- 자기의사 및 감정 표현을 시작하고 부부 상호 간 긍정적 변화를 경험하기 시작하였습니다.
- 자신과 남편의 장점을 발견하고 재평가할 수 있었습니다.

(2) 상담자가 적절하게 사용한 상담기술과 도움을 준 것은 무엇입니까?

- 예외질문과 관계성질문을 통해 내담자가 강점을 발견하고 자기인식을 할 수 있도록 도왔습니다.
- 원가족 탐색으로 내담자와 남편의 불안에 대한 이해를 도왔습니다.
- 척도질문을 통해 변화과정을 구체적으로 확인하고 확대할 수 있었습

니다.

• 가정폭력에 대한 이해와 상황에 맞는 대처방법을 교육하였습니다.

(3) 이 상담사례를 통해 상담자는 어떤 부분에서 성장하였다고 생각합니까?

• 가정폭력 사례 다루기에 대한 자신감 향상, 가정폭력 이슈와 관련된 사례의 임상경험을 통해 상담의 구조화 및 실제적인 진행방법, 질문 활용에 대한 자신감을 얻을 수 있었습니다. 특히, 가정폭력에 대해 주요 이슈를 직접적으로 다루기보다 부부 상호 간 의사소통, 행동패턴 등을 내담자 스스로 통찰하여 스스로 변화의 필요성을 인식하도록 초점을 두고 상담을 진행하였던 부분이 도움이 되었다고 생각합니다.

• 해결중심질문 기법의 확장: 내담자 외 다른 가족 구성원들이 상담에 참여하지 못하여 의도적으로 관계성질문을 더 많이 활용하였고, 이를 통해 내담자가 변화하는 것을 경험하며 이 질문의 효과성에 대해 더욱 확신하고 확장하여 활용할 수 있는 동기를 얻었습니다.

• 해결중심상담 철학의 중요성 확신: 내담자의 자원과 강점에 근거하고, 특히 내담자가 문제해결의 열쇠를 쥐고 있는 주인이며, 이를 믿고 상담자와 내담자는 협력하여 해결을 공동 구성하는 것에 대한 신뢰가 확고해졌습니다.

(4) 이 상담에서 도움이 된 상담자로서의 강점과 자원은 무엇이라 생각합니까?

• 내담자의 힘든 상황을 충분히 이해하는 포용력과 공감 능력이 도움이 되었습니다. 그런 이유로 대부분의 내담자들이 상담자를 편안하게 생각하고 잘 따르는 편입니다.

• 비언어적 메시지와 미세한 행동들을 감지하고 해석하는 직관력으로 내담자의 내면에 대해 깊이 있는 이해를 할 수 있었습니다.

• 상담자로서의 전문성 강화(이론, 임상, 인성 등)를 위해 지속적인 훈련과 활용을 균형 있게 연마하고 있습니다. 이것이 다수의 긍정적인 상담결

과를 가져온다고 생각합니다.

(5) 내담자는 이 상담을 통해 무엇이 도움이 되었다고 말씀하실까요?

• 현 상황에 대해 객관적으로 바라보는 힘이 생기면서, 폭력의 순환 고리
  를 내담자가 먼저 끊기를 시도할 수 있었다고 할 것입니다.

• 현 상황이 죽고 싶을 만큼 비관적이지 않다는 것을 알게 되었다고 할 것
  입니다.

• 자신의 가치를 통찰하고 자기존재감 회복을 통해 자신감이 강화되었다
  고 할 것입니다.

• 기존의 왜곡된 신념과 회피적인 행동패턴을 자각한 후, 명확한 의사표
  현과 행동 등 남편과 시어머니에 대한 대응방식이 달라졌다고 할 것입
  니다.

• 남편과 시어머니에 대한 수용적 반응을 보고 부정적 감정이 완화되었다
  고 할 것입니다.

• 이런 긍정적인 경험들이 축적되고 순환되면서 부부 관계 개선과 환경
  변화에 주도적인 내담자가 되어 가고 있다고 할 것입니다.

(6) 다음에 이와 유사한 내담자를 만난다면, 이 사례에서 배운 어떤 것을 더 하고
    싶은가요? 만일 다르게 하고 싶은 것이 있다면 어떻게 다르게 하고 싶은가요?

• 내담자가 자신을 어떻게 바라보는지가 가장 중요함을 재확인했으므로
  자신에게 강점과 자원이 많다는 것을 더 많이 깨우칠 수 있도록 더 진솔
  하고 따뜻한 상담자로 다가갈 것입니다.

• 내담자가 가정폭력과 같은 어려운 상황에서 할 수 있는 다양한 결정 중
  에서 결혼생활 유지 여부에 대한 현명한 선택을 할 수 있는 힘을 기르도
  록 다양한 정보 제공 등 복지 분야에도 관심을 갖고 기회를 제공할 것입
  니다.

• 내담자의 가정폭력 인지도에 따라 가정폭력 교육이 구체적으로 전달될

수 있도록 전문성에 관심을 가질 것입니다.

- 관계성질문 등의 질문기법을 더 훈련하고 확대적용해서 내담자의 시야를 넓히거나 관점을 바꾸는 데 도움을 줄 수 있도록 하겠습니다.

4. 슈퍼바이저 메시지

가장 어려운 상담 중 하나가 가정폭력과 관련된 사례라고 생각합니다. 이 사례에서 내담자는 배우자의 오랜 정서적 학대를 경험하다 더이상 견딜 수 없어 이혼을 생각하고 상담소를 찾았습니다. 이혼을 생각하며 상담소를 찾는 많은 내담자 중 가정을 지키고 싶어 하는 마음이 있는 내담자가 많습니다. 상담자는 이러한 내담자의 마음을 읽고 이러한 상황에서 내담자에게 중요한 것이 무엇인지, 결혼을 유지하도록 했던 이유는 무엇인지에 대해 질문하고 내담자의 자원을 찾아내는 것에 큰 강점을 보입니다.

가정폭력과 관련한 사례에서 상담자가 가장 중요하게 생각해야 할 부분은 현재 내담자의 안전에 문제가 없는가를 확인하는 것입니다. 상담자는 내담자와 빠르게 라포를 형성하며 내담자가 신뢰할 수 있는 관계를 형성할 수 있는 능력을 가지고 있습니다. 이러한 과정에서 상담자는 내담자의 안전에 관한 확신을 가질 수 있었고, 그럼에도 내담자가 혹시라도 생길 수 있는 폭력적 상황에서 대처할 수 있는 방법에 대한 대응법을 내담자의 입장에서 살펴볼 수 있도록 도움을 주고 있습니다. 상담자는 내담자 스스로 자신을 지켜 낼 수 있었던 예외적 상황에 대해 떠올려 보고 그 때는 어떻게 그렇게 할 수 있었는지, 그때 유용하게 활용할 수 있었던 자원은 무엇인지에 대한 대화를 나누고 내담자 스스로 그렇게 할 수 있는 자신감에 대해 확인합니다. 그런 후 상담자가 느끼기에 미비한 부분이 있다고 느껴졌을 때 가정폭력과 관련된 다양한 정보를 제공하고 내담자가 혹시라도 있을지 모를 상황에 대비할 수 있도록 도와줍니다. 상담자는 내담자에 대한 교육의 중요성을 인정하지만 내담자의 역량 강화를 위하여 예외적 상황을 활용하는 것에 매우 능숙한 모습을 보이고 있습니다.

좋은 해결중심상담자는 긍정적이고 지지적이며 새로운 생각에 대한 융통성 있는 마음을 가지고 있어야 한다고 합니다. 또한 내담자의 문제중심적인 대화 속에서 이전의 예외와 해결을 선택적으로 경청할 수 있는 능력이 매우 중요하다고 알려져 있습니다. 이러한 측면에서 상담자는 자포자기하고 힘을 잃었던 내담자가 스스로 자신을 지킬 수 있는 능력이 있는 사람으로 인식할 수 있도록 따뜻하고 긍정적으로 내담자를 공감하고 지지해 주고 있습니다. 또한 과거에 스스로를 지킬 수 있었던 경험과, 또 현재 주변의 자원을 스스로 돌아볼 수 있는 생각의 공간을 제공합니다. 내담자에게 그 무엇보다 필요했던 것은 자신이 진정으로 원하는 것이 무엇인지에 대해 상담자와 함께 협력적으로 이야기를 나눠 본 경험이었을 것입니다. 많은 경우, 문제에 빠져 있는 내담자는 자신과 관련된 시야가 매우 좁아질 수 있습니다. 이러한 공간에서 나눈 해결중심적 대화는 내담자로 하여금 자신이 어떤 힘을 가지고 있는 사람인지, 어떤 중요한 역할을 이미 하고 있는지, 또 미래에 원하는 것이 무엇인지에 대해 깊게 생각해 볼 수 있는 기회를 제공합니다. 상담자는 해결중심치료자로서 이러한 역할을 매우 잘 수행하고 있습니다.

그럼에도, 이러한 사례에서 상담자는 종종 마음이 급해져 인내심을 잃을 수도 있습니다. 내담자를 위한 좋은 마음이 내담자를 기다려 주기보다 내담자보다 앞서 이들을 이끌어 가도록 합니다. 비록 그 마음이 해결중심적인 것일지라도 내담자보다 앞서가는 해결중심적 상담은 해결강요적 상담이 되기 쉽습니다. 이 사례에서 상담자는 해결중심적인 질문을 매우 능숙하게 활용하며, 내담자의 문제중심적인 대화를 해결중심적인 것으로 전환하는 데 성공적입니다. 그럼에도, 이럴 때 상담자들은 스스로 자신이 내담자보다 앞서 나가고 있는 것은 아닌지에 대해 성찰적으로 살펴보아야 합니다. 이 사례에서 상담자도 이러한 모습을 보일 때가 종종 있었습니다. 내담자 스스로 자신의 예외상황을 해결에 도움이 되는 예외적 상황으로 보지 못할 때 상담자가 이를 강요하는 모습을 관찰하게 됩니다. 이럴 때 필요한 것이 인내심과 내담자에 대한 믿음입니다. 물론 내담자의 안전이 확보되지 않는 상태에서는 그럴 수 없지만, 만약 내담자가 스스로를 지킬 능력이 있고 혹시 모를 상황에 대해서도 준비가 되어 있다면, 내담자를 기다려 주는 것이 내담자의 역량 강화를 위해 매우 필요합니다. 상담자가 내담자에게 공감적인 경청을 하며 '알지 못하는 자세'를 보일 때 내담자는 스스로 자신을 돌아보며 자신의 능력과 자원을 찾아 나갈 수 있는 시간을 확보할 수 있습니다. 이러한 인내는, 특히 예외 '이끌어 내기'에서 활용되어야 할 필요가 있습니다. 하나의 예외를 찾아내고 이를 확대하고 강화하기 위해 내담자 스스로 생각할 수 있는 시간이 필요합니다. 그러나 축어록에서 볼 수 있듯이 이 사례에서 상담자가 시도하는 해결에 관한 과도한 '이끌어 내기'로 인해 이미 찾아진 예외가 확장되고 강화되는 경험을 하는 시간이 부족함을 느낄 수 있었습니다. 해결중심단기치료는 분명 단기치료로서의 특징을 보이며 성장해 왔습니다. 그러나 더 이상 '단기'라는 단어를 강조하지는 않습니다. 해결중심치료는 단기적일 수도 있고 또 장기의 시간이 필요한 사례에도 활용할 수 있습니다. 이때 두 경우에 모두 적용할 수 있는 해결중심치료의 원칙은 '천천히 가는 것이 빨리 가는 것이다.'입니다. 내담자의 시간에 맞추어 인내심을 가지고 기다리는 것이 그들의 역량 강화에 더 큰 도움이 될 수 있습니다.

이 사례에서 상담자는 훌륭한 해결중심상담자로서의 특징을 많이 보이며, 무엇보다 내담자가 스스로 자신을 지킬 수 있는 힘과 자원을 찾을 수 있도록 좋은 상담을 진행하였습니다. 상담자는 이 사례에서 효과가 있었던 것을 인지하여 앞으로 그것을 더 많이 할 필요가 있습니다. 동시에, 자신의 실천 장면에서 내담자보다 앞서가고 있을 때 그것이 내담자에게 어떤 영향을 미치게 되는지를 관찰하고 이를 동료들과 또 슈퍼바이저와 다룰 수 있기를 기대합니다.

"평범한 가족처럼 대화하고 싶어요."

1. 사례 정보

1) 내담자의 인적 사항

• 남편: 이수영(가명, 남, 55세, 수도권 출신, 3형제 중 장남, 대졸, 기독교, 회사원, 재혼)

• 아내: 최지영(가명, 여, 51세, 경상도 출신, 1남 2녀 중 둘째(장녀), 대졸, 기독교, 개인 사업체 운영, 재혼)

• 장남: 이인범(가명, 남, 28, 남편의 초혼 자녀, 군 전역 후 독립하여 대도시 거주, 대졸, 기독교, 회사원, 미혼)

• 차남: 이인성(가명, 남, 24세, 남편의 초혼 자녀, 군 전역 후 미래 탐색 중, 대재, 기독교, 미혼)

2) 의뢰 경위

• 남편의 과음(매주 5~6회, 소주 2병 이상)과 갑작스러운 분노 표출 및 폭

력적 언행(폭언과 물건 던지기)이 수년간 지속되면서 부부 간에 원만한 대화가 어려운 상태가 되었음. 이에 아내가 심각하게 이혼을 고려하면서 관계 중진을 위한 마지막 기회로 부부 및 가족상담을 의뢰하였음.

3) 상담횟수

- 총 〈9회기〉로 종결(2016년 ○월~○월)

4) 호소문제

- 아내(직접적인 의뢰자): 남편의 분노 조절이 어렵다. 갑자기 과도하게 화를 내면서 폭언을 하고 물건을 던지는 행동을 보인다. 분노 표출 후 일방적인 화해를 시도한다. 매일 과음을 하면서 부정적 언행의 정도가 점증하고 있다.
- 차남: 아버지의 갑작스럽고 과도한 분노 표출과 장기간 이어진 일방적인 의사소통 방식에 지쳤다. 아버지는 가족원의 가치관과 생활방식을 인정하지 않는다.
- 남편: 본인은 항상 나름대로 분노하는 이유가 있다. 예컨대, 아침 일찍 일어나서 세수하고 아침식사를 하고 난 후에 하루를 시작해야 하는데, 차남은 새벽에 잠들고 오후에 일어나며 식사를 거르는 경우도 많아서 그런 행동을 볼 때마다 아버지로서 잘 되라는 마음에서 옳고 그름을 알려 준다. 혹은 퇴근하고 집에 돌아왔을 때 집안이 잘 정리되어 있어야 하는데 아내가 청소를 하지 않아 짜증과 화가 난다(권위주의적인 태도). 그러나 아내와 차남이 이해해 주지 않아 억울하고 답답하다.
- 가족의 공통 호소: 의사소통 단절, 평화롭고 원활한 대화가 어렵다.

5) 상담목표

- 공동의 목표: 가족 간의 의사소통을 개선하기(평화롭게, 평범한 가족처럼 대화하기)

- 남편의 목표: 자신의 분노를 좀 더 효과적으로 관리하기
- 아내의 목표: 남편과 나누는 대화의 양을 늘리고, 질을 향상시키기
- 차남의 목표: 아버지와 좀 더 마음 편하게 대화 나누기

6) 가족 관계

- 남편(55세)의 원가족 관계: 아버지는 월남한 실향민으로서 가부장적인 성
  향이 매우 강했다고 함. 예측하기 어려운 시기에 신체적, 언어적 폭력으
  로 가족원에게 과하게 분노를 표출한 후 일방적으로 관계 회복을 시도
  하는 패턴을 보였다고 함. 어머니는 수용적인 성격으로 폭력적인 남편
  에게 피해를 입으면서도 순종하면서 살아왔다고 함. 내담자(남편)는 아
  버지에 대한 원망과 억울함, 창피함이 매우 컸고 마음속에 늘 울분을 가
  지고 살았지만 동시에 아버지에게서 배운 근면, 정직, 가족에 대한 책임
  등의 생활 태도에 대해서는 감사하고 있음
- 아내(51세)의 원가족 관계: 부모는 함께 가족 사업을 운영하며 늘 바빴고
  자녀들에게는 별로 관심을 보이지 않았다고 함. 내담자(아내)는 초등학
  교 때부터 고등학교 1학년 때까지 타지에 거주하던 외할머니에게 보내
  져 성장하였으며, '식모살이'라고 표현할 정도로 가사 노동을 감당해야
  했다고 함. 결국 외할머니로부터 탈출하여 부모를 찾아갔으나, 이후 부
  모에 대한 기대를 접고 스스로 하고 싶은 공부와 일을 선택하여 스스로
  책임지는 태도로 살아왔다고 함.
    내담자(아내)는 당시에 외할머니에게 겪었던 고통과 수모를 아직도
  잊을 수 없다면서, 외할머니에게는 여전히 분노를 느끼고, 다소 무책
  임하게 자신을 방치했던 부모에 대해서도 울분이 남아 있다고 보고하
  였음.
- 핵가족의 가족 관계: 남편은 첫 번째 아내와 이혼 후, 장기간 혼자서 아들
  둘을 키우면서 이들에게 자립심을 키워 주기 위해서 강력한 생활 규칙
  을 정해서 관철시켰다고 함. 특히, 차남에 대한 애착이 크며 여전히 아

이같이 느껴지는 차남(혹은 아내)에게 옳고 그름을 확실히 알려 줘야 한
다는 생각이 큰 편이라고 함. 차남은 '간섭'이라고 느끼는 것 같음. 현재
의 아내와 재혼하면서 다정한 관계를 만들고 싶었지만 아내는 본인을
점차로 멀리하고 다가가기 힘들게 되었음. 아내에게 정서적인 지지를
바라지만 관계가 소원하다고 느끼고 있음.

아내는 첫 번째 남편과 이혼한 후 실패감을 많이 느끼던 중 현 남편
과 재혼하면서 가족원 간에 관심과 사랑을 주고받는 부부 및 가족을 이
루고 싶었다고 함. 그러나 남편이 과음과 함께 언어적 폭력과 일방적인
의사소통 패턴을 보이자 점차 크게 실망하게 되었고 관계가 소원해졌다

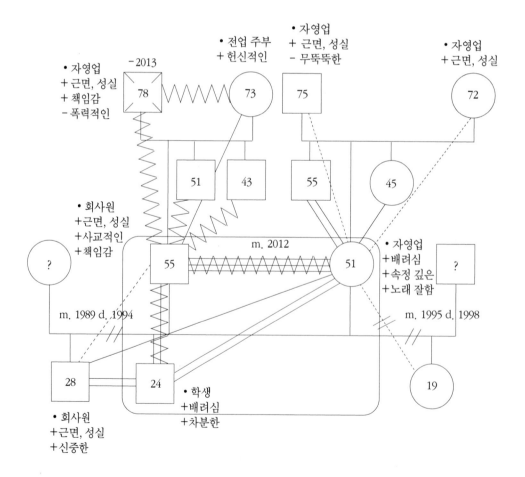

고 하며, 차남과 친밀해지면서 핵가족 안에서 정서적으로 연합해 왔음.

차남은 아버지의 갑작스럽고 과도한 분노 표출과 일방적이고 권위적인 의사소통 방식, 자신에 대한 과도한 애착(혹은 간섭) 때문에 아버지를 원망했고, 특히 사춘기 이후에 아버지와 소원한 관계를 유지해 왔다고 하였음.

7) 내담자와 내담자 가족의 강점과 자원

- 남편의 강점/자원: 성실하고 책임감이 강하며 가족, 특히 두 아들에 대한 애착이 강하다. 사교적인 대인 관계 패턴을 보이며 친구들, 지역사회 이웃들과 친밀한 관계를 유지하고 있다. 자신의 어려움(분노 조절상의 어려움)을 일정 부분 인식하고 있고 스스로 생각과 행동을 바꾸려는 의지가 강하다. 패션 감각이 있고, 미남형으로 좋은 첫인상을 주고, 사람을 대하는 태도도 예의가 있어서 호감을 준다. 추진력이 있고 책임감이 강해서 직장에서 능력을 인정받는다.

- 아내의 강점/자원: 친절하고 주변 사람들에 대한 이해심과 배려심이 많으며 성실하고 용기가 있다. 남편을 돕고 가정을 지키겠다는 의지가 강력하다. 재혼 후 빠른 시간 안에 혈육이 아닌 아들 둘과 매우 원만한 관계를 만들 수 있을 정도로 친화력이 있다. 예술적인 재능이 있고 사업적인 감각도 있어서 소유하고 있는 작은 사업체도 성공적으로 운영하고 있다고 한다.

- 차남의 강점/자원: 말이 없고 수줍음이 있지만 가족과 친구들에 대한 이해심과 배려심이 많아서 크고 작은 일로 사람들에게 인정받고 신뢰를 받고 있다고 한다. 오랫동안 지속되어 온 아버지의 언어폭력 때문에 부자 관계가 다소 단절되어 있지만, 기본적으로 아버지를 사랑하고 이해하려는 마음이 있다.

2. 상담과정

1회기

◎ 일시: 2016년 ○월 ○일 (90분)

◎ 참석자: 남편, 아내

◎ 개입 방향: 라포 형성, 내담자의 강점/자원 확인, 상담목표 확인

◎ 회기 내용

• 부부가 각자 어떤 일을 하고 있는지, 일에서 어떤 부분에 자신감을 가지고 있는지, 평소 여가 시간에 어떤 활동을 하면서 보내는지에 대해서 대화를 나누었다. 남편은 20여 년간 회사원으로서 성실하게 일해 왔으며, 성실하고 외향적인 성향으로 "지인들과 술 마시며 대화하는 것을 좋아한다."고 답했고, 아내는 자영업을 하면서 음악적인 재능이 풍부한 사람으로 자신을 소개했다.

• 목표 설정을 위해 먼저 남편에게 "뭐가 좀 달라지면 상담받길 잘했다고 생각하겠느냐."라고 질문을 했고, 남편의 답변을 구체적인 행동적 언어로 전환하는 시간을 가졌다. 남편은 "마음이 편해지면 좋겠고, 힘들었던 이야기를 해서 속이 후련해지면 좋겠다."고 답했다. 아울러 '자신이 화를 내는 대신에 말투와 표정이 부드러워지면' 상담받길 잘했다고 생각할 것 같다고 답했다. 상담자가 "어떤 이야기를 하면 속이 후련해지겠느냐."고 후속 질문을 이어 가자 남편은 "폭력적이었던 아버지에 대한 애증을 이야기하면 좋겠다."고 말했다. 이후 남편은 어린 시절부터 자신이 성인이 된 수년 전까지 이어졌던 아버지의 언어/신체폭력에 대해서 이야기하면서 많은 눈물을 흘렸고, 상담자는 내담자의 용기와 솔직함을 격려하면서 억눌러 왔던 감정을 충분히 토로할 수 있도록 도왔다. 한편, 아내는 상담자의 보람질문에 대해서 '남편의 과음이 줄어들 것' '남편이 화를 내는 이유를 알 수 있게 될 것' '식구끼리 화

내고 싸우는 대신 부드럽게 대화를 할 것' 같다고 말했다.

◎ 메시지

부부의 목표 중에서 '남편의 분노를 관리하고 가족원 사이에 의사소통을 부드럽게 하고 싶다'는 공통점을 포착하여 메시지를 작성했고, 치료실로 돌아와서 부부에게 상담내용을 요약하면서 공통 목표에 대해 내담자 부부와 합의했다. 상담자는 주요 가족원이며 부부와 함께 거주하면서 남편의 어려움에 정서적으로 깊게 관련되어 있는 차남과 함께 오는 게 좋겠다고 부부에게 권유했고, 내담자 부부는 다음 회기에 차남과 함께 오겠다고 합의했다.

슈퍼바이저 피드백

라포 형성을 위해 아버지의 권위를 인정하여 발언권을 먼저 주는 등 상담자의 섬세한 노력이 돋보이며 이로 인해 라포 형성이 신속히 이루어졌음. 아쉬운 점은 상담목표를 남편의 분노 관리, 폭력 감소, 의사소통 개선으로 설정하고 있음에도 불구하고 이에 대한 예외탐색을 전혀 하지 않았다는 점임. 남편의 감정 토로를 위해 긴 시간을 할애한 것으로 보이는데, 그럴더라도 최소한의 예외탐색을 했더라면 더 좋았겠음.

2회기

◎ **일시:** 2016년 ○월 ○일 (90분)
◎ **참석자:** 남편, 아내, 차남
◎ **개입 방향:** 새로운 내담자(차남)를 치료과정에 참여시키기, 라포 형성, 강점/자원 확인, 상담목표 확인

◎ **회기 내용**
• 차남이 처음으로 내방했기 때문에 차남의 강점/자원을 탐색하면서 라

포 형성을 시도했다. 여가 시간 활동으로 컴퓨터 게임과 음악 듣기, 친구들과 만남을 즐기는 것에 대해 대화를 나누었고, 군 운전병 경력으로 운전 실력이 좋고, 친구들의 말을 들어 주고, 마음을 편하게 해 주는 성격에 대하여 칭찬하며 경청하였다.

• 상담자는 차남에게 이전 회기에 부모와 대화한 내용을 간략하게 소개하면서 보람질문을 했고 차남은, ① 아버지가 새어머니를 포함한 가족에게 쉽게 화 내지 않고, ② 자신의 생활 습관을 강요하지 않았으면 좋겠다고 답했다. 구체적으로는 아버지가 가족에게 쉽게 화를 내고 폭언을 하는 대신, 무엇이 불만스러운지 평상시 목소리로 설명해 주면 좋겠고, 아버지의 생활 습관(아침 6시 기상, 7시 아침 식사 등)을 강요하는 대신 내담자(차남)의 고유한 생활 습관(밤에 책을 읽거나 음악을 들으면서 혼자만의 시간을 갖기 등)을 이해/인정해 주기를 바란다고 했다.

◎ 메시지

차남을 포함한 모든 가족원이 함께 어려움을 해결하기 위해서 열심히 노력하고 있는 점을 격려하였다. 그리고 역시 차남을 포함한 모든 가족원이 상담을 통해서 공통적으로 원하는 바는 '남편(아버지)의 분노 관리와 가족 안에서 좀 더 부드러운 의사소통을 하는 것'이므로 향후 이 부분에 집중할 것이라고 말했다. 아울러 가족 안에서 조금이라도 소통이 평화롭고 원활하게 이루어질 때가 언제인지 관찰해 보는 과제를 내 주었다.

3회기

◎ **일시:** 2016년 ○월 ○일 (90분)
◎ **참석자:** 남편, 아내, 차남
◎ **개입 방향:** 가족의 공동 상담목표 확인

◎ 회기 내용

• 가족의 상담목표를 좀 더 구체화하기 위해서 "3개월 후에 우연히 대형 마트에서 상담자를 만난다면 그 사이에 무엇이 좋아졌다고 말할 것 같으냐"고 질문했다. 아내는 "대부분의 경우, 남편의 분노 이유도 모른 채 일방적으로 당하는 경우가 많다" "남편은 술을 자주 많이 마시고(매주 6~7회), 술을 마신 날에는 특히 분노와 언어폭력이 심해지는데, 만약 상황이 좋아진다면 이런 행동이 사라지거나 최소한 줄어들 것 같다"고 답했다. 차남은 〈2회기〉에 말했던 것처럼, "아버지가 가족에게 불만스러운 일이 있을 때 무엇이 불만스러운지 평상시 목소리로 설명해 주고, 나만의 생활 습관을 이해/인정해 주면 좋겠다. 하지만 너무 오랫동안 실망해 와서 솔직히 아버지가 변화할 거라고는 기대하지 않는다"고 답했다.

• 아내와 차남의 답변을 조용히 듣고 있던 남편은 "나는 나름대로 분노하는 이유가 있는데, 식구들이 나를 자꾸만 이상한 사람으로만 몰고 가는 것 같아서 속상하다"고 하면서, 갑작스럽게 언성을 크게 높이며 "계속 이런 식이면 상담하고 싶지 않고, 지금 당장이라도 집에 가고 싶다"고 말했다. 이에 대해 경청, 공감해 주면서 이야기치료의 '외재화 기법'을 활용하여 내담자가 문제(폭력적인 언행 이면의 분노)를 외재화하여 일방적으로 가족에게 비난받는다는 피해의식과 부정적인 관점에서 벗어나 문제의 영향력을 축소시키고 충분히 조절할 수 있는 대상으로 볼 수 있도록 도왔다.

◎ 메시지

가족이 어려움을 겪으면서도 의지를 가지고 변화하려고 노력하고 있는 점을 격려하고, 바로 그 이유 때문에 모두 변화 의지가 높다는 점을 알 수 있었다고 격려했다. 아울러 분노에 대한 간단한 정보를 제공하였다(분노 관련 호르몬 분비 후 신체 내부의 일차적 분노 반응은 90초 안에 끝나며, 이 시간을 잘 관리할 필요성이 있다). 과제로는 남편에게는 가족에게 화를 냈을 때 분노한 이유를 가족, 특히 아내에게 되도록 상세하게 설명해 주기를, 아내에게는 남편이 전처럼 이유 없이 분노한다고 생각될 때는 용기를 내어서 화가 난 이유를 물어보기를 제안했다. 차남에게는 아버지가 가족 안에서 분노를 조절하기 위해서 언제 노력하는지 관찰해 보라고 제안했다.

본격적인 해결책 구축으로 나아가기 전에 가족원별로 각각 개인회기를 가지면서 내담자 가족이 과거 경험에 대해서 새롭게 이해할 수 있으면 좋겠다고 판단하고, 다음 회기(〈4회기〉)는 남편에 대한 개인회기로 진행하자고 제안했다. 이에 내담자 가족은 합의해 주었다.

슈퍼바이저 피드백

위 기록 중 대형마트 관련 질문은 원하는 미래의 모습을 그려 보게 한다는 의미에서 일종의 기적질문임. 가족이 미래의 원하는 모습을 상세히 상상하며 이야기하도록 좀 더 구체적으로, 즉 solution(원하는 상태) 자체에 대한 대화를 상세히 나누는 시도를 했더라면 하는 아쉬움이 있음. 일반적으로 이러한 대화는 긍정적 분위기 형성과 함께 상담진전을 촉진하기 때문임.

지난 회기에 과제를 제안하였는데, 그간 좋아진 것을 확인하지 않은 점이 아쉬움. 즉, EARS(이끌어 내기, 확대하기, 강화하기, 다시 시작하기)를 생략하였음. 예외질문과 척도질문을 활용하여 진전을 촉진할 수 있었는데 그러지 않았음. 원하는 상태와 그동안의 진전에 대해 좀 더 상세한 대화를 나눴더라면 분위기가 나빠지지 않았을 수도 있었을 것임. 외재화 기법을 사용한 것은 궁지에 몰린 남편의 체면 유지와 상담분위기 악화 경감에 많은 도움이 되었음.

4회기

◎ **일시:** 2016년 ○월 ○일 (100분)

◎ **참석자:** 남편

◎ **개입 방향:** 해결중심적 과거 탐색(고통의 이야기를 견뎌 냄의 이야기로 전환하기), 내담자의 정서적 표현을 수용함으로써 부정적 감정 해소

◎ 회기 내용

• 내담자(남편)에게 인생곡선을 그리게 한 후, '돌아가신 아버지와 어린 시절 기억에 대해서 하고 싶은 이야기를 자유롭게 마음껏 해 보라'고 격려하면서 가계도를 그려 나갔다. 남편은 눈물을 흘리면서 돌아가신 아버지가 오랫동안 가족에게 얼마나 일방적으로 폭력적인 언행을 일삼았는지 말했다. 이에 상담자는 우선은 내담자가 계속 편안하게 답할 수 있도록 내담자의 답변을 있는 그대로 수용하고 반영하려고 애썼다. 그리고 내담자가 의미 있는 인생 사건으로 언급한 내용에 대해서 대처질문과 관계성질문 등을 통해 내담자가 자신의 강점과 자원, 그리고 레질리언스를 인식하도록 도왔다("그렇게 힘든 시간을 어떻게 견딜 수 있었나요?" "무엇 때문에 견딜 수 있었다고 주위 사람들은 말할까요?"). 내담자는 학교에서 자신을 인정해 주셨던 선생님들과 외로움을 달래 준 친구들 덕분에 힘든 시기를 견뎌 낼 수 있었고, 신앙생활이 도움이 되었다고 답했다. 내담자는 아버지에게서 배운 좋은 점도 있는데 그것은 정직하고 성실한 생활 태도와 가족에 대한 책임감이었다. 그러나 내담자는 자신이 그토록 싫어했던 아버지의 행동을 자신이 하고 있다는 점이 싫으며, 아버지의 지나치게 완고하고 폭력적인 언행은 현재 가족에서 반복하고 싶지 않은 유산이라고 답했다.

◎ 메시지

말하기가 어려웠을 텐데 마음속 이야기를 솔직하게 해 준 것에 대해서 내담자에게 감사한 마음을 표시하고, 내담자가 오랫동안 힘든 시간을 묵묵히 견뎌 온 것에 대해서 인정과 격려의 말을 해 주었다. 과제로는 분노가 일어났을 때 가족에게 그 이유를 되도록 자세하게 설명하는 것을 계속해서 해 볼 것을 제안했다.

> ### 슈퍼바이저 피드백
>
> 내담자의 해묵은 부정적 감정 해소를 위해 개입하더라도, 제시하는 문제(분노 조절, 의사소통)와 관련해서 해결책 구축 시간을 가졌더라면 좋았겠음. 즉, 지난 회기 이후, 상담목표와 관련해 긍정적 변화 여부를 확인했다면(EARS) 좋았겠음.

5회기

◎ **일시:** 2016년 ○월 ○일 (100분)

◎ **참석자:** 아내

◎ **개입 방향:** 해결중심적 과거 탐색(고통의 이야기를 견뎌 냄의 이야기로 전환하기), 내담자의 정서적 표현을 수용함으로써 부정적 감정 해소

◎ **회기 내용**

• 내담자(아내)에게 인생곡선을 그리게 한 후, 내담자가 어린 시절 기억부터 편안하게 이야기할 수 있도록 질문하면서 가계도를 그렸다. 내담자는 초등학교 시절 집안 사정으로 부모 곁을 떠나 외할머니와 고교 시절까지 살았다고 한다. 외할머니는 지나치게 엄격하고 남존여비 사상이 강해서 내담자는 학교생활을 제외하면 심리적으로 억눌려 지냈고, 집에서는 거의 '식모처럼' 밥을 하고 빨래만 했다고 한다. 이에 상담자는 내담자가 의미 있는 인생 사건으로 언급한 내용에 대해서 "그렇게 힘든 시간을 어떻게 견딜 수 있었나요?" "무엇이 혹은 누가, 어떻게 도움이 되었나요?" "만약 여기에 그 친구가 있어서 제가 그에게 당신이 어떻게 견뎌 냈는지 물어본다면, 친구는 뭐라고 답할까요?" 라고 질문했으며, 내담자는 타고난 성실성과 사람들에게 인정받고 싶은 마음 덕분에 학교에서는 공부를 열심히 해서 성적도 좋았고, 교우 관계도 매우 원만했으며, 특히 음악적인 재능이 있어서 여러 모로 능력을 발휘했고, 신앙생활을 통해서 힘든 시간을 잘 견딜 수 있었다고 말했다.

• 내담자는 취직을 해서 능력을 발휘하다가 중매로 결혼(초혼)을 했지만, 남편의 외도로 이혼하게 되었고 외동딸의 양육권도 빼앗기는 상황에 처했었다고 했다. 이 시기에 커다란 실패감과 우울증으로 인해 자살 시도를 하고, 희귀난치성 질환에 걸려서 죽음 직전에 이르렀었다고 했다. 이에 상담자는 내담자의 강인하고 끈질긴 생명력에 진심으로 감탄했고, 이때도 대처질문과 관계성질문을 통해서 내담자가 자신의 강점과 자원, 레질리언스를 스스로 재확인할 수 있도록 도왔다.

• 과제로는 내담자가 최근 관계 개선에 효과적이었다고 언급한 방법(남편이 변화된 행동을 할 때 칭찬 및 격려를 하고, 이유 없이 화를 낼 때는 그 이유를 물어보는 방법)을 계속 시도해 볼 것을 제안했다.

> **슈퍼바이저 피드백**
>
> 제시하는 문제와 관련해서 진전(예외)이 있었다고 했는데 이에 대한 확대, 강화 대화를 좀 더 적극적으로 함으로써 해결책을 굳건히 하는 시간을 가졌다면 좋았겠음.

6회기

◎ 일시: 2016년 ○월 ○일 (100분)

◎ 참석자: 차남

◎ 개입 방향: 해결중심적 과거 탐색(고통의 이야기를 견뎌 냄의 이야기로 전환하기), 내담자의 정서적 표현을 수용함으로써 부정적 감정 해소

◎ 회기 내용

• 차남과 인생곡선을 함께 그리면서 부모와 함께 있을 때 말하기 힘들었던 고충을 표현할 수 있도록 도왔다. 차남은 부모의 이혼 후, 아버지의 음주

문제와 언어폭력 문제, 이에 따른 아버지와의 관계 소원, 중학교 시절 비행 등에 대해 얘기했다.

• 아버지가 이혼 후 형(장남)과 자신(차남)을 돌보면서 힘들지만 애틋하게 살았던 여러 가지 기억을 언급했다. 상담자는 차남이 아버지의 폭언과 분노 표출에 대해서 부정적으로 생각하는 것은 분명하지만, 기본적으로 힘든 시기를 함께 지나온 아버지를 이해하고 있다는 사실을 포착했다. 그래서 과거 힘들었던 기억에 대해서는 정서적으로 공감하면서 다음과 같은 질문을 통해서 내담자가 과거 경험을 해결중심적으로 리프레이밍할 수 있도록 도왔다. "아버지가 (과거에) 보였던 부정적 언행 이면의 목적은 무엇이었을까?" "아버지에게서 물려받거나 배운 것 중에서 앞으로 가족에서 지켜 나가고 싶은 것과 반복하기 싫은 것은 무엇인가?"

• 아울러 차남은 과거 이야기 끝에 자연스럽게 현재의 당면 문제(아버지의 폭력적 언행과 차남에 대한 강압적 훈육)에 대해서 언급하면서, "아버지의 변화를 바라지만 그동안 있었던 일들을 생각해 보면 솔직히 그다지 기대가 되지는 않는다"고 말했다. 이에 상담자는 차남이 "기대하지 않는다"고 말하면서도 여전히 아버지의 변화를 바라고 있다는 사실에 주목하고, 바람직한 미래를 가상하는 질문("만약 상황이 아주 조금이라도 긍정적으로 변화한다면 어떤 상황이 펼쳐질 것 같은가?")과 후속 질문을 통해서 차남이 원하는 바를 구체적으로 말할 수 있도록 도왔다.

◎ 메시지

성장과정에서 힘들었을 텐데 잘 견디면서 바로 살아가려고 노력해 온 것에 대해서 격려했다. 과제로는 아버지가 변화하려는 노력을 언제 하는지와, 그럴 때 어떻게 다른 결과가 나타나는지 관찰하기를 계속 내 주었다.

슈퍼바이저 피드백

차남이 원하는 바에 대해 구체적인 대화를 나누고 이러한 변화가 있는지를 관찰하도록 과제를 준 것은 매우 적절한 개입이었음.

7회기

◎ **일시**: 2016년 ○월 ○일 (90분)

◎ **참석자**: 남편, 아내, 차남

◎ **개입 방향**: 긍정적 변화를 확인, 확대, 강화하기

◎ **회기 내용**

• 상담자는 회기 초반, 척도질문을 활용해서 내담자 가족이 어느 정도나 상담목표를 달성하고 있는지 확인했다. 남편은 (가족 의사소통에서) 상담 초반에 3점이었는데 현재는 7점이 되었고, 앞으로 8점이 되면 상담종결이 가능하다고 보고했다. 남편은 분노를 표출하는 빈도가 현저하게 줄어들면서 자신의 표정이 상대적으로 밝아지고 마음이 편안해졌다고 말했다. 상담자는 4점에 해당하는 변화가 일어나는 동안 남편이 변화의 주체로서 어떤 생각과 의지를 가지고 무엇을 어떻게 노력했는지를 구체적으로 끌어내려 애썼다. 남편은 짜증과 분노가 일어날 때마다 잠시 휴식을 가지면서 흥분을 가라앉히려고 노력했고, 아내가 선물한 묵주를 좌우 손목에 번갈아 끼우면서 분노 감정을 조절했다고 보고했다. 상담자는 각각의 예외상황에서 어떤 감정을 느끼고, 어떤 생각을 했으며, 그래서 또 어떤 노력을 했는지 혹은 앞으로 어떤 노력을 하고 싶은지에 대한 질문과 대화를 통해서 내담자가 성공적인 방법의 효과를 좀 더 확실히 인식하고 앞으로도 이를 반복, 확대할 수 있도록 도왔다.

• 한편, 아내는 상담자의 척도질문에 대해 (가족 의사소통에서) 상담 초반에 1점이었는데 현재는 5점이고, 앞으로 8~9점이 되면 더 이상 상담에 오지

않아도 될 것 같다고 했다. 상담자는 4점의 점수 향상에 대해서 아내가 변화의 주체로서 어떻게 기여했는지를 끌어내기 위해서 후속 질문을 했다. 1점에서 5점에 이르기까지 어떤 노력을 했는지 상담자가 질문하자, 아내는 남편이 분노를 성공적으로 조절하거나 참으려고 노력했을 때 칭찬과 격려의 말을 하려고 노력했고, 남편이 화난 이유를 스스로 말해 줄 때 노력해 줘서 고맙다고 표현했다고 한다. 상담자는 아내가 향후의 변화에 대해서 구체적으로 그려 볼 수 있도록 앞으로 8~9점이 되면 가족 안에서 어떤 일이 생길 것 같은지에 대해서 질문했고, 아내는 남편이 지금보다 '술을 현저하게 적게 마시고' 가족과 함께 분위기 있는 카페에 가서 여유롭게 차를 마시면서 '알콩달콩하게' 대화할 것 같다고 말했다. 한편, 차남은 아직 아버지를 확실하게 믿을 수는 없지만 뭔가 조금씩 노력하는 모습이 보인다고 말하면서, 그 정도만 해도 자신은 만족한다고 말했다.

◎ 메시지

단기간에 많은 노력을 해 온 가족원 모두에게 고맙다고 말하고, 내담자들이 보고한 변화를 세부적으로 다시 언급하면서 칭찬했다. 과제로는 남편은 (아내가 원하는 바대로) 일주일에 1~2일을 정해서 술을 마시지 않고 가족과 함께 시간을 보내는 노력을 해 보고, 아내는 (남편이 강력하게 원하는 바대로) 하루에 한 번씩 남편에게 전화해서 일상적인 대화를 나누는 노력을 하고, 일주일에 하루 정도는 평소보다 좀 더 일찍 퇴근해서 차남을 포함해서 가족이 함께 탁구를 치고 식사를 하는 활동을 해 볼 것을 제안했다.

> **슈퍼바이저 피드백**
>
> 척도질문을 통해 그동안의 변화를 확인한 것은 적절한 개입임. 그러나 "진전을 위해 어떤 노력을 했나요?"라고 우선질문하는 것보다는, "자그마한 것이라도 어떤 것이 좋아졌나요?"라는 질문을 시작으로, 진전된 상태 자체에 대해 구체적으로 대화함으로써 머릿속에 진전된 상태와 그때의 경험을 마치 동영상 보듯이 생생하게 떠오르게 만들고 난 후에 그 진전을 내담자 자신이 해냈다는 점을 강조하면 좋겠음.

8회기

◎ 일시: 2016년 ○월 ○일 (90분)

◎ 참석자: 남편, 아내, 차남

◎ 개입 방향: 긍정적 변화를 확인, 확대, 강화하기

◎ 회기 내용

• 상담자는 "무엇이 좋아졌나요?"라고 질문했고, 내담자 가족은 모두 최근에 실질적인 변화를 경험하고 있으며, 특히 아내는 "남편이 화를 내는 횟수도 절반 이하로 줄어들었고, 남편이 화를 냈을 때는 내가 그 이유를 물어보면 어느 정도 설명해 준다"고 답했다. 상담자가 척도질문을 활용하여 목표 달성 정도를 확인하자 남편은 (분노 조절과 관련하여) "7점 이상인 것 같다"고 답했고 아내는 "8점 이상이고 요즘 같으면 정말 살 것 같다"고 답했다. 아울러 아내는 남편이 음주량을 줄이기 시작했다고 보고하면서, 변화된 상황이 지속된다면 조만간 상담을 종결해도 될 것 같다고 말했다. 이에 상담자는 상담종결은 내담자가 결정하는 것이라고 확인해 주었으며, 일단 다음 회기(〈9회기〉)를 종결회기로 하고 상담자와 내담자 모두 준비를 하되 내담자가 미진하다고 생각한다면 상담을 좀 더 유지하자고 제안했고, 내담자 가족이 합의해 주었다.

• 상담자는 본 〈8회기〉에서 내담자의 변화를 가장 덜 체감하고 있던 차남의 기적그림을 그려 보고 그의 부모를 차남의 기적그림에 동참시키는 대화를 상세하게 나눔으로써 내담자 가족의 변화를 가족 모두의 변화로 만들고 공고히 하려고 시도했다(축어록 참조). 이전 회기에서 과묵했던 차남은 상담자가 놀랄 정도로 기적질문에 상세한 답변을 했고, 그로써 간접적으로 차남이 아버지의 변화를 인정하고 아버지에게 수용적인 태도를 보이기 시작했음을 나타내 보였다.

◎ 메시지

차남과 그의 부모가 낯선 질문(기적질문 등)에 잘 반응해 줘서 고맙다고 말하면서, 과제로는 가족원 각자가 차남과 함께 그린 기적그림에 등장하는 작은 일들을 실제 생활 속에서 실천해 보는 것을 제안했다.

9회기

◎ **일시**: 2016년 ○월 ○일 (90분)
◎ **참석자**: 남편, 아내, 차남
◎ **개입 방향**: 원만한 상담종결. 내담자들이 만들어 온 긍정적 변화를 스스로 더욱 분명하게 인식할 수 있도록 지원. 향후 발생할 수 있는 일시적 퇴보 시 극복 전략 탐색

◎ **회기 내용**

• 내담자 가족은 모두 상담목표를 어느 정도 달성했다고 느끼고 있다고 하면서, 상담종결을 공통적으로 원했다. 종결을 위해 상담자가 질문한 내용과 각 가족원이 답변한 내용은 다음과 같다.

상담자의 질문	남편의 답변	아내의 답변	차남의 답변
의미 있게 변화된 것	• 부친에 대한 감정 정리 • 분노를 조절하게 됨 • 차남에게 잔소리 안 함	• 남편의 폭력적 분노 표출 빈도가 1/3로 감소	• 아버지의 분노 표출 빈도 감소 • 아버지의 잔소리와 억압적 태도 변화
변화를 위해 내가 노력한 것	• 화날 때 묵주를 왼편 손목에서 오른편 손목으로 옮겼음 • 화날 때 자리를 피함	• 남편이 화낼 때 부드럽게 화난 이유 묻기 • 남편 감정이 격해지기 전에 휴식 제안	• 아버지가 대화를 걸어올 때 좀 더 자연스럽게 응대함
변화를 유지하기 위해 필요한 것	• 효과적 방법 유지 • 아내에게 속마음 표현하고 도움 요청	• 효과적 방법 유지	• 내 일을 열심히 하기
퇴보 시 회복 방법	• 새로운 방법 시도 • 가족에게 도움 요청	• 용기를 내어 남편과 상의	

상담자는 내담자 가족의 말을 주의 깊게 경청하면서 모든 가족원이 스스로 자신이 만들어 온 변화에 대해서 명확하게 이해하고 있고, 특히 기존의 변화를 유지하는 방법과 만약 퇴보했을 때 어떻게 회복할지에 대해서 잘 알고 있는 것 같다고 언급했다. 그리고 바로 그 이유 때문에 내담자 가족의 능력과 의지를 신뢰할 수 있다고 말했다. 마지막으로 상담자는 치료과정에 대해서 각 가족원에 대해서 생각하고 느껴 온 내용을 정리한 편지를 읽어 주었다.

축어록(8회기)	슈퍼바이저 피드백
- 전략 - 상43: 좋습니다. 그 다음에 남편분께 여쭤 보고 싶은 게, 2주 동안 어떤 노력을 더 하셨어요? 본인께서. 남19: 지난번에 왔을 때도 말씀드렸지만, 긍정적인 생각을 많이 가지려고 노력한 것 같아요. 그러다 보니까 행동도 좀 긍정적인 행동이 많이 나오는 거 같아요. 상44: 예를 들면, 어떤 거죠?	<상43~남21> 내담자의 의도적인 노력을 확인하는 질문을 한 것은 좋은데, 예외('긍정적 행동')가 발견되었는데도 불구하고 이에 대한 구체적인 확대 대화를 하지 않고 지나친 후 회

남20: 일단은 '그놈'이 안 오니까. '그놈'이 많이 안 오지 않았어?

아28: 그렇죠.

남21: 그래서 그렇게 되는 것 같아요. 가끔 투정 부릴 때도 있지만요. 사람인지라.

상45: 회사에서는 어떠세요? 좀 바뀐 게 있나요?

남22: 회사에서는 원래 항상 즐거웠어요. 가끔 스트레스 받는 일이 있었는데, 근데 아, 제가 그때 말씀드렸죠? 아 진짜 '그놈'이 오려고 하면 이걸 이쪽으로 옮겨 차 가지고 1초 사이에 잠깐 릴랙스되는 상황이 되죠.

상46: 이번에도 계속 그걸 하셨어요?

남23: 네. 근데, 이걸 많이 옮길 일이 없었어요.

상47: 여유가 그만큼 많이 생기셨나봐요.

남24: 그렇죠. 좀 넓어졌어요.

상48: 본인이 그렇게 하신 것에 대해서 어떻게 느끼세요?

남25: 스스로 대견하죠.

상49: 사모님은 어떻게 느끼세요?

아29: 저도 너무 많이 느끼죠. 그리고 본인이 그런 걸 자제 하는 것도 많이 느꼈어요.

상50: 자제요? 화가 났을 때?

아30: 네. 그리고 정말 많이 릴랙스해진 것 같아요. 정말 로. 이런 부분에 있어서는 화를 낼 것 같고, 평소 같 았으면 화를 냈을 거예요. 지금도 제가 보면은 그냥 난 편안하게 놓을래. 편안하게 할래. 항상 그렇게 말 도 하더라구요. 항상. 그래서 이제는 이 사람이 정말 많이 그런 쪽으로….

상51: 제일 단적으로 화를 낼 법도 한데 화를 안 내고 좀 여 유 있게 풀어 나가려고 했던 기억을 하나만 이야기해 보세요. 최근에요.

아31: 한 이틀 됐나? 삼일 됐나? 남편이 되게, 제가 말씀드 렸잖아요. 부지런한 사람이라고요. 그리고 되게 규 칙적으로 생활하려고 그러잖아요? 근데 차남은 어 쨌든 지금 집에 있는 상황이기 때문에 뭐 늦게 나

사 얘기로 대화를 바꾼 점이 아 아쉬움. 이 시점에서는 위에서 나온 예외에 대한 확대, 강화 대 화가 더 바람직함.

<상48> 본인의 개선된 행동에 대해 일반적으로 기분이 어떠 한가를 질문하였는데, 이보다 는 특정 예외상황에 대해 상세 한 대화를 하면서 그때 기분이 어땠는지를 질문하여 예외상황 에서의 감정을 재경험하게 하 는 것이 행동 변화에 더 효과적 이라고 생각함.

"어떻게 느끼세요?"보다는 "기 분이 어떠세요?"가 자연스럽게 들림.

<상51> 적절한 시기에 예외질 문으로 변화를 확인하고 있음.

가서 친구들 만나고 들어와서 아침에 늦잠 자고 이제 막 그런 일이 있잖아요.

상52: 그럴 수 있죠.

아32: 근데 남편이 그런 면에 있어서 조금 저는, 제가 보는 시각에서는 인성이가 그러는 게 자기로서는 되게 걱정되는 거예요. 얘가 어떻게 할거지? 앞으로 어떻게 하려는 거지? 뭐 이런 저런 거요. 그런데 이제 그런 부분에 있어서 약간… 저번에 그렇게 이야기하더라고요. 인성이가 어떤 생각을 갖고 있는지 인성이가 지금 어떤 심리 상태인지… 어, 그러면서 나는 이제 그냥 당신에게 맡길 테니까 당신이 이렇게 이야기 좀 잘 해 줘. 이렇게 이야기를 하더라고요. 근데 평소 같으면 그런 게 또 욱해서 인성이한테 안 좋게 이야기했을 수도 있어요. 술 한잔 먹고 들어오고 막 그랬으면. 근데, 그러지 않더라고요.

상53: 그런 생각을 어떻게 하신 거예요? 아버님?

남26: 솔직히 말씀드려도 돼요?

상54: 네. 솔직하게 말씀해 보세요.

남27: 아! 내가 그 신경 쓰는 게 나는 신경인데 쟤는 그게 아니니까…. 그러다 보니까 내가 왜 괜히 스트레스를 받아야 하나? 인성이가 이렇다고 아빠가 관심이 없는 건 아니니까… 이렇게 내버려 두는 거예요. 알아서 하리라. 그러니까 저의 머리가 덜 아프더라고요. 그치 인성아, 너도 아빠가 너에게 잔소리 안 하니까 좋지?

차1: 표정은 보여.

남28: 야, 내가 표현 안 하는 것만 해도 다행이야.

– 중략 –

상81: 노력하는 거죠. 좋아요. 그러면 이렇게 질문 드려 볼게요. 보통 몇 시에 주무세요?

〈상53〉 필요한 순간에 간접적 칭찬으로 변화를 강화하고 있으며 적절한 개입임.

〈상81~상84〉 기적질문을 하기 위해서 내담자의 통상적 생차13: 저요?

상82: 네.

차14: 보통 새벽에 자거든요.

상83: 몇 시쯤?

차15: 새벽 다섯 시쯤?

상84: 새벽 다섯 시? 뭐 게임 하세요?

차16: 아뇨. 생각도 하고 노래도 듣고.

상85: 좋아요. 올빼미시구나? 오늘 상담이 끝나면, 집에 같이 가시겠죠? 그렇죠?

차17: 네.

상86: 이제 저녁을 같이 드시거나 혼자 드시거나 할 거구요, 그렇죠?

차18: 네.

상87: 그러고 나서 음악도 들으시고 생각도 하고 이렇게 하실 거예요. 그렇죠?

차19: 네.

상88: 그렇게 밤을 보냈는데, 그러면 주무시긴 할 거잖아요?

차20: 네.

상89: 평소처럼 5시쯤에 잠이 들었어요. 여기까지 괜찮으시죠?

차21: 네.

상90: 잠이 딱 들었는데 그 다음 날 아침이든 오전이든 잠이 깬 거예요. 근데 인성 씨가 자는 동안에… (잠시 멈춤) 기적이, 일어난 거예요. 기적이 일어났어요. 근데 어떤 기적이냐면 여기 오게 된 이유와 관련해서 기적이 일어난 거예요. 그래서 여기 오게 되었던 이유가 사라졌어요. 없어진 거예요. 아시겠죠?

차22: 네.

상91: 눈 녹듯이 그게 다 사라져 버린 거예요. 근데 그런 일이 인성 씨가 자는 동안에 일어난 거예요. 그래서 아침에 딱 깼는데 인성 씨는 그런 일이 벌어진지 잘 몰라요. 자는 동안에 일어났기 때문에. 근데 어쨌든 문

활 패턴을 확인함으로써 내담자 형편에 맞춘 기적질문을 한 점이 훌륭함.

<상85~상89> 기적질문 도입. 내담자가 기적상황 상상에 앞서 질문에 몰입할 수 있도록 내담자를 유심히 살피면서 충분히 yes-set을 쌓고 있는 점이 훌륭함.

<상90~상91> 본 기적질문. 내담자가 새벽에 잠드는 생활 패턴에 맞추어 기적질문의 내용을 조정함으로써 내담자에 맞춘 적절한 기적질문을 하고 있음.

제가 싹 사라진 거예요. 자, 이렇게 되었을 때… 그 다음날 아침에 일어나 가지고, 뭘 보면 어 오늘 뭔가 달라졌는데? 이상하네? 이상하다는 게 좋은 의미죠. 문제가 사라진 거니까. 뭘 보면, 어떤 걸 보면 아 오늘은 이상한데? 다른 날과 달라, 라고 생각하실까요?

차23: 집에 저 혼자 있을 때요?

상92: 같이 있을 때요.

차24: 맛있는 거 먹을 때 느낄 것 같아요. 집에서.

상93: 맛있는 거?

차25: 네.

상94: 어떤 맛있는 거요?

차26: 그냥 저녁쯤에 일어났는데… 저희 집 불이, 흰색 있고, 주황색 있는데, 보통 그걸 두 개 다 켜 놓고 저녁을 먹거든요? 근데 거실에 불을 꺼 놓고 밤쯤 되면은 좀 그러면 분위기가 좋아 보여요. 그때 되면은. 만약에 그때 일어났다치고. 일어났는데 이제 밥 먹으라고 저한테 두 분이서. 따뜻하게. 상냥하게. 늦게 일어난 거에 대해서 그런 거 하나도 없이. 그냥 상냥하게 따뜻하게. 말을 하면은, 저는 세수하고 밥 먹을 거 같아요.

상95: 어떤 말을 들으면 상냥하게 말을 들었다고 생각할까요?

차27: 이제 일어났어? 이런 거 빼고. 그냥 딱 "밥 먹어." 이거만 해도 될 것 같아요.

상96: 아, 그냥 "인성아 밥 먹자." 이렇게?

차28: 일어났으니까 이제 밥 먹자. 이런 거.

상97: 표정은 어떨 거 같으세요? 엄마나 아버지나.

차29: 웃고 계시겠죠.

상98: 웃고 계실 거 같으세요? 그러면 "밥 먹자."고 그러면 본인은 어떻게 할 것 같으세요? 아버지나 어머니한테.

차30: "네." 하고 씻고 밥 먹겠죠.

〈차23~상92〉 내담자가 '가족관계 속에서' 기적그림을 그릴 수 있도록 식구들과 함께 있는 상황으로 답할 것을 제안함으로써 가족 상호작용을 상상하도록 돕고 있음.

〈상95〉 구체화하는 질문으로 바람직함.

〈상98〉 내담자가 관계 속에서 기적그림을 그릴 수 있도록 돕고 있음.

상99: 밥 먹는 동안에는 무슨 이야기를 할 것 같으세요?

차31: 상상이에요?

상100: 상상이에요. 아버지와는 무슨 이야기를 할 것 같으세요?

차32: 진로 같은 거.

상101: 본인은 진로와 관련해서 무슨 이야기를 할 것 같으세요?

차33: 뭐 이런 거를 이렇게 이렇게 해서 한번 해 보고 싶다, 이런 이야기 같은 거?

상102: 그런 이야기할 것 같으세요? 그러면 아버님은 어떤 이야기를 할 것 같으세요?

차34: 그러면 웃는 표정으로 귀 기울여 듣다가 아닌 거는 좀 좋은 말로 예를 들어서 조언을 해주면 좋겠고.

상103: 예를 들면 어떤 식으로?

차35: 제가 미처 생각 못 했던 것들 있잖아요? 저보다 오래 살았고 다른 점을 이야기해 주면 좋겠어요.

상104: 그런 이야기를 들으면 기분이 어떨 거 같으세요?

차36: 아빠 같다. 든든하다. 뭐 이런 느낌이 들 것 같아요.

상105: 그다음에 아버님이 또 무슨 이야기를 할 것 같으세요?

차37: 열심히 해 보라고.

상106: 그러면 어떻게 답할 것 같으세요?

차38: 지원만 해 주면 열심히 해 보겠다고.

상107: 나 좀 믿어 달라?

차39: 네.

상108: 그러면 식사 시간에 어머니는 어떤 이야기를 할 것 같으세요? 본인한테.

차40: 내일 뭐 먹을래?

상109: 내일 뭐 먹을래? 그러면 뭐라고 답할 것 같으세요?

차41: 고기 먹겠다고.

상110: 고기 어떤 부위 좋아하세요?

차42: 다 좋아하는데.

<상100~상102> 기적그림 상상에 대해 질문할 때 "~할 것 같으세요?"보다는 "할까요?"가 좀 더 바람직하다고 생각됨. "~할까요?"라고 질문할 때 실제로 일어나고 있는 일처럼 생생하게 상상하는 데, 즉 몰입하는 데 좀 더 도움이 되는 편임.

<상104> 내담자가 관계 속에서 기적그림을 그릴 수 있도록 질문하고 있으며, 특히 기적상황에서의 기분에 대해 질문하고 있음.

<차38~상107> 기적상황에서의 내담자 생각에 대해 질문하고 있음.

<상91~상107> 내담자가 상상하는 기적 그림(=원하는 상태)의 행동/생각/감정의 세 측면을 탐색하고 있음. 기적그림을 상상하게 할 때 이 세 측면에 대해서 탐색하는 대화를 나눈다고 기억하면 도움이 됨.

상111: 그래도 제일 좋아하는 거.

차43: 저는 집에서 먹을 때는 삼겹살이 맛있어요.

상112: 자, 그 후에 낮이 되었어요. 오전에 깬 날인데 기적이 일어나서 문제가 싹 사라졌어요. 근데 부모님하고 어디 차 타고 가기로 했어요. 아버님이 운전하시거나 인성 씨가 운전해서요. 그럴 때는 어떤 일이 좀 벌어질 것 같으세요? 평소와는 좀 다르게.

차44: 아빠는 차 타고 가면서 저것 봐라. 이것 봐라. 이렇게 이야기하겠죠. 지나가면서 이건 뭐가, 저건 뭐가. 저건 왜 있나.

상113: 그런 이야기를 할 것 같으세요?

차45: 네.

상114: 평소에 하셨는데 그런 상황에서는 안 하실 행동은 어떤 게 있을 것 같으세요?

차46: 운전할 때 방어운전을 잘하면서 마음을 좀 편하게 먹으면 좋겠어요. 아까도 제가 운전하면서 오는데, 이상하게 가는 차가 있었어요. 제가 싹 비켜 갔는데 그 차가 우리 차선도 안 보고 그냥 뛰어든 거예요. 그런데 거기서 아빠가 살짝… 화를 내셨어요. 근데 거기서 농담하는 식으로 했으면 좋겠어요.

상115: 예를 들면 어떤 식으로?

차47: 한국은 면허 다 다시 따야 한다고. 제가 그런 농담을 하거든요. 그렇게. 친구들한테.

상116: 그러면 같이 차 타고 가실 때 어떤 좋은 일이 생길 것 같으세요?

차48: 형한테도 아빠가 전화도 자주 하고….

상117: 형하고는 어떤 이야기를 하실 것 같으세요? 아버님이.

차49: 근데, 형이 무뚝뚝해서….

상118: 형이 무뚝뚝해요? 근데, 형도 기적이 일어났기 때문에 무뚝뚝하지 않게 된 거예요. 그러면 형은 어떤 이야기를 할 것 같으세요? 아버님한테.

차50: 이번 주에 갈 테니까, 할머니네 집에서 고기 구워 먹자고.

<상112> 내담자가 기적그림을 시간의 흐름에 따라서 확장할 수 있도록 질문하고 있음. 이전 회기에서 내담자가 평상시 아버지와 대화를 나누는 장소가 주로 차 안이라는 말을 상담자가 기억하여 이를 활용한 것은 내담자에게 개별화한 기적질문이란 점에서 바람직함.

<차49~상118> 내담자가 현실적인 제약을 말하자 상담자가 기적질문의 기본 전제를 다시 상기시키면서 유연하게 기적질문을 이어간 점이 **훌륭함**.

3. 슈퍼비전을 위한 질문과 응답

1) 슈퍼바이지가 슈퍼바이저에게

(1) 상담자가 지속적으로 느끼고 있는 아쉬움 중의 하나가 시간 관리입니다. 늘 염두에 두려고 노력하지만 정해진 시간을 자주 넘기고 상담시간이 늘어지곤 합니다. 상담시간을 좀 더 효율적으로 관리할 수 있는 방법을 알고 싶습니다.

☞ 상담기록 전체와 면대면 슈퍼비전 시간을 통해서 볼 때, 상담자는 〈2회기〉 이후 매 회기 시작 시에 일반적으로 해결중심치료자가 하는 질문인 '지난 회기 이후 오늘까지 무엇이 조금이라도 좋아졌나요?'를 정기적으로 사용하지 않았던 것으로 보입니다. 그렇게 한 데는 이유가 있을 수 있겠습니다만, 일반적으로 내담자들이 문제에 대한 이야기를 하게 되면 짧은 시간에 문제 이야기가 끝나지 않는 경향이 있습니다. 때로 상담자들은 문제 이야기를 긴 시간 동안 경청하기도 합니다. (실제로 상담자는 이 사례에서 가족원들의 부정적 정서 해소를 위한 개별상담회기인 4, 5, 6회기에 평상시보다 더 긴 100분씩 소요했습니다.) 충분히 경청하지 않음으로써 내담자가 이해받지 못한다고 생각할까 봐 염려하기도 합니다. 그러나 슈퍼바이저가 접한 다른 해결중심상담 사례들에 비해 이 사례는 예외탐색 분량이 적은 편이고, 부정적 감정해소를 위한 개입 시간이 길다고 생각되는데, 바로 이 점이 상담자의 상담시간 길이와 관련되지 않을까 추측해 봅니다. 해결중심접근에서는 내담자가 호소하는 문제보다는 그들이 원하는 미래에 관한 이야기를 나누고자 한다는 점을 기억하시고, 해결 이야기와 예외탐색을 좀 더 적극적으로 해 볼 것을 제안 드립니다.

(2) 많은 한국인 가족이 경험하는 어려움 중의 하나가 '분노'의 문제라고 생각합니다. 해결중심 단기치료에서의 분노 문제 개입방법과 기타 이에 관련해 알아야 할 것은 무엇인지요?

☞ 분노 문제에 대한 해결중심접근은 다른 문제에 대한 해결중심접근과 근본적인 것은 동일합니다. 즉, 분노 표현의 예외상황은 분노 조절이 되는 상황인데, 예외탐색과 이에 대한 확대, 강화 대화가 기본적인 개입방법입니다. 분노 조절이 언제 가능한지? 분노 조절이 성공적으로 될 때 무엇을 하는지? 그렇게 하는 것이 좋다는 것을 어떻게 알았는지? 무엇이 되면 좀 더 분노를 잘 조절한다고 할 수 있을지? 등의 질문을 통해 내담자 자신의 분노 조절 성공 경험을 기억하게 하고 현실에서 실천하도록 돕는 것이지요. 이 점에서 상담자는 적절한 개입을 진행하였습니다.

분노 조절을 위해 많이 사용되는 기술로, 우선 분노 표현이 가족원에게 위협이 된다면 분노 표현을 멈추게 하고, 부적절하게 화가 올라오는 전조를 인식하여 화를 조절하는 방법을 알고 사용해야 하며, 필요시 말로 적절하게 표현하는 법(자기주장, 자기표현)을 배워 실천하도록 개입하는 것도 참고하면 좋겠습니다.

그런데 상담자는 남편의 분노 표출을 가정폭력의 관점에서 생각해 봤는지 궁금합니다. 남편은 언어폭력과 물건을 던지는 등의 물리적 폭력을 행하고 있습니다. 권력이 약한 가족원에게 행해지는 분노 표출은 가정폭력인데, 상담자는 가정폭력에 대한 기본적이고 객관적인 지식을 가지고 있을 필요가 있다고 생각합니다.

(3) 이 사례 이후에 분노 조절 문제로 부부 관계에서 어려움을 겪는 부부를 몇 쌍 정도 더 만났습니다. 그런데 이 사례에서는 강점관점이 아주 중요한 변화의 요인이 되었습니다만, 새롭게 만났던 가족들에서는 오히려 해가 되었습니다. 예컨대, 상담자가 지나치게(?) 강점관점에만 사로잡혀 있었기 때문에, 아내의 분노 문제로 상담실을 찾은 남편이 그동안 쌓아 온 좌절감을 제대로 보지 못했고 '모든 것이 잘될 것'이라는 태도로 임하게 되어서 중간에 갑자기 상담을 중단하는 사례가 있었습니다. 무엇을 염두에 두고 상담에 임해야 할까요?

☞ 상담자는 이 사례에서는 강점관점이 효과적이었지만 다른 유사한 사례에서는 '모든 것이 잘될 것이다'라는 태도가 상담에 방해가 되었다고 했습니다. 상담자가 인간의 레질리언스에 대한 기대를 가지는 것이 옳겠지만, 아무 근거 없이 '모든 것이 잘될 것이다'라는 태도를 가지는 것은 근거 없는 낙관주의로, 적절한 개입이 아니라고 봅니다. 오히려 가족의 좌절감을 인정해 줌과 동시에 "이 문제는 오래된 문제여서 회복되려면 긴 시간과 많은 노력이 필요할 것이다"라고 주의와 격려를 동시에 주는 것이 좋다고 봅니다. 그렇게 해야 변화가 신속히 일어나지 않더라도 내담자가 실망하지 않는 동시에 변화를 위해서 많은 노력을 할 것입니다.

2) 슈퍼바이저가 슈퍼바이지에게

(1) 이 상담사례를 통해 상담자는 어떤 부분에서 성장하였다고 생각합니까?

• 첫째, 기술적으로 좀 더 성숙해졌다고 생각합니다. 예를 들면, 밀턴 에릭슨이 기적질문 시 자주 사용한 예스 세트(yes-set) 질문의 효과성을 경험했는데, 기적질문을 하기 전에 당연히 "예."가 나올 질문을 여러 차례 묻고 답하게 함으로써 대화에 몰두하도록 돕는 것입니다. 그럼으로써 내담자가 치료과정에 편안하게 녹아들어 원하는 미래를 자유롭게 상

상할 수 있도록 돕고자 하는 것인데, 〈8회기〉에 차남에게 사용해서 효용성을 경험하였습니다.

또한 상담 초기 가족 문제의 원인으로 지목된 사람이 가진 문제(남편: 분노 조절의 어려움)를 외재화 기법으로 분리해 내는 데 성공하자, 내담자가 가족들에게 비난받는다고 느끼던 것이 줄어들고 상담자-내담자 관계가 개선되며 문제의 영역이 축소되면서 조절할 수 있게 되었습니다. 상담 초기에 문제를 해체하는 전략으로 외재화 기법을 해결중심치료와 결합해서 활용할 때 시너지 효과가 일어날 수 있음을 경험했습니다.

• 둘째, 해결중심 단기치료의 기초인 강점관점을 깊이 체험할 수 있었습니다. 사실 이 사례의 남편은 알코올 남용으로 진단을 받아도 무방할 정도로 음주 문제가 심각했습니다. 하지만 상담자는 부부 관계에서 작은 긍정적인 변화가 일어나면 음주 문제도 충분히 변화할 수 있을 거라고 믿으면서 강점관점을 끝까지 견지했고, 남편이 분노 문제를 조절하기 시작하고 아내와 관계가 회복되면서 음주 문제가 자연스럽게 감소하였습니다. 이에 상담자는 강점관점의 힘을 절감할 수 있었습니다.

• 셋째, 해결중심치료와 정서의 관계에 대한 이해가 깊어졌습니다. 해결중심 단기치료의 질문 기술을 사용하기에 앞서서 내담자가 호소하는 정서적인 어려움에 공감하면서 가족원별로 개인회기를 가졌던 것이 효과적이었다고 판단됩니다.

(2) 이 상담에서 도움이 된 상담자로서의 강점과 자원은 무엇이라 생각합니까?

• 첫째, 각종 질문 테크닉에 대한 정확하고 풍부한 이해가 도움이 되었다고 생각합니다. 해결중심기법에 대한 깊은 이해 없이 기법만 사용하는 것에 대한 비판이 있습니다만, 저는 해결중심 단기치료의 개발 배경과 맥락, 역사에 관심을 가지고 꾸준히 국/내외 문헌을 접해 왔기에 해결중심질문의 맥락을 비교적 잘 이해하고 있어 내담자의 상황에 맞추어 질문을 구성할 수 있었다고 생각합니다.

- 둘째, 새로운 기법이나 접근법에 대한 개방성과 실험 정신이 도움이 되었다고 생각합니다. 예컨대, 이 사례의 전환점 중의 하나는 남편이 분노 문제와 관련해서 아내를 포함한 가족에게 비난을 받는다고 느끼는 장면에서 상담자가 이야기치료의 외재화 기법을 사용한 순간이었습니다.

(3) 내담자는 이 상담을 통해 무엇이 도움이 되었다고 말씀하실까요?

- 남편의 분노 조절이 시작된 후에 여러 가지 긍정적인 변화가 생겨났고 일정하게 지속되는 흐름을 보였으니, 아마 남편뿐만 아니라 모든 가족원이 남편이 분노 조절을 하게 된 점이 가장 크게 도움이 된 것이라고 말할 것 같습니다.

4. 슈퍼바이저 메시지

이 사례는 재혼한 중년 부부의 사례로 가족원에 대한 남편의 정서적, 물리적 폭력으로 인해 이혼 생각이 있는 아내가 마지막 자구책으로 상담을 의뢰하게 된 경우입니다. 남편은 성장기에 자신의 아버지가 정서적 · 신체적 폭력을 휘두르는 가운데 성장하였는데, 현재는 자신이 아버지와 유사한 연령이 되어 아버지가 보였던 유사한 문제 행동을 보이고 있습니다. 남편 내담자는 자녀들과도 가부장적이며 일방적인 의사소통을 하기 때문에 자녀들로부터도 외면받고 있는 상황이며, 부부와 차남이 상담에 참여하게 되었습니다.

이 사례는 9회에 걸쳐서 진행되었는데, 남편의 분노 조절과 가족 간의 의사소통 개선이라는 상담목표가 성공적으로 성취되었습니다. 상담의 성공 배경으로 상담자의 강점, 장점을 들 수 있는데 상담자는 내담자에 대한 관심, 공감, 경청, 해결중심질문의 적절한 사용, 학술적인 열정, 새로운 시도 등으로 성공적인 상담을 이끌어 냈습니다. 상담자-내담자 간 라포 형성이 잘되었으며, 이것이 가능했던 이유는 상담자가 가정의 가부장적 분위기를 인정하여 상담회기 중 아버지에게 먼저 질문하거나 발언권을 우선적으로 준다거나 했기 때문입니다. 즉, 가족의 현재 질서를 인정하면서 조심스럽게 접근하였기에, 자칫 비난의 대상이 되기 쉬운 아버지가 끝까지 상담에 참여하고 변화를 위해 노력하는 것이 가능하였습니다. 또한 남편이 가족원으로부터 트러블 메이커로 지적받는다고 느끼게 된 상황에서는 외재화 기법을 사용하여 남편의 분노 문제를 남편으로부터 분리시킴으로써 남편의 불편한 심기를 덜어 주어 지속적으로 남편의 참여가 가능하게 하였습니다.

이 사례는 기본적으로 해결중심모델에 기초하여 진행되었기에, 남편 내담자의 경우 고통스런 과거에 대하여 대처질문 등을 활용하여 고통의 이야기를 견뎌 냄의 이야기로 전환함으로써 내담자가 자신의 장점과 아버지로부터 받은 긍정적 유산에 대해서 인식하도록 도왔습니다. 또한 남편 개별상담회기를 통하여 남편의 문제 행동을 원가족 경험과 관련해서 이해하고 통찰하도록 돕는 데 도움을 주었으며, 내담자의 정서적 표현을 수용함으로써 부정적 감정을 해소하도록 도왔습니다. 이와 같이 가부장적인 남편에게 적절한 접근을 구사하였다고 생각되며, 과거의 고통을 가지고 있는 가족원들에게 대처질문 등을 통하여 과거의 고통 중에서도 의미를 찾게 하였다는 점이 매우 돋보입니다.

상담자는 또한 매우 학구적이어서 전문서적을 통하여 해결중심의 다양한 기술을 습득하여 활용하였는데, 내담자가 기적질문에 몰입하게 하는 데 도움이 되는 yes-set 쌓기 대화와 생활 여건에 맞추어서(운전 상황에 적용 등) 기적질문을 변형하는 등, 내담자 상황에 맞춘 개입을 한 것이 돋보입니다.

다만 상담자가 질문하였듯이 상담시간이 매회 90분 이상으로 긴 편이었는데, 해결중심접근의 기본에 좀 더 충실했더라면 동일한 시간 내에 좀 더 효과적인 상담이 되었을 것으로 사료됩니다. 구체적으로는, 예외상황에 대한 탐색을 좀 더 적극적으로 매 회기마다 했더라면 상담시간과 상담회기 수도 줄어들지 않았을까 생각됩니다.

또한 남편 내담자의 정서적 폭력을 포함한 가정폭력의 문제에 대해서 다루거나 정보를 주는 교육을 할 수 있었다면 앞으로의 가정폭력 예방에도 더 도움이 되었을 것인데, 이것까지 다루지 못한 것에 대해서는 아쉽게 생각됩니다. 그러나 상담자는 많은 수고를 하였고, 이 가족의 문제해결에 많은 도움이 되었다고 생각합니다.

"남편, 슬프면 울어도 괜찮아."

1. 사례 정보

1) 내담자의 인적 사항(가명)

- 아내: 이선화(가명, 여, 46세, 경북 대구, 1남 1녀 중 막내, 대졸, 천주교, 매니저, 초혼)
- 남편: 박민재(가명, 남, 44세, 경기 수원, 1남 1녀 중 장남, 대졸, 무교, 회사원, 재혼)
- 아들: 박동현(가명, 남, 15세, 중학교 2학년생)

2) 의뢰 경위

- 내담자 이선화 씨는 시누이의 자살 사고를 목격한 후로 우울하고 외로운 감정에 사로잡혀 일상생활이 힘들고 어렵다고 느껴 '생명의 전화'에서 전화 상담을 2회 받았으며, 그곳의 의뢰로 ○○건강가정·다문화가족지원센터 위기가족지원팀에서 상담을 받게 됨.

3) 상담횟수
- 면접상담 11회(부부상담 5회, 아내 개인상담 5회, 모자상담 1회)

4) 호소문제
- 아내: 시누이가 자살한 후 남편이 감정을 표현하지 않아서 많이 불안하다. 친동생처럼 각별하게 지낸 시누이의 시신을 최초로 목격하게 되어 힘들다. 전처 아들이 사춘기에 있는 것과 계모라는 사회적 편견을 감당하기 어렵다.
- 남편: 현재 아내가 예민하여 불안해하는데, 나약하지 않고 어른답게 살기를 바란다. 아들이 새엄마의 은혜를 감사하게 생각하고 잘 지냈으면 좋겠다. 떠나고 싶고, 쉬고 싶다.

5) 상담목표
- 부부가 내적 감정을 나누기와 대화하기
- 부부가 자녀교육에 협동하기(학원 선택, 진로 결정, 게임 허용 범위 설정)
- 상실에 대한 애도 작업을 통하여 진실한 감정(슬픔)을 표현하기와 죄책감에서 벗어나기

6) 내담자의 가족 관계

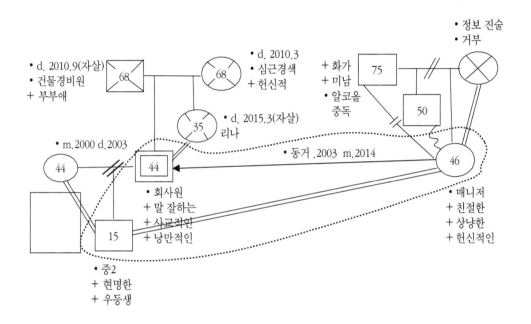

7) 내담자와 가족의 강점과 자원

- 아내: 긍정적인 성격의 소유자로 미소를 잃지 않고 있으며 남편을 이해
  하고 격려하며 가정을 이루고 싶은 욕구가 크다. 특히, (전처) 아들에게
  친구처럼 편안한 엄마가 되겠다는 생각을 갖고 행동하며 아들과 유대감
  을 갖기 위해 대화를 많이 한다.
- 남편: 장남과 남편이라는 굴레에서 슬픔을 견뎌 내고 강인하게 살아가
  겠다는 의지가 강하다.
- 아들: 생모와 계모 사이에서 현명하게 행동하며 중립적으로 잘 지내고
  학업에 집중한다.

아내는 오랫동안 거래처 직원으로 알고 지내던 남편이 첫 결혼 실패 후
방황할 때 조언과 위로를 해 주며 가깝게 지내다가 동거하게 되었고, 동

거 11년이 지나 결혼식을 했다.

내담자 가족 구성원 모두는 함께 화목한 가정을 이루고 싶어 하며 서로에 대한 염려가 크다.

2. 상담과정

1회기

◎ **일시**: 2015년 ○월 ○일 (60분)

◎ **참석자**: 부부

◎ **개입 방향**: 내담자와의 라포 형성과 주 호소내용 파악하기

◎ **회기 내용**

• 이 상담을 받기 전에 여러 기관을 다니며 상담을 받게 된 것에 대해 아내가 강하게 불만을 토로하였다. 상담자는 행정 절차에 대한 내담자의 불만을 메모하였으며 이에 대한 시정을 건의할 것을 약속하였다.

• 상담받고 싶은 문제를 묻기 전에 결혼하게 된 배경과 부부 공통의 취미와 추억에 관한 이야기를 나누면서 분위기가 긍정적으로 바뀌었다. 초반에 남편은 상담이 무익하고 효과를 기대하지 않는다면서 강한 거부감을 드러냈다. 상담효과에 대해 회의적으로 반응하는 남편을 먼저 30분간 개별상담하였으며 그가 원하는 것에 대해 질문하였다. 남편의 원가족이 자연스럽게 탐색되는 과정에서 어머니의 갑작스런 죽음과 아버지의 비관 자살, 그리고 여동생의 우울증으로 인한 자살에 대한 이야기가 나왔으며, 남편은 걷잡을 수 없이 눈물을 흘렸다. 남편은 원가족 모두의 죽음이 자신과 연결되어 있다는 죄책감으로 힘들어했었는데 동생의 자살(2015. 3.) 이후 처음으로 울게 되어 속이 시원하다고 하였으며, 상담에 대한 기대감과 상담자에 대해 호감이 생겼다고 하였다.

• 부부는 현재가 최악의 상황이라고 하였으나, 1점이 가장 나쁜 상황이고

10점이 상담의 목표가 성취되었을 때의 점수라고 한다면 현재 점수가 몇 점일까를 묻는 척도질문에 각각 3점이라고 답하였다. 1점이 아닌 이유를 답하는 과정을 통해 가장 나쁜 상황은 아니라는 것을 깨닫게 된 부부는 "완전히 절망적인 상태는 아니구나."라고 하였고 여행이라는 목표를 구체적으로 생각하기 시작하면서 희망과 기대감을 표현하였다.

2회기

◎ **일시:** 2015년 ○월 ○일 (60분)

◎ **참석자:** 아내

◎ **개입 방향:** 내담자 가정 안팎의 문제를 이해하기

◎ **회기 내용**

• 첫 회 상담 후 내담자의 변화에 대해 언제, 어디서, 어떻게 했길래 변화가 가능했는지 집중적으로 질문하였고 이를 확장·강화하여 변화를 위한 동기를 가질 수 있도록 격려하였다. 이 과정에서 내담자는 변화가 어떻게 해서 가능했는지를 인식하게 되었고, 가족들의 변화를 초래한 자신의 행동과 의지에 대해 자신감을 갖게 되었다고 하였다.

• 부부는 남편이 이혼한 2003년도에 동거를 시작하였고, 2014년도에 혼인신고를 하였으며, 2015년 3월에 결혼식을 하였다. 내담자는 결혼과정(남편 재혼, 본인 초혼)을 설명하면서 남편을 전처에게서 빼앗은 나쁜 여자로 인식되어 시댁 이모들이 구박하였다고 하였다. 현재의 가족에 대해 '변소'를 '예쁜 도자기'로 막아 놓은 느낌이며, 괜찮지 않은데 괜찮다고 하는 남편과 10년을 키운 전처 아들과의 겉도는 감정에 대해 이야기하였다.

• 아내는 남편이 힘든 본인의 속마음에 대해 얘기를 해 주지 않고 회피하는 태도를 취하니 자신이 아내로서 인정받지 못하고 있다는 느낌이 들어 슬프고 많이 힘들다고 하였다. 이에 대해 상담자는 공감적 반영을 하였고, 아

내는 자신이 이해와 지지를 받고 있다고 느꼈으며, 가슴에 담아 놓았던 이야기와 감정을 쏟아 내게 되어 마치 친정에 온 것처럼 후련하다고 하였다.

• 남편은 달팽이, 거북이처럼 가장이라는 중압감을 등에 지고(등껍질) 살고 있다고 하였다. 또한 생모가 호스티스라는 것을 알게 된 사춘기 아들은 '내 피는 더러운 피'라며 자괴감에 빠지고 사춘기 반항이 극심하나, 새엄마인 내담자에게 사과 표현도 잘한다고 하였다. 전처가 남편과 지속적인 문자 메시지를 주고받으며 아들에 대한 양육, 교육에 대해 의견을 공유하며 '우리'라는 표현을 하고 있다는 사실을 알게 된 아내는 존재감이 없어지고 남이라는 느낌을 갖게 되어 슬프다고 하였다. 더욱이 아들의 외할머니가 반말로 전화하며 애 잘 키우라고 야단을 칠 때는 황당하다고 하였다. 남편이 술을 마신 후 밤늦게 귀가하여 사는 것이 힘들다고 눈물을 보였는데 "그만해라, 리나 오빠로 계속 살 거냐?"라고 호통을 쳤다고 하며 남편에게 짜증이 난다고 하였다.

3회기

◎ **일시**: 2015년 ○월 ○일 (90분)

◎ **참석자**: 부부

◎ **개입 방향**: 내면의 정서를 파악하여 이해하기

◎ **회기 내용**

• 남편은 40세가 넘으면 퇴직해야 하는 회사에서 생존하기 위해 이를 악물고 일하고 있으며, 영업 파트여서 술-야근-접대로 이어지는 생활이 고단하며 이로 인해 아내와의 싸움도 잦다고 하였다. 남편은 귀촌을 염두에 두고 토지 매입을 구체적으로 알아보고 있다고 하였다. 반면 아내는 일을 안 하면 불안하고, 지금까지 바쁘게 살다 보니 휴가나 휴식이 없었던 것 같아 이제는 쉬고 싶다고 하였다. 근면·성실이라는 수단적 가치가 무엇을 위함이었는지 질문을 하였더니 "미래의 청사진이 없다." "습관적 열심이었다."고 대답하

였고, 부부가 원하는 목적적 가치를 정의하는 작업을 통해 '욕심을 버리며 살기' '여유로운 삶 살기' '편안하게 살기'라는 부부의 공통된 의견이 수렴되었다. 그런 삶을 위해 지금 곧 쉽게 할 수 있는 것들을 질문하니 '퇴근 후 대화하기' '가벼운 드라이브 여행하기'라고 하였다. 아내가 원하는 것을 한마디로 표현하게 하였더니 '우리'라는 느낌에 자신이 포함되는 것이라고 답하였고, 남편은 현실에서 '자유'로워지는 것이라고 하였다. 내면의 정서를 배우자에게 들려주고, 무엇을 할 것이며, 원하는 상태의 느낌은 어떤 것인지를 표현하게 하였으며, 마음을 구체적으로 이미지화함으로써 상대 배우자가 바라보고 이해할 수 있게 도움을 주었다.

• 상담을 시작할 때마다 개방형질문을 하여 내담자 부부들은 자신들이 긍정적인 변화를 시작하고 있다는 것을 조금씩 인식하게 되었고 상담에 적극적으로 반응하였다. 내담자가 표현하는 욕구와 감정이 상대 배우자가 비난으로 느껴지지 않도록 상담자는 칭찬과 긍정적인 재명명으로 상담을 진행하였으며, 안정감을 느낀 내담자들은 표현이 더욱 풍부해지고, 원하는 것을 구체적으로 이미지화함으로써 상대 배우자가 구체적으로 시각화하고 이해할 수 있게 되었다.

4회기

◎ **일시:** 2015년 ○월 ○일 (60분)
◎ **참석자:** 아내
◎ **개입 방향:** 상한 마음 다스리기

◎ **회기 내용**

• 한 주간의 일상생활에서 가족이 '우리'라는 느낌이 들었던 때를 관찰해 온 내담자는 아들이 스스럼없이 생모를 비난할 때라고 하였다. 생모에 대한 양가감정을 드러내는 아들이 자신을 바보로 만들려고 거짓말로 속이는 일이

있어서 분노가 생기며, 남편이 아들 편을 들 때 화가 더 심해졌다고 하였다.

• 남편은 2년 전부터 화내거나 토라지는 감정의 기복이 심했는데, 올해 5월 여동생의 자살 이후 정도가 더 심해진 것 같다고 하였다. 아내는 원가족에서 아버지나 오빠로부터 받은 정서적 학대와 폭력적인 모습이 남편에게도 보이기 시작해서 불안하고 두렵다고 하였다. 시누이의 자살에 대해 남편에게 "네가 죽였다."라고 비난을 하였다. 시누이의 약혼자는 자살 사건 이후 다른 여자와 바로 연애를 시작하고 SNS에 자랑하는 글을 올렸는데, 내담자는 이로 인해 남자에 대한 분노가 치밀었다고 하였다. 왜냐하면 친구처럼 지냈던 시누이의 죽음으로 인한 슬픔은 내담자에게 분노, 불안, 후회의 복합적인 감정을 갖게 하였으며 상실의 상처가 크다고 하였다. 내담자가 과거에 매우 힘들었을 때 도움이 되었던 곳이나 의미 있는 타인에 대한 탐색을 하였는데, 내담자는 시골 마을의 신부님이라 하였다. 그 신부님과 관련지어 관계성 질문을 하였는데 내담자는 과거의 힘든 상황을 극복한 자신의 경험을 생각해 내면서, 지금 처해 있는 문제도 해결할 수 있고 어려운 상황도 잘 지나가게 될 것 같다고 하였다. 아내는 자신도 괜찮지 않은데 남편을 위로해야 한다는 입장이 힘들다고 하였는데, 상담자는 아내의 힘든 마음을 표현하게 하였고 공감하였다.

5회기

◎ **일시**: 2015년 ○월 ○일 (60분)
◎ **참석자**: 아내
◎ **개입 방향**: 상실에 대한 애도 작업하기

◎ **회기 내용**
• 남편이 상담실에 오는 것을 꺼려 하여 한바탕 다투었고, 결국 아내만 방문하였다. 남편은 여동생의 죽음에 대한 상실의 슬픔을 덮어 두려고만 하며

자신의 감정을 억누르고 있는 듯하다고 하였다. 이에 어떤 대상과 헤어지거나 관계 단절로 인한 상실이 가져다주는 복합적이며 혼란스러운 감정에 대해 이야기를 나누었다. 즉, 가슴속에 뿌리내리고 있던 나무를 통째로 뽑아내어 도저히 메울 수 없는 구멍이 난 것과 같은 상처가 있는데, 지금까지 느껴 보지 못한 새로운 차원의 슬픔, 지독한 외로움, '내가 그때 그 말을 하지 말았어야 했는데' 하는 후회의 감정이 있다고 하였다.

• 상담자는 "리나 씨(시누이)가 하늘에서 내려다보면서 오빠 부부에게 뭐라고 당부할까요?" "시누이가 마지막 날 새언니에게 고맙다고 이야기한 건 어떤 의미일까요?" 등의 관계성질문을 통해 슬픈 감정에 머무르기보다 긍정적인 관점에서 살펴보도록 하였더니, 무서움과 죄책감 속에서 슬퍼하던 내담자는 건강하고 성공적인 슬퍼하기를 할 수 있게 되었다며 무거운 짐을 내려놓은 듯 홀가분하다고 하였다. 또한 심리적 재난에 대처하는 능력이 여성보다 남성이 부족함을 아내에게 알려 주고, 남편이 한 번씩 돌출 행동을 하는 감정의 폭발은 애도가 인내하는 것이 아닌 홀려보내는 것임을 설명하였는데, 내담자는 남편의 심리를 이해할 수 있을 것 같다고 하였다.

6회기

◎ **일시**: 2015년 ○월 ○일 (90분)
◎ **참석자**: 부부
◎ **개입 방향**: 부부의 감정 교류를 통해 긍정적인 상황 탐색하기

◎ **회기 내용**

• 아내의 장점(외국회사 매니저 출신으로 영어를 잘하며 정서적인 문제를 잘 해결하는 점)과 남편의 장점(주택 대출 빚을 다 갚는 절약 정신과 책임감, 다이어리 쓰기)들을 탐색하여 이것이 현재 가정에 어떻게 도움이 되는지를 질문하니, 아들은 (새)엄마에 대한 자부심을 갖고 있으며 언어 공부의 동기 부여가

된다고 하였다.

• 2010년에 부모의 사망으로 인해 마음의 문을 닫고 비관적이며 염세적인 사고방식을 갖게 된 남편은 골프로 스트레스를 풀고 있으며, 아들과 캠핑(비박)하면서 마음의 문을 여는 대화를 시작하게 되었다고 하였다. 상담자는 대처질문을 통하여 과거에 어떻게 잘 견뎌 내었는지를 다시 떠올리게 하였다.

• 아내는 남편이 "네가 낳은 자식이 아니라서 그래. 네가 사랑을 받고 자라지 못해서 그래."라고 비난하면 마음이 무너진다면서 눈물을 흘렸고, 남편 하나 믿고 사는데 '서운하다'고 하였다. "남편이 아내의 욕구를 존중해 주었다고 가정한다면, 두 분의 관계가 어떻게 달라질까요?"라는 질문을 통해 불만을 해결 가능한 상황으로 전환할 수 있도록 하였다. 그런데 남편은 당황해하며 상담이 잘 살고 있는 사람을 오히려 혼란에 빠트린다며 거부감을 표시하였다. 이에 상담자는 충분히 공감해 주었고 문제중심이 아닌 해결중심의 상담이 진행되고 있음을 알려 주었다.

• 남편의 불평은 상담자의 공감과 간접칭찬, 인정으로 누그러졌고 아내와 아들에게 잘하고 싶다며 상담자에게 방법을 알려 달라는 요청을 하였다. 이에 남편에게 아내의 감정에 공감해 주는 방법에 대해 코칭하였으며, 아들에게 훈계하고 판단하며 야단치는 대신에 감정을 읽어 주고 지지하는 공감과 감수성 키우기 기법을 설명해 주었다.

7회기

◎ **일시:** 2015년 ○월 ○일 (100분)

◎ **참석자:** 부부

◎ **개입 방향:** 부부가 함께 상실에 대한 애도 작업하기

◎ **회기 내용**

• 시누이에 대해 추억하는 시간을 통해 남편과 아내는 있는 그대로의 슬

픔을 드러내었다. 아내는 시누이에게 속마음을 터놓고 사랑한다는 말을 문자메시지로 보냈던 두 차례의 기억이 다행스럽다고 하며 눈물을 흘렸으며, 급하게 떠날 줄 알았으면 더 많이 사랑한다고 해 주었을걸 하는 후회가 든다고 말하였다. 이에 관계성질문을 하여 하늘에서 고인이 어떤 말을 해 줄 것 같은지 질문하였더니 새언니가 오빠에게 헌신적인 사랑을 해 줘서 고마워할 것 같다고 하였다.

• 남편에게 고인이 가장 행복해했을 순간에 대해 질문하자, 유년 시절 선친이 개인택시가 처음 나온 날 네 식구가 아주 멀리 떨어진 서울의 어떤 경양식집에서 생애 첫 돈가스를 먹었던 기억이라고 할 것 같다며 눈물을 흘리며, 그것은 자신에게도 세상을 다 가진 것 같은 행복감이었다고 표현하였다. 그러나 남편은 근무 중에 문득 슬픔이 복받쳐 오른다고 조심스럽게 감정을 드러내며, 남에게 보이지 않기 위해서 잘 참고 있는데 그런 자신이 싫다고 하였다. 상담자는 그런 순간이 언제 생기는지를 탐색하였고 그에 따른 감정을 드러내는 것에 대해 '건강한 배출'로 재명명하였다. 아내는 남편에게 자신은 눈물을 흘리는 남편을 바라며 눈물의 마음 정화 작용에 대해 이야기해 주었고, 문자메시지로 자신에게 그 순간의 슬픔을 표현해 준다면 아내이며 위로자로서 도움을 주겠다고 하였다. 이에 상담자는 관계성질문을 하여 고인이 어떻게 말할지에 대해 탐색하여 고인이 행복해하고 고마워했을 것이라는 추론을 통해 생존자가 느끼는 죄책감과 후회감에서 벗어날 수 있는 시간을 가졌다.

• 내담자는 오늘 상담을 통해 무엇이 좋아졌냐는 상담자의 정리질문에 현재 본인들이 어떻게 스스로를 컨트롤해야 하는지를 알게 되었으며, 이것을 잘 기억하면 미래에도 슬픔을 컨트롤할 수 있겠다는 자신감이 생겼다고 하였다.

8회기

◎ **일시:** 2015년 ○월 ○일 (60분)

◎ **참석자:** 아내

◎ **개입 방향:** 긍정적 변화를 확대하고 강화하기

◎ **회기 내용**

• 내담자의 남편은 회사의 월초 마감작업 때문에 참석하지 못하였다.

• 상담결과로 무엇이 좋아지고 있는지에 대해 질문하였더니 내담자는 '놀라운 이야기'라며 남편의 변화에 대해 장시간 자세히 알려 주었다. 구체적으로 남편은 지난 상담이 끝난 후 주차장에서 통곡하다시피 울었는데, 여동생의 죽음 이후 억누르고 외면하던 슬픔과 아픔의 감정을 건강하게 애도하기라는 상담을 통해 '슬퍼해도 되는구나.' '아파해도 되는구나.'를 알게 되었고 상처 받은 마음의 단단한 빗장을 열게 되었다고 하였다. 남편은 이후 가정에서 한 번도 하지 않았던 동생 이야기를 연관된 추억이 떠오를 때마다 표현하기 시작하고 아내의 위로를 받기 시작하였다고 하였다. 아내는 남편이 속마음을 보여 주는 것이 남편에 대해 연민을 넘어선 감정, 이를테면 '내가 진짜 이 남자의 아내'가 되었다는 느낌이 들었다고 하면서, 재혼한 여자로서의 안도감이라고 표현하며 눈물을 흘렸다.

• 변화된 일상에 대해 남편은 운동을 하기 시작하였고, 아내는 여행 준비를 하게 되었으며, 아들은 부모의 분위기가 밝아지자 웃음이 증가하고 수다스러울 정도로 이야기를 많이 하게 되었다고 하였다. 첫 회기에 세웠던 상담목표와 호전된 현재의 상황을 비교하면서 상담이 종결시점에 가까워짐을 말하였다. 내담자 부부는 상담종결 후에 문제가 재발될지도 모른다는 불안 반응을 보였다. 중요한 것과 기억해야 할 것에 대해 환기하고 강화시키는 상담을 진행하기로 합의하였다.

9회기

◎ 일시: 2015년 ○월 ○일 (60분)

◎ 참석자: 아내

◎ 개입 방향: 내면의 변화를 가족 체계에 적용하기

◎ 회기 내용

• 내담자는 혼자 홍콩여행을 다녀왔고 여행이 주는 유익함과 느낌에 대해 이야기하였다. 친정이 없는 내담자는 갈 곳이 없었는데 여행을 통해 일상에서 가볍고 홀가분하게 떠난다는 느낌과 많은 자유로움 때문에 현재 자신의 위치를 멀리서 크고 넓게 조망하여 볼 수 있었다고 하며 통찰을 느꼈다고 하였다. 내담자의 변화에 대한 느낌을 이야기하게 하고 그것이 가족 체계에서 어떤 긍정적인 작용을 하는지를 탐색함으로써 내담자 자신의 현재 마음 상태를 들여다보게 되어 자신이 누구인지에 대해 깨닫게 하였다. 통찰이 깊어진 내담자에게 스스로 문제해결책을 찾기 위한 조언을 구하는 질문을 하였을 때, 내담자는 문제도 답도 사실은 내 안에 있었는데 비행기를 타고 먼 바다에 가서야 깨닫게 되었다고 하였다. 여행지에서 33년 만에 만났던 어린 시절의 천주교 괴짜 총각 신부님 이야기와 베네수엘라 노부부의 이야기를 자세하게 하면서, 혼자 가는 여행은 쓸쓸하다는 느낌이 들었으며 가족과 그리움을 크게 느꼈다고 하였다. 여행과 관련한 관계성질문을 통해 남편 역시 아내의 빈자리를 크게 느끼는 기회가 되었고, 아들도 엄마의 존재를 느끼게 된 것을 알게 되었다고 하였다.

• 아내는 시누이의 자살로 인해 억눌렸던 마음이 풀어지는 것이 때때로 미안하게 느껴졌으나 이제는 자연스럽게 받아들여지며 고인도 오히려 '괜찮다.'고 말할 것 같다는 생각을 하기 시작하였고, 남편도 자신에게 여러 가지 내면의 이야기를 하고 있으며 남편이 안정감을 느끼고 있다는 확신을 갖게 되었다고 하였다. 아내의 소망대로 함께하는 부부의 느낌이 들어 만족스럽

다고 하였다.

10회기

◎ **일시**: 2015년 ○월 ○일 (90분)

◎ **참석자**: 부부와 아들

◎ **개입 방향**: 예외상황 탐색 후 어려움을 극복한 사례를 확장하여 지지하고 강화하기

◎ **회기 내용**

• 일정으로는 종결회기이나 아내의 간곡한 요청에 의해 아들과의 상담을 60분 진행하였다. 먼저 아들과의 라포 형성을 통해 학교생활, 장래의 꿈에 대해서 들었으며 인정과 칭찬을 하였다. 아들은 두 엄마(생모와 계모) 앞에서 자신이 어떻게 처신해야 할지 난감하다는 말과 한쪽 엄마 앞에서 다른 엄마를 욕해야만 하는 자기가 이중인격자인 것 같아 힘들다고 하였다. 아빠는 새엄마 편이고, 엄마는 애증이 교차하며, 자기는 혼자라고 생각한다고 하였다.

• 상담자는 정체성의 혼란을 겪고 있는 아들에게 미래지향적이며 긍정적인 질문을 통해 격려하고 칭찬해 줌으로써 정체성 혼란에 대한 자괴감에서 벗어날 수 있도록 도움을 주었으며, 지금 잘 극복해 나가고 있는 중이라고 격려하였다.

• 내담자는 아들의 장래 직업에 대해 비행기 승무원, 구글 회사 직원이라는 구체적 직업을 정해 주었다고 하였다. 그 이유는 자유롭게 세계 여행을 할 수 있다는 것과, 생계가 아닌 창의적인 일터에서 일했으면 하는 바람 때문이라고 하였다. 4일 동안 가출한 아들에 대해 불만을 이야기하여 예외질문을 통해 긍정적인 면을 찾은 결과, 엄마는 아들이 등교는 하였다는 것과 교내 수학경시대회 참여 등의 학교생활은 열심히 하였다는 것을 알게 되었다. 내담자는 자신이 누구에게 위로받을 수 있을까라는 생각 때문에 우울한

감정을 느끼며 아들과 남편 때문에 많이 힘들어질 때가 있다고 하였다.

- 상담자는 내담자가 느끼고 있는 특수 상황(계모)에 대한 불편한 감정에 대해 충분히 공감해 주었으며, 특히 내담자의 양육과 교육에 관해 부모교육을 하였다. 이를 통해 아들의 생각을 알 수 있으며 좋은 엄마가 될 수 있을 것 같아서 행복하다는 반응을 하였고, 상담종결 시기에 대해 함께 의논하였다.

11회기

◎ **일시**: 2015년 ○월 ○일 (60분)
◎ **참석자**: 부부
◎ **개입 방향**: 변화와 성장 확인, 상담의 종결

◎ **회기 내용**

- 시누이의 자살로 인해 정신적으로 힘들었던 아내는 남편이 잘 참고 있는 게 불안하고 이상하게 느껴져서 상담을 의뢰했었는데, 이제 불안이 해소되었다고 하였다. 남편은 상담을 통해 부모와 여동생의 죽음에 대해 느끼는 죄책감을 솔직하게 표현할 수 있었고, 감정을 하나하나 정리할 수 있게 되었다고 하였다.

- 부부는 고인에 대해 슬퍼하고 추억하는 것이 사랑의 감정이며 건강하고 정상적인 슬픔임을 알게 되어서 마음이 편안해졌다고 하였으며, 상대 배우자가 슬픔을 함께 나누는 인생의 동반자라는 인식을 새로이 갖게 되었다고 하였다.

- 부부의 긍정적인 변화로 인해 아들의 일탈적인 행동(외박, 가출)이 감소되었고, 가족이 함께 대화하는 친밀한 시간이 늘어났다고 하였다.

- 부부에게 상담목표를 상기시키며 상담의 종결에 필요한 작업을 하였다.

- 상담자는 부부가 느끼는 상실과 슬픔은 대부분의 유가족이 느끼는 필

연적인 감정이라고 정상화하였고, 이로 인해 부부는 편안한 감정을 갖게 되었다.

• 상담종결 후 변화 유지를 위한 방법으로 남편은 자신의 감정을 숨기는 대신 아내와 감정을 나누고 의지하며, 아내의 감정도 귀와 마음을 열고 받아들이겠다고 하였다. 아내는 남편에게 좀 더 부드럽게 대하고 편안하게 감정을 드러낼 수 있도록 대하겠다고 하며, 이제야 진짜 부부가 된 것 같다고 하였다. 날씨가 항상 맑고 좋은 날만 있는 것이 아니고 흐린 날과 바람 부는 날이 있듯이, 상담종결 이후에 있을 수 있는 어려운 순간에 지금의 마음가짐을 기억하면서 가족이 행복하게 살겠다고 다짐하였다. 이 가족이 다시 어려움에 처하면 언제든지 상담센터가 도움이 될 수 있도록 방문해 줄 것을 부탁하면서 상담을 종결하였다.

축어록(11회기)	슈퍼바이저 피드백
상1: 안녕하세요? 전에 우리가 정한 마지막 상담에 오신 여러분을 환영합니다. 아1: 호호~~ 선생님 참 재밌으세요. 남1: 봄, 여름, 가을 세 계절을 상담선생님하고 보냈다고 이 사람이 차에서 그러더군요. 여자들은 참 별거 아닌 것에 의미를 두는 것 같아요 상2: 여자들이요? 지금, 남편분 위험한 발언을 하신 것 아시나요? (웃음) 남2: 그런가요? 재미있군요. 그동안 감사했습니다. 수고 많으셨어요.	\<상1, 2\> 상담자의 유머 있는 반응이 분위기를 밝고 편안하게 만듦.
아2: 남편이 밝아져서 저도 참 좋아요 선생님. 상담받기를 참 잘한 것 같고요. 처음 여기 센터에 와서 많이 기다리게 했다고 신경질 부린 것도 아까 사무실 분(진행 담당자)에게도 사과드렸어요. 저 잘했죠? 호호~~	\<아2\> 라포가 잘 형성되었고 그간 상담이 잘 진행된 것을 보여 줌.
상3: 와, 대단하시네요. 어떻게 시키지도 않았는데 그렇게 하셨어요?	\<상3\> 상담자의 긍정적인 반응, 대처질문의 형식으로 칭찬함.

아3: 미안해서요. 이렇게 무료로 밤늦게까지 일해 주시는 게 감동받았거든요.	<아3, 남3> 상담자의 진실성, 성실성, 책임감을 엿볼 수 있는 멘트임.
남3: 저도 여기 계신 선생님들 모두 대단하시다고 생각해요. 김밥 드시면서 일하시는 모습들도 그렇고, 참 대단들 하세요. 뭐 좀 사올까 매번 망설이게 되기도 하고….	
아4: (상담을) 기다린 보람이 있었어요. 우리나라가 잘하는 것도 있네요. 선생님.	
상4: 나라요? 하하하, 나라님 만나면 이야기 좀 잘해 주세요.	<상4> 상담자의 유머 있는 반응임.
아5: (남편과 눈을 마주치며 웃음) 네~선생님. 저 선생님 좋아요. 호호~~	
상5: (웃으며) 두 분이 너무 좋아 보이시는데 이렇게 상담 마지막 날 함께 웃을 수 있어서 저도 행복한 날입니다.	<상5> 상담자의 진심이 표현됨.
상6: 이제 우리가 이 상담을 통해 무엇을 알게 되었고 또 기억해야 할 것에 대해 다시 이야기 나누며 상담을 종결하려고 합니다.	<상6> 종결회기에 다룰 내용에 대해 언급함.
남4: 저는 상담은 참 무의미하고 쓸데없는 것이라는 생각을 갖고 있었는데…. 그렇잖아도 우리 학교 다닐때 상담실에서 매 맞았던 생각만 나고…. 그런데 여기 와서 첫날 제가 딱 깨졌죠.	
상7: 네~아픈 기억이 있으셨군요. 첫날 깨졌다는 것에 대해 더 말씀해 보세요.	<상7> 내담자의 주요 기억을 간과하지 않고 중요하게 다룸.
남5: 많이 운 거요. 엄마 병원에서 돌아가실 때의 모습, 아버지 가실 때의 모습 이런 거 선생님에게 이야기하다가 눈물이 막 나오는데…. 제가 리나(여동생) 장례식 때도 눈물 한 방울 안 흘린 놈인데….	
상8: 아~네~첫날 눈물 쏟던 모습 저도 기억이 납니다.	
남8: 진짜 창피했어요. 아내 앞에서. 그리고 처음 보는 만난 지 30분도 안된 남자 앞에서 눈물을 흘려서….	

상9: 그러셨군요. 듣고 보니 그러실 수 있었겠네요. 저는 남편분의 눈물을 보면서 더 열심히 상담해 드려야겠다고 다짐했었는데….

아6: 저도 깜짝 놀랐어요. 남편이 우는 모습 진짜 오랜만에 본 거예요.

남9: 남자는 울면 안 되는 거고, 강인해야 하고, 나약해지면 세상에 패하는 거고, 또 어쩌면 이 사람이 약한 나를 떠나갈지도 모른다는 불안감도 있었죠.

상10: 네 맞아요. 과거에는 그렇게 살아왔다고 말씀하셨고 참아 왔다고 하셨어요. 지금은? 음…. 지금은 어떠세요? 뭐가 좀 달라진 게 있다면…. 뭘까요?

남10: 감정은 부끄러운 것이 아니다. 건강하다는 거다. (침묵)

상11: 아주 좋아요. 또요. 또 좀 말씀해 보세요.

남11: (웃으면서) 네, 선생님. 참는 것보다 흘려보내야 한다. 표현하고 마음껏 슬퍼하고 그 사람을 추억하라 그 사람을 사랑했다는 증거고…. 하늘에서 내려 보면 고마워할 거다…. 아…. 또 눈물 나려 하네….

상12: (약간의 시간을 두고 아내에게 질문하며) 남편 눈물 보이세요? 아내분은 지금 무슨 생각이 드세요?

아7: (눈시울이 붉어지고 촉촉한 목소리로) 리나는 좋겠다….

상13: (미소) 부러움인가요? 아 그래요. 당연히 리나 씨가 그럴 것 같아요. 또요?

아8: 내 남편 참 괜찮다.

상14: 괜찮다?

아9: (남편이) 순수하고… 동생을 사랑했고… 따뜻한 사람이라는 느낌이….

상15: 남편이 못나 보이고 나약해 보이지 않나요?

아10: (살짝 미소 지으며) 아니요.

상16: 부모를 그리워하고 동생을 그리워하며 슬퍼하는 남편, 눈물 흘리는 남자…. 떠나고 싶으신가요?

<상9> 공감, 상담자의 관심과 성실한 상담진행에 대한 결의를 표현함.
<상10> 남편의 말과 일반적인 사고에 동의 및 현재 상태를 파악함.
<상11> 긍정적인 측면을 더 이끌어 냄.
<상12> 남편의 생각, 감정 표현에 대한 아내의 의미 부여를 질문함.
<상13> 아내가 시누이에게 갖는 감정에 동의하고 지지함. 더 많은 느낌과 의견을 질문함.
<상15> 아내의 말을 확인하기 위해 반어법을 사용함.
<상16> 내담자의 생각을 반어법으로 재확인함.

아11: (손수건으로 눈을 살짝 대며) 전혀요. 전혀 그렇지 않다니까요.

상17: 아 그러시군요. 남편이 걱정하지 않으셔도 된다는 거로 들리는데 제가 맞게 생각하는 건가요?

<상17> 아내의 반응을 확인함.

아12: 네. 선생님. 맞아요.

상18: 이야기해 주셔서 감사합니다. 남편분요~어떠세요. 지난번 회기에도 아내가 이렇게 말했고 오늘 마지막 상담에도 똑같이 말하고 있는데….

<상18> 아내에 대한 남편의 이해를 확인함.

남12: 고맙죠. (침묵)

상19: 조금 더 표현해 주세요.

<상19> 남편의 생각과 감정을 더 끌어내려 함.

남13: 네. 내가 울어서 미안해. 엄마도 아빠도 리나도 내가 너무 미안해서 눈물이 막 나는데 그걸 잘 눌러 왔거든 그런데 이젠 나도 힘들어졌어. 사실 지치고 외롭고 그랬거든…. 그런데 이제 당신이 내 눈물 이해해 주고 아무 말 없이 손 잡아 주고 할 때마다 나 너무 다행이야…. 당신이라는 선물…. 내가 어떻게 은혜를 갚으며 살까…. 잘할게… 잘할게… 정말.

상20: 와~대단하시다. 아내분 어떠세요?

<상20> 남편에 대한 진심 어린 격려와 칭찬을 함.
아내의 생각과 감정을 파악하는 질문을 함.

아13: 선생님 왜 그러세요, 왜 자꾸 우리 신랑 울려요. 호호~~ 행복해요.

상21: 얼마큼 행복한지도 알려 주세요. 남자들은, 특히 남편은 잘 모를 수 있거든요.

<상21> 아내가 구체적으로 표현할 수 있도록 이끔.

아14: 구찌 핸드백 받았던 날보다 아주 조금 더요. 됐나요? 호호~~

남14: (눈시울을 닦으며) 하하하 고마워. 사랑해.

상22: 저, 여기서 지나친 애정 표현은 금지입니다. 댁에 가셔서는 마음껏 하셔도 됩니다,

<상22> 상담자의 유머 사용으로 부부의 감정을 확인함.

아15: 선생님 안 웃겨요. 호호~~

- 중략 -

부부는 상호 간에 든든한 인생의 동반자로서 느껴지기 시작했다며 느낌의 변화에 대한 이야기를 나눔. 긍정적 변화를 유지하기 위한 방법론적 대화를 확장하였음. 남편은 부모나 동생의 죽음과 관련하여 자신의 감정을 이제 숨기지 않고 아내에게 표현할 것이며, 아내는 그런 남편을 따뜻이 위로하며 함께 애도하는 시간을 갖겠다고 함. 부부는 고인과 관련한 추억 중 함께 음식 만들던 것에 대해 이야기하면서 즐거워함. 부부가 죽은 동생 이야기를 하며 함께 웃어 본 게 얼마만인지 모르겠다며 좋아함. 관계 성질문을 통해 고인이 지금 상황을 얼마나 좋아할지 확장하였음.

남15: 상담기간 동안 기억나는 말은 "아내는 지쳐서 돌아갈 친정이 없다."는 선생님 말씀이 떠오릅니다. 저 사람도 힘들 텐데라는 생각을 못 했거든요. 그런데 진짜더라구요. 그래서 제가 여행(홍콩)을 보내 주게 된 것 같아요.

< 남15> 상담자의 구체적인 언급이 남편의 부인에 대한 행동에 큰 변화를 준 것으로 보임.

아16: 내가 집에 없으니까 3일 동안 완전 너구리굴이 되어 있더라구요. 그래도 외국에 혼자 나가 있으니까 가족이라는 소중한 느낌이 절실히 들었고 집, 그리움이라는 감정도 많이 들었어요. 선생님 덕분에 나 홀로 여행도 다녀오게 되어 참 좋았어요.

< 아16> 목표 성취-외국여행-으로 가족의 소중함을 깨달음.

남16: 저도 아내와 며칠 떨어져 있으니까 자유롭고 좋았어요. 며칠 정도씩은 떨어져 있으면 부부에게 더 도움이 될 것 같아요. 여행 많이 보내 줄까 생각 중이에요. 공항에서 픽업하는데 애틋하기도 하고요.

상23: 아내의 여행이 두 분에게 각자 다르면서도 다양한 유익함을 주었군요.

< 상23> 상담자의 의미 부여가 도움이 됨.

아17: 저는요…. 선생님이 '계모가 아니라 가슴으로 낳아 준 엄마'라고 해 주신 말씀이 너무 좋았어요. 그래서 우리 아들 핸드폰에다가 그렇게 저장시켜 놨어요. 다음에 기회가 있으면 선생님이 우리 아들 동현이 상담 좀 더 해주셨으면 좋겠어요.

< 아17> 상담자의 재명명으로 감동받음.

상24: 두 분 사이에 더 많은 감정을 공유하게 되었고 애착이 더 강화되어서 원하셨던 대화가 있는 가족, 함께 양육하는 부부라는 상담목표가 이제 이루어졌고 앞으로도 더 좋아질 거라고 생각이 듭니다.

〈상24〉 상담목표의 달성과 앞으로의 발전에 대한 희망을 표현함.

아18: 네 선생님. 감사합니다.

상25: 네 좋습니다. 두 분께 제가 질문 하나만 드릴게요. 10점에서 0점 척도에서 10점은 문제가 완전히 해결되었거나 목표가 완전히 이루어졌을 때이고, 0점은 최악의 상황이라고 할 때 지금은 몇 점인가요?

〈상25〉 척도질문을 통해 문제해결 정도를 파악함.

아19: 저는 8~9점 정도요.

남18: 저도 7~8점 정도쯤…. 왜냐하면 우리가 살아갈 날들이 많고 노력해야 하니까….

상26: 와~8점이면 굉장히 좋은 점수인데 8점에게 이름을 붙여 주신다면?

〈상26〉 점수에 이름을 붙임으로써 긍정적 기억과 의미를 강화함.

아20: (남편과 웃으며) '신혼상담 대박'. 선생님이 그러셨어요. 저희한테…. 올해 결혼식 했으니까 새댁이고 새신랑이라고 그 말이 얼마나 재미있고 고마웠던지 지금도 그 얘기하며 우리 웃을 때가 있어요.

상27: 아~그러셨군요. 제가 한 당연한 말을 멋지게 들어 주셨군요…. 감사합니다. 저에게도 멋있는 말 좀 들려주세요. 만약에 혹시 비슷한 유형의 다른 내담자가 있다면, 제가 어떤 것을 다르게 또는 더 낫게 상담할 수 있을지 팁을 주신다면 무엇이 있을까요?

〈상27〉 내담자들의 의견을 존중, 수용, 활용하려 함.
상담자의 '한 수 아래 자세'-one-step down posture-의 겸손함이 보임.

남19: 음…. 남자들 기를 더 세워 주셨으면 좋겠습니다. 예를 들자면 여자들한테 세상이 얼마나 어렵고 경쟁사회며 거기서 남자들이 얼마나 죽기 살기로 직장을 다니는지 그런 것에 대해서 여자들, 아내들에게 말씀을 많이 해 주셔야 합니다. 그리고 남자들이 상담실에 오기가 어렵습니다. 평일 저녁에는 야근이나 회식 때문에…. 상담에 간다고 하면 다들 이상하게 보고 굉장히 문제 있는 놈으로 찍히거든요. 주말이나 공휴일에 상담실을 운영했으면 좋을 것 같아요.

〈남19〉 남자 내담자로서의 애로점과 상담실 운영에 대한 의견을 피력함.

그리고 상담사가 남자도 있다는 것도 알려 준다면 더 부담 없이 올 수도 있을 것 같기도 합니다.

상28: 아~그런 생각이 있을 수 있겠네요. 건의하도록 하겠습니다.

아21: 호호~~ 선생님 쓰러지시겠다. 야간에도 상담하고 주말에도 하라 하고….

<상28> 남편의 의견을 수용함.

– 하략 –

남편은 회사 동료가 이혼 위기에 처해 있다며 접수 후 빠른 시일 내에 상담을 받을 수 있게 해 달라는 부탁을 상담자에게 함. 상담자는 상담센터의 위기가정긴급지원서비스에 대해 설명하였고 행정 절차와 관련한 안내서를 드렸음. 남편은 혼선 없이 빠르게 상담을 받을 수 있게 도와주셔서 감사하다고 하였고 아내는 첫 회기 때 화를 낸 것에 대해 미안하다고 함. 내담자 부부는 이제 직장 동료의 이혼 위기 상담을 부탁할 정도로 심리적인 안정 상태에 있다고 스스로를 평가하며 즐거워함.

상29: 잠시 제가 나갔다 온 후 메시지를 드리겠습니다.
(3분 후 입실) (아내를 보며)연민으로 시작한 사랑이 결실을 맺어 가슴으로 낳은 아들을 잘 키우겠다고 불임 수술까지 하신 그 숭고함에 고개가 절로 숙여집니다. 이렇게 훌륭한 엄마를 제가 어디서 또 볼 수 있을까요? (남편을 보며) 부모님과 여동생의 비극적 죽음이라는 크나큰 상실의 슬픔을, 남자라는, 가장이라는, 남편이라는 이름으로 꼭꼭 덮어 놓고 숨겨 놓고 억누르고 살았던 남편이 얼마나 힘들었을까 생각하면 안타깝기 짝이 없었습니다. 이제 슬픔을 표현하고 눈물을 흘려보내는 감정의 통로를 통해 마음껏 애도하는 건강한 방법을 찾으셨으니 두 분 사이가 더 친밀해지고 깊어지실 것입니다. '선물 같은 아내'라고 표현하신 남편분의 마음과 좋은 엄마가 되고 싶어

<상29> 종결회기에서 다루어야 할 내용들이 잘 언급되었음. 구체적으로, ① 그간의 상담내용과 과정에 대한 요약, ② 내담자들이 성취한 것, 자원, 장점에 대한 인정과 칭찬, ③ 앞으로 생길 수 있는 재발과 후퇴에 대한 대처방법, ④ 여건이 악화되면 다시 상담소를 이용하도록 격려함.

하는 아내분의 마음이 만나서 아름다운 가정을 잉태하셨습니다. 살면서 더 좋은 소식 들려주세요. 마지막으로 한 가지 당부 드리고 싶은 것이 있습니다. 우리에게 맑은 날씨만 있는 것이 아니고 때때로 흐리고 궂은 날씨가 있듯이 가족의 삶도 앞으로 계속 좋은 일만 있는 것이 아닐 수 있습니다. 그러나 흐린 날씨는 지나가고 반드시 맑은 날이 더 아름답게 펼쳐진다는 것을 기억하세요. 상담을 통해 깨닫게 된 선물 같은 아내라고 생각한 그 사랑과 가슴으로 낳아 준 엄마가 되겠다는 그 사랑을 오래 간직하고 힘들 때마다 꺼내 보시면 도움이 될 것 같습니다. 그리고 또한 더 도움이 필요하실 때 상담센터에 언제든지 찾아오셔도 좋습니다. 가까이 늘 곁에서 힘이 되는 든든한 지원자가 되어 드리겠습니다. 수고 많으셨습니다. 건강하세요. 다 잘될 겁니다.

3. 슈퍼비전을 위한 질문과 응답

1) 슈퍼바이지가 슈퍼바이저에게

(1) 남성 내담자가 회기 중에 눈물을 흘리면 그 다음 상담회기에 불참하는 경향이 있습니다. 나중에 물어보면 창피해서 못 왔다고 합니다. 남성 내담자가 상담실에 꼭 나오게 하는 방법으로써 무엇이 있을지 궁금합니다.

☞ 아마도 창피함을 느끼는 배경에는 가부장적인 생각, 가족의 규칙, 남자의 체면, 무능함이나 절제의 부족 등을 보여 주는 것으로 생각할 수 있으니 눈물에 대한 정상화가 도움이 될 수 있겠습니다. 그리고 역설적인 과제 부여도 좋을 듯합니다. 즉, 상실의 상처를 달래기 위해 실컷 우는 것이 필요해 보이므로 시간과 장소를 정하여 정한 시간에 마음껏 울어 보고 이 결과를 다음 회기에 이야기하는 것입니다.

(2) 원가족 탐색 시에 (아내의 경우) "엄마는 그냥 죽었어요."라고 하며 더 이상 표현하지 않는 경우, 상담자로서 궁금하기도 하고 분위기가 난처해지기도 합니다. 어떻게 대처하면 좋을지 지도를 받고 싶습니다.

☞ 상담자의 질문에 답을 하지 않을 때는 그럴 만한 이유가 있을 듯합니다. 예를 들면, 아직 말할 정도로 라포가 형성되지 않아서, 상담자에 대한 신뢰가 부족해서, 부끄럽거나 죄책감 때문에, 가족규칙에 위배되기 때문에, 자신의 현재 문제와 무관하다고 생각하거나 도움이 안 될 것으로 보기 때문에 등 여러 가지 생각과 이유가 있을 것 같습니다. 문제해결에 반드시 필요한 정보가 아니라면 내담자의 생각과 행동을 존중하는 것이 좋을 듯합니다. 그러나 도움이 될 정보라고 생각하면 내담자의 신뢰가 쌓였을 때 기회를 보아 유연하게, 그러나 이전과는 다르게 질문을 해 보는 것도 좋겠습니다.

(3) 상담을 통해 긍정적이고 희망적으로 인생관이 바뀌었다는 내담자의 말이 감사하기도 하지만 부담스럽습니다. 내담자의 과도한 주관적 만족감이 금방 식어서 상담실을 다시 찾아오는 것은 아닐까 하는 불안이 저에게 있습니다.

☞ 내담자의 칭찬을 액면 그대로 받아들이고, 감사히 생각하지만 크게 마음에 두지 않는 훈련이 필요해 보입니다. 내담자가 보여 준 그때의 반응은 진심이었겠으나 모든 것은 변할 수 있다고 생각하므로 내담자의 직언, 칭찬, 비난에 일희일비하지 않으며 좌지우지되지 않는 것이 좋겠습니다. 대신 상담자의 어떤 관점, 태도, 전략, 기법, 진술 등이 내담자에게 도움이 되었는지가 확인 가능하다면 이는 차후 상담에 유용하게 사용될 수 있을 것입니다. 내담자의 피드백에 감정적이기보다는 이성적일 필요가 있습니다.

2) 슈퍼바이저가 슈퍼바이지에게

(1) 내담자는 이 상담을 통해 무엇이 가장 도움이 되었다고 말할까요?

- 내담자 남편의 부모와 누이의 연이은 죽음으로 인한 심리적 외상은 남편뿐 아니라 주변 사람들에게 매우 큰 부정적인 영향을 미쳐 왔는데, 이로 인한 슬픔과 죄책감을 감추고 언젠가는 잊혀가겠지 하며 가족이 홀로 참아 온 것을, 이 상담을 통해서 가족이 함께 슬픔을 나누고 서로를 지지해 줄 수 있는 '사랑의 공동체를 만든 것'이 도움이 되었다고 할 것 같습니다. 상담을 통해 부부가 서로의 진심을 알게 되었고, 이해력과 친밀감이 증가하여 문제해결에 도움이 되었다고 할 것 같습니다. 그 외 기관에서 운영하는 '소그룹모임'에 참여하여 건강한 관계를 맺는 마음공부를 하게 된 것을 들 수 있겠습니다.

- 내담자들이 상담을 통해 변화가 되었는데, 구체적으로 남편은 상담의 효과에 대해서 강한 불신과 적대감을 보이던 방문형 내담자였지만 자신의 내면 감정을 적극 표현하고 협조하면서 고객형으로 바뀌었습니다. 고인에 대한 죄책감에서 벗어나게 되었고 상실의 감정을 숨기지 않고 표현하게 되었으며, 무엇보다도 슬퍼하는 감정이 정상이라는 것을 알게 되었습니다. 아내는 완벽한 가정을 이루고 싶다는 강한 집착이 불안으로 작용하여 불면증과 예민함으로 이어졌음을 알게 되었습니다. 남편의 눈물을 보게 되었고 내면의 슬픔을 듣게 된 아내는 비로소 진정한 부부가 되었다는 안도감을 느끼게 되었으며, 이로 인해 신체화증상과 불안이 없어져 상담결과에 만족하였습니다. 또한 아들은 생모와 계모 양쪽과 잘 지내는 것은 이중인격자의 행동이라고 느껴 괴로웠는데 상담을 통해 올바른 인식을 하게 되었으며, 상담자와 가족의 격려와 지지를 통해 학업에 집중할 수 있게 되었고 결과적으로 학업 성적이 좋아졌습니다.

- 체계의 변화도 있었는데, 부부는 상호 존중하는 대화를 통해 애정과 신뢰가 형성되기 시작하였습니다. 각자 자신의 슬픔에서 벗어나 상대방의 욕구와 감정을 바라보게 되었고, 상대방을 이해하게 되면서 위로하

고 지지해 주는 동반자가 되기 시작하였습니다. 아내는 아들에 대해 자신의 의견을 명령형으로 지시하기보다는 아들의 말을 들어 주고 응원하는 것으로 바뀌었습니다. 아내는 좋은 엄마가 되려고 노력하고 있으며 양육에 있어서 부부간의 일관성과 합의가 중요함을 알게 되었습니다. 남편도 자기 슬픔에 빠져 좀 더 따뜻하게 아들을 보듬어 주지 못했던 것을 깨닫게 되었고, 더 좋은 아빠가 되기 위해 노력하기 시작하였습니다.

(2) 상담자가 적절하게 사용한 상담기술과 도움을 준 것은 무엇입니까?

• 내담자가 추상적으로 '불행하다'라고 표현하는 현재의 감정과 도달하고 싶은 미래의 행복에 대해 10점 척도의 숫자로 상담의 초반, 중반, 종결 시에 확인함으로써 작지만 긍정적인 변화가 계속 일어나고 있음을 알게 하였습니다.

• 공감적이고 적극적인 경청을 통해 내담자가 하고 싶은 말과 감정을 충분히 쏟아 낼 수 있도록 심리적인 안정감을 제공하려 노력하였습니다. 과거는 필요한 부분만 살펴보았으며, 가계도 작업에서는 원가족 구성원의 자원과 강점을 찾는 데 초점을 두었으며, 해결중심상담 철학에 바탕을 둔 긍정과 희망의 씨앗을 탐색하고 통찰하여 확장하고 지지하였습니다.

(3) 이 상담에서 도움이 된 상담자로서의 강점과 자원은 무엇이라 생각합니까?

• 이 사례의 내담자들은 상담종결 평가서에 상담자의 강점을 '진심으로 돕고자 하는 마음, 애정이 느껴진다.'로 기술하였습니다. 다른 내담자들은 '부드러움과 차분함, 잔잔하게 정리해 주는 것'에 대해 칭찬해 주었는데 본인의 생각은 상담자의 진정성, 조건 없는 수용, 명료한 요약, 유머를 통해 긍정적인 분위기를 조성하는 것이 자원으로 생각됩니다.

(4) 전체 상담과정을 통해 경험한 것은 무엇입니까?

• 첫째는 내담자와의 협력 분위기 조성의 중요성입니다. 첫 회기에서 아

내는 상담기관의 절차적 오류를 강하게 비판하였고, 남편은 상담이 무익하다는 것을 아내에게 증명하기 위해 참여하게 된 부정적인 모습이었습니다. 상담자는 방어하지 않고 수용하는 태도로 내담자의 말에 경청하면서, 내담자(들)의 문제가 충분히 표현되도록 기다려 주었습니다. 부부의 연애결혼을 확인한 후, 공통의 취미와 열정에 대해 비공식적인 대화의 형태로 진행하여 부부의 표정에 생기가 돌고 말하는 내용이 긍정적인 표현으로 바뀌었습니다. 탐색 결과, 부부는 여행에 취미가 있었고 여행하면서 생긴 추억을 대화로 나누는 것에 행복해 보였습니다. 내담자에게 가장 큰 즐거움을 주는 여행을 잊고 살게 한 어려움은 무엇이며 행복을 다시 찾기 위해 어떤 변화가 일어나길 원하는지 질문하여 문제보다 사람에 대해 더 많이 탐색하였습니다. 그 결과, 내담자는 긍정적인 변화를 보이게 되었고 적극적인 태도로 상담에 참여하게 되었습니다.

• 둘째, 위기의 중년 남성 내담자를 위한 상담의 필요성입니다. 남성은 강인하고 과묵하여 자신의 속마음을 잘 표현하지 않는다는 인식을 갖고 있던 상담자는, 이번 상담을 통해 중년 남성 내담자가 마음의 문이 열리는 순간 거침없이 자신의 내면을 드러내는 것을 보게 되었습니다. 이혼율, 자살 증가율 등 부끄러운 세계 1위, 명예퇴직, 자녀교육과 부모 공양의 이중책임을 짊어진 샌드위치 세대의 중심에 남성이 있어서 남성은 중독과 관련하여 알코올, 도박, 게임 등에 빠지기 쉽고 제2의 사춘기라 할 수 있는 감정의 급격한 변화에 휩싸여 우울과 극단적인 포기를 하는 위기의 환경에 노출되어 있습니다. 그러나 단지 '남성은 강하다.' '강해야만 남자다.'라는 고정된 성역할 관점 때문에 누군가에게 자신의 어려움을 나누고 의지하는 것에 거부감을 가지고 있고, 상담을 접할 기회도 여성에 비해 상대적으로 적은 편입니다. 그러하기에 남성들은 무거운 짐을 혼자 짊어지고 주변의 도움도 받지 못한 채 힘겨운 삶을 이어가고 있습니다. 중년 남성 내담자의 삶의 무거운 책임감을 공감하고, 내면의

상처를 위로하고, 그들이 희망과 용기를 되찾을 수 있도록 격려하는 과정을 통해 남편의 긍정적인 변화를 느꼈고, 남편의 변화가 아내와 아들의 긍정적인 반응을 이끌어 내는 선 순환적 상호작용으로 내담자가 원하던 상담목표가 해결됨을 경험하게 되었습니다.

• 마지막으로 미래지향적이고 긍정적인 상담의 효과성입니다. 목표 설정에서 목표 달성까지 상담이 진행되는 과정 내내, 문제중심적이고 병리적인 원인 규명보다는 아주 작고 당장 실현 가능한 것에는 무엇이 있으며, 그로 인해 어떤 반응이 일어나고 무엇이 달라질지를 살펴보는 행동과제를 부여한 것에 대한 내담자의 반응이 좋았습니다. 또한 척도질문을 통해 작은 진전에 초점을 두고 원하는 미래가 조금씩 이루어지는 것을 내담자가 느낌으로써, 부부의 긍정적인 상호작용이 촉진되어 해결된 상황으로 나아갈 수 있었습니다.

(5) 이 상담사례를 통해 상담자는 어떤 부분에서 성장하였다고 생각합니까?

• 상담자로서 이전에 다루지 못한 심각하고 어려운 문제를 가지고 온 내담자와 상담을 시작할 때 문제를 해결해야 한다는 태도보다는 함께 있어 주는 동반자 관계라는 인식을 심어 주어 내담자가 내면의 복합적인 감정을 편안하게 표현할 수 있는 분위기를 만들 수 있었습니다. 이러한 경험은 상담자에게 긍정적인 상담결과를 이루어 낼 수 있다는 '자신감'을 갖게 하였습니다. 또한 내담자의 문제에 집중하기보다는 경청하는 데 집중하고, 트라우마 사건의 스토리보다 일어난 사건에 대해 개인이 이겨 내려고 노력했던 것에 의미를 두었는데, 이것은 예외상황을 해결책의 실마리로 활용하는 해결중심 단기치료의 해결지향적 질문을 십분 활용한 것으로, 결과적으로 내담자가 원하는 상담목표에 도달하게 하는 '상담자의 기술'을 한 단계 성장 시켰습니다.

(6) 다음에 이와 유사한 내담자를 만난다면, 이 사례에서 배운 어떤 것을 더 하고 싶습니까? 만일 다르게 하고 싶은 것이 있다면 어떻게 다르게 하고 싶습니까?

• '상실과 관련한 애도'에 대해 잘 알려 주고 싶습니다. 슬픔은 숨겨야 하는 나쁜 감정이 아니라 드러내야 하는 건강한 감정이며 함께 나눌 누군가의 도움이 필요하다는 것, 그리고 가장 중요하게도 배우자와 가족이 트라우마 해결의 훌륭한 자원이라는 것을 상담을 통해 탐색하며 내담자가 통찰할 수 있도록 하겠습니다. 상담 외 내담자들이 용이하게 활용할 수 있도록 다양한 자조집단이나 영성수련회에 대한 정보를 준비하려 합니다.

4. 슈퍼바이저 메시지

　　이 사례의 내담자는 부부로, 아내는 남편이 전처와 이혼한 후 방황하던 시기에 만나 남편을 위로하고 조언하면서 동거하게 되었고 동거한 지 11년이 지나 결혼식을 하게 된 결혼 2년차 부부이며, 남편은 전처와의 사이에 아들(현재 15세)을 두고 있습니다. 남편은 어머니가 갑자기 사망하자 잇달아 아버지가 자살하였고, 그 후 몇 년이 지나 우울증을 앓던 여동생이 자살한 충격의 여파로 다양한 부정적인 감정을 내면에 간직한 채 아내와 소통을 하지 않는 것이 부부의 문제로 제시되었습니다. 또 다른 문제는 아내가 전처소생인 아들과의 관계에서 갈등과 소외감을 갖고 있는 것입니다. 아내는 남편이 슬픔과 죄책감을 마음속에 묻어 두고 아내와 감정적, 언어적 소통을 하지 않는 것과, 새엄마로서 전처 아들과의 관계에서 경험하는 일들로 인해 이 세 명이 단란한 가족이 되지 못하고 있는 것에 안타까움을 느낍니다. 이 부부는 자신들의 문제해결을 위하여 상담소에 여러 번 SOS를 쳤으나 기대만큼 성과가 없어 화가 많이 난 상태에서 이 상담자를 만나게 되었습니다.

이 사례는 11회에 걸쳐 진행되었는데 부부상담이 5회, 아내와의 개인상담이 5회, 모자상담이 1회였습니다. 상담의 구조는 부부상담과 아내상담이 번갈아 진행되었으며, 10회에는 아내와 아들이 참석하였습니다.

아내는 절망 속에서도 희망을 버리지 않고 상담소를 찾았으나, 남편은 상담이 백해무익하다는 것을 증명하기 위해 상담에 참여한 듯 보였습니다. 이처럼 호전적인 분위기에서 상담자는 내담자 부부의 불평에 귀 기울이고 그들의 의견을 진심으로 수용하면서 치료적 관계를 잘 형성하였습니다. 그 결과, 남편은 자신의 원가족에서 받은 트라우마를 허심탄회하게 털어놓게 되었고 이 상담이 자신과 가족에게 도움이 될 수 있을 거라는 희망을 갖게 된 것 같습니다.

이 사례에서는 가계도 작성과 활용을 해결중심적인 방법으로 진행하여 내담자 부부의 통찰 및 강점과 자원 발견에 도움이 되었고, 결과적으로 상담의 성공에 일역을 한 것으로 생각됩니다.

상담자는 매 회기에 지난 상담 이후의 변화에 대해 확인하면서, 부부가 원하는 것을 구체적이며 현실 가능한 것으로 잡도록 도움을 주었습니다. 상담과정에서 부부의 힘든 마음을 인정하고 수용하였으며, 부부의 긍정적인 변화에 대해 깨닫게 하였으며, 칭찬을 통해 조그만 변화가 더 큰 변화로 이어지도록 지지하고 격려하였습니다.

상담자는 유머를 자주 사용하였는데, 이는 상담분위기를 편안하고 밝게 하여 문제에만 집중하지 않게 만들었고 어려운 상황이 해결될 수 있다는 희망을 갖게 하였습니다. 은유와 비유의 사용으로 어떤 상황을 시각적으로 상상할 수 있게 하여 그 상황을 다루기 쉽게 하였습니다. 예를 들면, '가슴속에 뿌리내리고 있던 나무를 통째로 뽑은 것 같은 … 상처'라는 말로 남편이 경험한 아픔과 역경을 상상할 수 있게 하였고 작업을 용이하게 하였습니다.

상담자는 다양한 해결지향적 질문들을 적재적소에 유용하게 사용하였는데, 특히 남편과 여동생, 아내와 시누이에 대한 관계성질문을 통하여 부부의 부정적인 감정과 관점을 긍정적, 객관적, 합리적인 것으로 바꾸어 놓았습니다. 척도질문과 대처질문 그리고 재명명은 전 과정에서 유용하게 사용되었습니다. 그럼에도 끊임없이 조금씩 표출되는 아내의 불평과 불만(예: 6회기)을 진심으로 공감하고 수용하면서 해결 가능한 상황으로 전환시킨 것은 인상적이었습니다. 6회 상담에서 상담자는 코칭이나 감수성 키우기 기법을 내담자에게 알려 준 것도 도움이 되었을 것입니다.

상담이 후반기로 접어들면서 아내는 그토록 원했던 여행을 홀로 떠나게 되는데, 여행을 통해 아내를 비롯한 모든 가족이 가족의 소중함을 깨닫게 된 것은 큰 수확이며 가족의 분위기를 새로운 국면에 접어들게 하였습니다. 이때부터 부부는 각자 내면의 감정을 배우자에게 자연스럽게 표현하고 수용하게 되었고, 결과적으로 부부가 진정으로 원했던 '부부의 느낌'을 갖게 하였습니다.

종결을 앞둔 상담자는 상담〈10회기〉에 아내의 요청으로 모자상담을 하였는데, 여기서 아들의 진심과 두 엄마 간의 관계갈등이 표출되었습니다. 이는 아내의 어머니 역할에 많은 깨달음과 통찰을 주었으며, 이 기회를 놓치지 않고 상담자는 아내에게 부부 양육과 교육에 대한 지침을 설명하였습니다.

이 사례는 〈11회기〉라는 비교적 짧은 회기를 통해 매우 난감하고 복잡해 보이는 가족의 문제를 성공적으로 해결한 사례입니다. 이 사례에서 상담자는 해결중심모델을 주 상담모델로 사용하면서 진정성 있는 자세와 해결지향적 개입으로 내담자의 협조를 잘 이끌어 내었으며, 좋은 라포를 형성한 것이 성공적인 상담의 기초가 되었습니다.

내담자 아내는 '불평형'과 '고객형'의 자세를 함께 갖고 있었고 남편은 '방문형'이었는데, 상담자가 이들 부부에게 신뢰감과 안정감을 주었고 이들의 불만, 기대 그리고 희망에 귀 기울이며 잘 수용한 것이 변화동기에 크게 영향을 미쳤습니다. 상담의 필요성을 느끼지 못했고 상담에 대해 비판적이었던 남편을 상담의 협력자, 변화를 희망하고 실천하는 자로 바꾸어 놓았습니다. 아내에게는 남편과 긍정적인 대화와 상호작용을 더 많이 할 수 있도록 도움을 주어 부부의 해묵은 갈등과 오해를 많은 부분 해소하고 부부 각자가 상대가 원하는 행동을 할 수 있도록 도움을 주었습니다.

상담자는 남편이 느낀 문제의 많은 부분이 원가족과 관련된 것으로 보고 체계론적 관점에서 그의 감정과 생각을 이해하고 통찰하도록 도운 것이 변화에 큰 도움이 되었습니다. 상담자는 내담자들을 있는 그대로 수용하였으며, 어색하거나 부정적인 상황이 전개될 때는 유머를 사용하여 분위기를 반전시키기도 하였습니다. 상담목표가 구체적이며 현실 가능한 것으로 잘 설정되었으며 내담자(들)의 속도에 맞추어 잘 진행되어 부부 각자와 관계의 문제, 아들의 문제 그리고 가족 간의 관계문제들이 원만하게 해결된 사례입니다. 내담자 부부를 존중하면서, 섣불리 단정 짓지 않고 그들의 감정, 생각, 의견, 의도를 알아보는 질문들이 사용된 것도 상담횟수를 줄이는 데 도움이 되었습니다. 부부문제의 해결에 이어 아들과의 상담을 통해 이 가족의 총체적인 문제가 잘 해결되었으며, 종결회기에서 다루어야 할 주요 사항이 잘 전달되었기 때문에 상담의 효과가 지속될 것으로 보입니다. 이 가족은 각자의 강점과 자원뿐 아니라 성공적 경험을 통하여 앞으로 더 건강하고 행복하게 살아갈 것으로 사료됩니다.

요약하여 상담자의 강점과 잘된 점에 대해 말한다면, 13년 가까이 함께 살아온 부부이지만 많은 상처와 아픔을 표현하지 못하고 가식이 많았던 부부의 속마음을 헤아려 주고 표출할 수 있도록 도와 11회의 단기상담으로 만족할 만한 수준의 긍정적 결과를 가져온 것은 결코 쉬운 일이 아닐 것입니다. 이는 상담자가 해결중심모델에 대한 이해가 깊을 뿐 아니라 실천에 있어서도 흔들림이 없었기 때문으로 사료됩니다. 내담자를 다그치지 않고 그의 속도에 맞추어 상담을 진행하는 상담자의 여유와 배려가 내담자를 편안하고 존중받는 것으로 느끼게 한 것 같습니다. 내담자의 의견과 생각을 존중하고 수용하는 태도가 내담자와 라포를 형성하는 데 도움을 주었으며 상담자의 진정성이 잘 전달되었을 것으로 봅니다. 상담자는 해결지향적 질문들을 적재적소에 잘 사용하면서 가계도의 작성과 이해를 체계론적, 해결중심적 관점에서 활용한 것이 매우 도움이 되었을 것으로 봅니다. 어색하거나 부정적인 상황에서 유머를 사용하여 분위기를 긍정적으로 바꾸는 것도 인상적이었으며 은유, 비유, 코칭 등의 사용도 매우 적절하고 유용하였습니다.

이 사례에서 보완되었으면 하는 점들에 대해 언급한다면, 〈2회기〉에서 남편과 전처와의 교류가 필요 이상으로 많아 현재 아내에게 불편함과 소외감을 주는 것에 대해 부부로써 지켜야 할 신뢰와 책임 소재에 대해 부부와 함께 방안을 모색할 필요가 있었다고 봅니다. 〈10회기〉에서는 아들과 상담에서나 그전의 회기에서 아들이 생모에 대한 행동이 계모에게 (그리고 그 반대의 상황에 대해) 어떻게 비칠지 고민하는 것을 충성심 갈등(royalty issue)으로 설명하며 정상화하는 작업이 필요해 보입니다.

참고문헌

정문자, 송성자, 이영분, 김유순, 김은영(2008). 해결중심단기치료. 서울: 학지사.
정문자, 이영분, 김유순, 김은영(2017). 해결중심 가족상담. 서울: 학지사.
한국가족치료학회 편역(2008). 가족치료 슈퍼비전의 이론과 실제(Todd, T. C. & Storm, C. L., 2002, The Complete systemic supervisor: Context, philosophy, and pragmatics.). 서울: 학지사.

Bernard, J. M., & Goodyear, R. K. (1992). Fundamentals of clinical supervision. Needham Heights, MA: Allyn & Bacon.
de Shazer, S. (1985). Keys to solution in breif therapy. New York: W. W. Norton.
Juhnke, G. A. (1996). Solution-focused supervision: Promoting supervisor skills and confidence through successful solutions. Counselor Education and Supervision, 36, 48-57.
Landy, N., Mori, Y., & Mehr, K. E. (2013). Effective and ineffective supervision. The Counseling Psychologist, 41(1) 28-47.
Presbury, J., Echterling, L. G., & Mckee, J.E. (1999). Supervision for inner vision: Solution-focused strategies. Counselor Education and Supervision, 39, 146-155.
Thomas, F. N. (1996). Solution focused supervision. In S. Miller, H. Hubble, & B. Duncan(Eds.) Handbook of solution focused brief therapy: Foundations, applications, and research(pp.128-151). San Francisco: Jossey-Bass.
Watkins, C. E. (1996). On demoralization and awe in psychotherapy supervision. Clinical Supervisor, 14, 139-148.
Wetchler, J. L. (1990). Solution-oriented supervision. Family Therapy, 17, 129-138.

¤ **저자 소개**(가나다 순)

〈슈퍼바이저〉

김유순(Kim, Yu-Soon)　성공회대학교 사회복지학과 교수

김은영(Kim, Eun Young)　한신대학교 사회복지학과 초빙강의 교수

어주경(Eo, Joo Kyeong)　연세대학교 생활환경대학원 객원교수

이경희(Lee, Kyung Hee)　한국단기가족치료연구소 교수

이영분(Lee, Young Boon)　건국대학교 사회복지학과 명예교수

정문자(Chung, Moon Ja)　연세대학교 아동가족학과 명예교수

정윤경(Chung, Yun Kyung)　한국단기가족치료연구소 교수

최중진(Choi, Jung Jin)　경기대학교 청소년학과 교수

〈슈퍼바이지〉

고이숙(Go, Lee Suk)　충남한부모가족상담복지센터장

김광태(Kim, Kwang Tae)　수원청소년복지개발센터 상담팀장

김아영(Kim, A Young)　용인시건강가정지원센터 가정지원2팀 팀원

김유호(Kim, Yoo Ho)　구로구 건강가정다문화지원센터 상담사

김인순(Kim, In Soon)　한솔고등학교 전문상담사

서명석(Seo, Myoung Seok)　이레 청소년가족상담센터 대표

이재원(Lee, Jae Won)　성공회대학교 사회복지학과 박사과정

임행정(Lim, Haeng Jung)　더나은내일아동가족상담센터장

해결중심상담
슈퍼비전 사례집
Supervision in Solution-Focused Brief Counseling

2017년 9월 10일 1판 1쇄 발행
2023년 9월 20일 1판 5쇄 발행

지은이 • 김유순 · 김은영 · 어주경 · 이경희 · 이영분 · 정문자 · 정윤경 · 최중진
펴낸이 • 김 진 환
펴낸곳 • ㈜ 학지사

　　　　　04031 서울특별시 마포구 양화로 15길 20 마인드월드빌딩 5층

대표전화 • 02) 330-5114　　　팩스 • 02) 324-2345

등록번호 • 제313-2006-000265호

홈페이지 • http://www.hakjisa.co.kr
인스타그램 • https://www.instagram.com/hakjisabook

ISBN 978-89-997-1355-2 93180

정가 17,000원

▌출판미디어기업 **학지사**

간호보건의학출판 **학지사메디컬** www.hakjisamd.co.kr
심리검사연구소 **인싸이트** www.inpsyt.co.kr
학술논문서비스 **뉴논문** www.newnonmun.com
원격교육연수원 **카운피아** www.counpia.com